GYMNASTIQUES DOUCES

Pour votre bien-être

Création et réalisation : ATP

Direction générale : Hervé Chaumeton
Conception éditoriale : Christian Dorémus
Secrétariat de rédaction : Stéphanie Castaing
Assistance graphique : Laurence Borot
Mise au point du texte : Dominique Szenès
Lecture-correction : Sylvie Mascle
PAO-DAO : Christophe Courtier, Véronique Janvier,
Nathalie Mathonnat, Isabelle Véret

ISBN : 2-7441-1323-9
N° Éditeur : 29240
Dépôt légal : février 1998

Édition du Club France Loisirs, Paris
avec l'autorisation des Éditions Solar

Jacques Choque
Dr Florence Maenhout

GYMNASTIQUES DOUCES

Pour votre bien-être

FRANCE LOISIRS
123, boulevard de Grenelle, Paris

SOMMAIRE

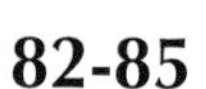

À LA RECHERCHE DU BIEN-ÊTRE PSYCHIQUE

VOTRE CAPITAL

Un atout majeur : la prévention

La santé est un domaine instable qu'il faut sans cesse reconquérir. L'OMS (l'Organisation mondiale de la santé) en donne cette définition : « La santé est un état complet de bien-être physique, mental et social, qui ne consiste pas seulement en une absence de maladie ou d'infirmité. La possession du meilleur état de santé qu'il est capable d'atteindre constitue l'un des ces droits fondamentaux de tout être humain, quelles que soient sa race, sa religion, ses opinions politiques, sa condition économique et sociale. La santé de tous les peuples est une condition fondamentale de la paix du monde et de la sérénité, elle dépend de la coopération la plus étroite des individus et des États. » Or, chacun peut préserver facilement ce capital santé afin de ne pas être une victime malheureuse mais, au contraire, devenir un acteur actif et lucide. Comment conserver et développer nos capacités, notre potentiel, pour pouvoir affronter des situations de déséquilibre appelées « maladies » ? Tel est l'objectif de ce guide pratique, qui s'appuie sur un principe extrêmement simple et plein de bon sens : « Mieux vaut prévenir que guérir. »

Il existe de nombreuses méthodes et de nombreux moyens d'actions tels que les vaccinations, les examens de santé, la lutte contre les différents fléaux sociaux (pollution, épidémies...) et des processus éducatifs qui permettent à la fois d'informer et d'acquérir de bonnes habitudes d'hygiène.

Parmi la panoplie des moyens employés, les gymnastiques dites « douces » offrent deux avantages majeurs : simples, faciles à utiliser, elles rendent l'individu de plus en plus autonome ; efficaces, elles maintiennent les forces vitales de l'organisme à leur niveau maximal. Les risques de déséquilibre énergétique, à savoir les maladies, sont ainsi diminués, et l'individu conserve un « terrain » sain facilitant le bon déroulement de tous les échanges métaboliques.

Leurs caractéristiques communes

Toutes les gymnastiques issues de ce courant ont des points communs, des bases de travail similaires et reposent sur des principes invariants.

La vision globale de l'être humain

Le principe fondamental qui sous-tend toutes ces disciplines est le suivant : l'être humain est un tout en relation constante avec l'environnement. Il n'existe pas de séparation entre le corps et l'esprit ; c'est pourquoi les exercices proposés associent le mouvement, la pensée et la sensation. Toute personne qui commence à pratiquer va donc se transformer, mais aussi, et surtout, va changer les rapports qu'il entretient avec le monde. En effet, un entraînement régulier et persévérant fait acquérir à l'adepte un ensemble de qualités lui permettant de modifier sa perception du monde, son rapport avec les êtres et les choses. L'enseignement de ces méthodes n'aura donc pas pour objectif la recherche de la performance, mais le « bien-faire » sera proposé dans une optique de « bien-être » et de connaissance approfondie de soi.

L'écoute et la prise de conscience

Ce qui fait l'originalité de ces méthodes est qu'elles proposent en tout premier lieu des mises en situation favorisant l'écoute. Pour beaucoup de pratiquants, cette écoute est une véritable reprise de contact avec eux-mêmes, car, la plupart du temps, devenus

SANTÉ

LES GYMNASTIQUES DITES « DOUCES »

De nombreux qualificatifs s'ajoutent aujourd'hui au terme gymnastique, qui a pourtant traversé les siècles, de l'Antiquité grecque à nos jours, sans prendre une seule ride. Depuis les années 1950, aux gymnastiques dites « traditionnelles » s'opposent différentes méthodes corporelles qui ont pour appellation « douces », « intelligentes », « pensantes ». Ces « nouvelles » gymnastiques s'efforcent de démontrer que l'équilibre et l'harmonie ne s'acquièrent pas dans le dressage forcé du « corps-muscle », mais dans la reconquête du « corps naturel ». Bien-être, détente, conscience du geste, douceur, lenteur, économie d'énergie s'appliquent à ces méthodes dites « révolutionnaires ». Ainsi les gymnastiques douces semblent vouloir balayer les « bonnes vieilles » méthodes d'antan mais, en fait, ces différents styles peuvent se concilier. Il suffit de savoir profiter des avantages respectifs des différentes méthodes. C'est surtout la confiance que l'on porte à une méthode particulière et la qualité de la personne qui l'enseigne qui font la différence.
Ce courant du « doux » ne date cependant pas du milieu du xxe siècle. En effet, on retrouve des façons de procéder identiques dans les disciplines orientales telles que le yoga ou le tai-chi-chuan. Vieilles de plus de 4 000 ans, elles ont mis en lumière l'existence d'une unité profonde entre le corps et l'esprit. Au cours des siècles ont été mis au point et transmis des exercices rigoureux qui permettent au disciple de dissoudre ses tensions, de lutter contre les mouvements répétitifs et mécaniques, et qui lui apprennent à gérer et à économiser l'énergie en portant particulièrement attention à ses sensations.

uniquement des « cérébraux », ils ont oublié qu'ils avaient un corps fait de chair, de muscles, d'organes. Ils prennent alors conscience que pour vivre une existence meilleure, mieux remplie, plus sereine, il est capital que le corps fonctionne parfaitement bien. Une fois perçues les raideurs et les tensions qui entravent la liberté de mouvements, une fois découverts les dysfonctionnements énergétiques favorisant l'apparition et le développement de la maladie, l'adepte acquiert les moyens de retrouver un équilibre psychosomatique.

LA VIGILANCE

Pour faciliter cette écoute, l'enseignant propose des objets de concentration très variés : l'attention vigilante pourra se porter sur un élément technique, par exemple, une position du corps ou un geste précis. La concentration peut aussi se porter sur une région particulière du corps (cuisse, main...)

L'originalité des techniques douces est qu'elles proposent des mises en situation qui favorisent à la fois l'écoute, la prise de conscience de son schéma corporel et une profonde relaxation.

afin de mieux la « sentir » (forme, température, toucher de la peau...), ou sur la respiration. Il peut aussi demander à l'élève de s'observer en début et en fin de séance afin de noter les différences (calme-agitation, tension-détente, rythme cardiaque, rythme respiratoire...).

La notion de tonus

Le tonus, au carrefour du psychique et du somatique, est « une tension permanente de la musculature qui permet le bon déroulement de l'acte moteur en assurant la statique de l'ensemble du corps et en adaptant son positionnement en fonction de la nature de l'activité motrice à accomplir » (*La Pathologie médicale. Système nerveux et muscles*, François Lhermite, Flammarion). Or, au cours d'une journée, des groupes musculaires sont contractés bien au-delà des besoins ; naissent alors des tensions qui, accumulées, entraînent un état de fatigue anormal, voire même un état de stress. D'où l'intérêt des exercices d'étirement et de relaxation, qui permettent, à volonté, d'abaisser ce tonus afin de l'adapter au niveau réel des besoins moteurs, ou des difficultés à affronter.

La conscience des sensations

Dans ce genre de pratique, ce n'est pas la quantité d'exercices, de mouvements, qui compte, mais la qualité d'attention que l'on porte aux gestes. Petit à petit, les sens sont mis en éveil puis domestiqués. Ce développement de la faculté d'intériorisation permet à l'adepte, à la fois d'être présent dans son corps « ici et maintenant » et de ne plus être l'esclave de ses sens qui, tels des bras de pieuvre, cherchent à s'accaparer des objets de désir. Les différentes informations, trop subjectives pour être perçues, nécessitent à la fois de la lenteur et de la douceur dans l'exécution des mouvements.

La douceur et la lenteur des mouvements

Ces deux expressions caractérisent toutes les méthodes étiquetées « techniques douces ». Mais ces deux principes fondamentaux ne trouvent pas leur justification dans un effet de mode. Ils reposent sur une nécessité physiologique bien précise, très concrète : quand un mouvement est réalisé doucement et lentement, les chaînes musculaires s'en ressentent et aucun muscle ne se contracte avant la fin du geste. En effet, lorsque l'on s'étire violemment ou par à-coups, il naît ce que l'on nomme un réflexe myotatique : l'étirement est trop brutal ou trop rapide, des informations partent du système nerveux central et le muscle répond à ce qu'il interprète comme une agression en se contractant. Les pratiquants doivent donc prendre le temps de s'installer dans une position confortable pour obtenir un degré de tension suffisant et non traumatisant.

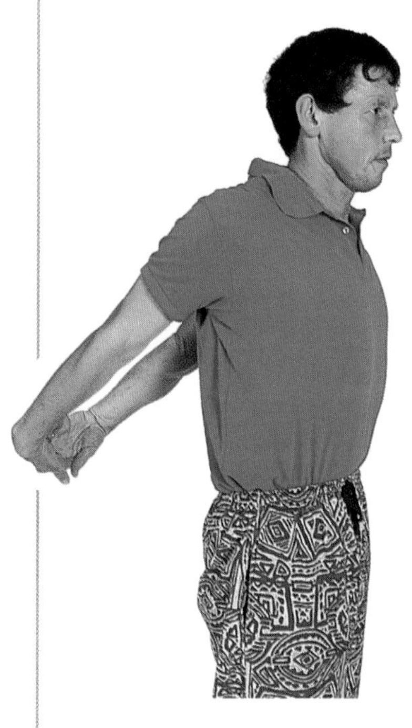

Douceur et lenteur : ces deux termes caractérisent toutes ces méthodes. De plus, les exercices proposés, adaptés à chaque personne, ne provoquent aucune douleur.

La douleur prohibée

Chaque exercice n'est pas un but en soi, mais uniquement un moyen de préserver sa santé, d'augmenter la sensation de bien-être, de développer ses capacités...
Les mises en situation proposées doivent donc être adaptées à chaque individu afin de lui permettre, quels que soient son âge et sa condition physique, de pratiquer une des disciplines citées précédemment et de pouvoir ainsi répondre immédiatement à ses besoins et à ses attentes.

Une énergie croissante, maîtrisée et économisée

Fini le temps où les élèves quittaient la séance exténués, courbaturés ! Aujourd'hui, les adeptes de ces méthodes quittent le cours en pleine forme, détendus, revitalisés. C'est une des conséquences de la pratique de ces disciplines puisqu'on ne les pratique pas pour gagner quelque chose mais, au contraire, pour perdre les tensions accumulées et retrouver le corps dans son état naturel, le geste spontané, la « tendresse originelle ». Ce gain de vitalité, d'équilibre, d'harmonie, de mieux-être ne nécessite donc qu'un minimum de dépense d'énergie pour un maximum d'efficacité.

Les pratiquants prennent le temps d'affiner leurs placements avant de s'installer, sans précipitation, dans la position souhaitée.

Une autodiscipline pour une prévention efficace

Grâce à la réappropriation du corps dans sa globalité, la connaissance de soi approfondie, aux conseils prodigués pendant les séances, les adeptes de ces méthodes prennent de bonnes habitudes et peuvent les mettre en application, dans tous les actes de la vie quotidienne : qu'il s'agisse de se baisser, de soulever un objet, de le soutenir, de le tirer, ou simplement de s'asseoir correctement.
De plus, habitués à s'autoréguler, les pratiquants deviennent de plus en plus autonomes. Ils peuvent s'entraîner seuls, chez eux ou à l'extérieur, à tout moment.
Ils se maintiennent ainsi en très bonne condition physique et stimulent leur « spirale d'énergie positive » : meilleure condition physique = moindre risque d'être malade, plus d'efficacité dans la vie professionnelle = moins de dépense d'énergie, de stress au travail = amélioration de la qualité de vie privée, familiale = disponibilité accrue pour le travail = plus d'efficacité, mois de fatigue = énergie disponible pour les loisirs, le sport = amélioration de la condition physique = etc.

Pour tout public

Toutes les méthodes issues de ce courant « doux » présentent l'immense avantage de pouvoir s'adresser à tout public : l'employé qui, après une longue journée de travail, cherche le moyen de bouger son corps tout en se détendant ; le sportif de haut niveau qui peut y puiser des exercices simples, pratiques, efficaces tant en phase d'échauffement que de récupération ; les femmes enceintes ; les retraités qui, longtemps, n'ont pu bénéficier des joies de l'activité corporelle tant les disciplines qu'on leur proposait étaient peu adaptées à leurs possibilités, à leurs besoins et à leurs motivations spécifiques.

L'UNIVERS DES GYMNASTIQUES DOUCES

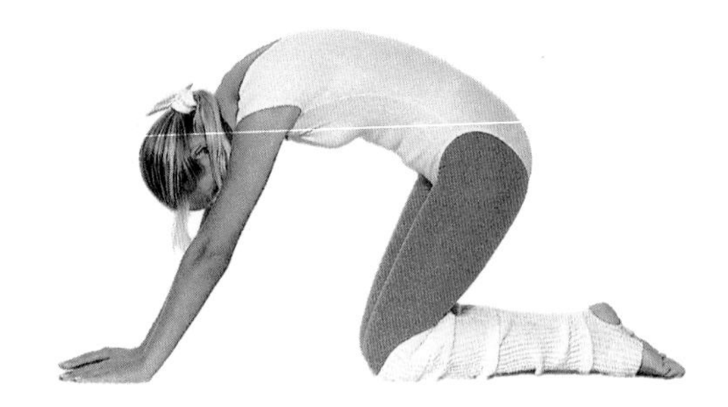

Pour s'aider dans une démarche d'exploration intérieure, il existe de nombreuses méthodes, aux appellations différentes, mais qui privilégient toutes la qualité par rapport à la quantité. Nous présentons, dans ce chapitre, un ensemble de pratiques, dont la liste, bien sûr, n'est pas exhaustive. Nous tenterons de dégager l'essentiel de leur message, de leur conception de l'être humain.

LE YOGA

Les différentes techniques de yoga connues en Occident ont pour point essentiel de viser un objectif unique : « La cessation de l'agitation de l'esprit afin que la conscience se rétablisse dans sa propre forme » (en sanskrit : yoga citta vritti nirodha*). Outre le fait d'empêcher ces tourbillons du mental, le yoga vise également à établir l'harmonie de toutes les facultés de l'être humain et de tous les éléments qui le composent. Sa pratique régulière et persévérante a donc une action non seulement sur le corps physique, mais aussi sur l'intellect et l'émotionnel. Ce calme ainsi obtenu est loin d'être une inactivité, mais est au contraire une manifestation de la puissance intérieure maîtrisée.*

Le mot yoga dérive de la racine sanskrite yug*, qui exprime l'idée d'union, de jonction, le fait de lier ensemble, de tenir serré, d'atteler, de « mettre sous le joug ». Ce mot a deux significations : celle d'un objectif, l'union, et celle d'effort, de discipline, de méthode pour y parvenir.*

Les racines du yoga remontent à plus de 4 000 ans et sont certainement indiennes ; toutefois, les objectifs proposés par cette méthode : maîtrise de soi, harmonie, unité, ont fait et font encore partie des préoccupations essentielles de l'être humain, quelles que soient sa terre d'origine et son époque.

LES DIFFÉRENTES FORMES DE YOGA

Pour parvenir à la maîtrise de la force vitale, plusieurs voies sont proposées selon les croyances, le tempérament, la culture de chaque adepte. Parmi ces voies, on peut citer :

– **le hatha-yoga,** qui cherche à rééquilibrer les énergies corporelles afin d'harmoniser le physique, le mental et le spirituel (*ha* : soleil, *tha* : lune) ;
– **le karma-yoga :** ou perfectionnement de l'action pour elle-même. Le yogi, qui se désintéresse du résultat, devient le spectateur de ses actes (c'est le « non-agir » du tao, ou le « lâcher prise » du zen) ;
– **le jnana-yoga :** ou recherche spéculative (études approfondies des écritures, exercices intellectuels). Le yogi essaie de discriminer les projections de son ego et de la réalité, de retrouver le contenu secret des choses du monde, la substance à travers la forme ;
– **le raja-yoga :** ou recherche de l'union totale entre l'intérieur et l'extérieur, de la jonction entre le temps et l'espace ;
– **le bahkti-yoga :** ou yoga de la dévotion qui se pratique grâce à des gestes rituels, des mandalas (arts visuels), des mantras (répétition du son d'une ou de plusieurs syllabes représentant un aspect particulier de la vibration divine) ;
– **le japa-yoga :** ou répétition d'un mantra qui fixe l'esprit, le concentre sur un point et le conduit ainsi à la méditation ;
– **le kundalini-yoga,** qui s'adresse à l'énergie primordiale dont un des centres (chakras) se trouve à la base de la colonne vertébrale. Tous les yogas recherchent cet éveil, soit directement grâce à des techniques, soit indirectement par la présence du divin quand l'ego est dépassé.
D'autres formes de yoga existent encore qui servent de supports à la concentration, à la méditation, à la réalisation de soi dans une optique de communion avec les autres et avec le divin.

Un ensemble de postures visant à la maîtrise du corps, à son bon fonctionnement.

LES HUIT PILIERS DU YOGA TRADITIONNEL

Ces huit piliers « membres » du yoga (développé par Patanjali, dans les Yoga-sutra [IIe siècle av. J.-C.]) donnent une vision d'ensemble de cette discipline en mettant en valeur les points principaux sur lesquels l'adepte peut s'appuyer pour progresser d'une façon à la fois rigoureuse et prudente.

1. Yama : comportement dans la vie, abstinence, discipline (respect de la vie, être vrai, honnête, ne pas prendre plus que ses besoins fondamentaux).
2. Niyama : observances concernant le respect des règles d'hygiène, le contentement, l'étude de soi, compréhension des causes de ses actes.
3. Asana : ensemble de postures visant à la maîtrise du corps, à son bon fonctionnement. Une posture est une

BIBLIOGRAPHIE

– *J'apprends le yoga*, André Van Lysebeth, Flammarion.
– *Sports et yoga*, Jacques Choque, Albin Michel.
– *Guide pratique de hatha-yoga*, Yvonne Millerand, Calmann-Lévy.
– *Technique du yoga*, Mircea Eliade, Gallimard.
– *Être professeur de yoga*, Jacques Choque, Corlet.
– *L'ABC du yoga*, Marie-Françoise Lemoine, Grancher.
– *Le yoga*, Bernard Bouanchaud, Solar.

position du corps, conservée longtemps, avec aisance, dans l'immobilité, l'attention étant portée sur la respiration.

4. Pranayama : maîtrise du souffle et de l'énergie qui donne le mouvement, la vie, à toutes les forces, toutes les manifestations de la nature. Grâce aux différents exercices respiratoires spécifiques, on établit un bon équilibre assurant la santé et créant une harmonie entre soi et l'environnement.

5. Pratyahara : abstraction, retrait des sens. Souvent, nous ne sommes plus vraiment nous-même et devenons des marionnettes sollicitées par l'entourage, le milieu, par des personnes agréables ou désagréables, par un temps ensoleillé ou pluvieux. Il est alors nécessaire de se retrouver, de se couper du monde extérieur. Mais il faut aussi prendre conscience des limites de nos facultés sensorielles qui, souvent, trompent notre point de vue, nos actions ; c'est l'exemple de la vieille corde que nous prenons pour un serpent, de l'ombre d'un arbre que nous imaginons être celle d'un malfaiteur : la peur s'installe, le cœur s'emballe, le taux d'adrénaline augmente, les jambes sont en coton ! Attention donc à ces sens qui ne doivent pas gouverner notre vie !

6. Dharana : stade plus poussé de pratyahara. C'est le travail de la concentration.

7. Dhyana : méditation, ou contemplation de la réalité, quand l'adepte est parvenu à perfectionner ses facultés d'attention. On perçoit ici l'extraordinaire similitude avec la voie du zen.

8. Samadhi : étape finale, intégration de l'être dans la réalité suprême, intuition, communication cosmique. C'est la libération définitive qui surgit quand le yogi entre spontanément dans un état de méditation.

Le yoga est donc une méthode très rigoureuse, scientifique, qui demande à l'adepte beaucoup de patience et de persévérance. Une pratique régulière et assidue entraînera rapidement des changements profonds tant au point de vue de la santé que dans le domaine de la spiritualité.

VOCABULAIRE DE BASE DU YOGA

Ananda : félicité, béatitude, joie spirituelle.
Asana : posture de yoga.
Bhakti-yoga : voie de la réalisation à travers l'amour, la dévotion.
Brahman : l'esprit suprême imprégnant tout l'univers, le sacré, l'absolu.
Chakra : roue, cercle, centre d'énergie spirituel dans le corps subtil.
Darshana : point de vue.
Dhanurasana : posture de l'arc.
Dharana : concentration.
Dhyana : méditation.
Guru : guide spirituel.
Halasana : posture de la charrue.
Hatha-yoga : cheminement vers la réalisation grâce à une discipline rigoureuse.
Japa : répétition d'une prière.
Jnana-yoga : yoga de la raison, de la discrimination.
Kapalabhati : procédé de purification.
Karma : acte, action et conséquence de ses actes.
Karma-yoga : réalisation de l'union à travers l'action.
Kriya : procédé de purification.
Kumbhaka : rétention du souffle.
Kundalini : énergie cosmique latente située dans le chakra de la région de l'anus.
Mandala : figure circulaire servant de support à la concentration.
Mantra : brève formule sacrée d'invocation.
Moksha : délivrance du cycle des réincarnations.
Nadi : canal du corps subtil par lequel circule l'énergie.
Nidra : sommeil, relaxation profonde.
Nirvana : dissolution du moi individuel séparé dans l'existence infinie.
Om : symbole sonore de l'absolu, son originel.
Padmasana : posture du lotus.
Paschimatanasana : posture de la pince.
Prana : énergie cosmique présente dans tout l'univers.
Pranayama : contrôle rythmique de la respiration.
Rishi : sage inspiré.
Sadhana : recherche, quête, pratique d'une discipline spirituelle.
Shalabhasana : posture de la sauterelle.
Shanti : paix.
Shirshasana : posture sur la tête.
Yogin (ou yogi) : celui qui suit le chemin du yoga.
Yogini : femme qui pratique un yoga.

LA GYMNASTIQUE DOUCE

Elle a également été dénommée antigymnastique (en référence à l'ouvrage de Thérèse Bertherat publié en 1976, Le corps a ses raisons*) ou gymnastique interne. Bien plus qu'une méthode, c'est un état d'esprit qui a été introduit en France dans les années 1950. Le terme doux a alors été employé afin de se démarquer d'une façon radicale de certaines méthodes de gymnastiques trop analytiques, trop rigides, qui ne s'occupaient que du seul développement des qualités de base (force, souplesse, endurance, résistance, vitesse), sans tenir compte des concepts de prise de conscience du corps, d'harmonie, de sensibilité, de détente physique et psychique.*

PRISE DE CONSCIENCE ET RÉAPPROPRIATION DE SON CORPS

La gymnastique douce propose des mises en situation, en particulier des postures permettant, dans un premier temps, à l'élève de ressentir son corps, de prendre conscience de ses tensions, de ses raideurs. Devenu témoin, spectateur attentif, chaque personne établit une sorte de bilan. Puis, une fois ce diagnostic établi, elle peut, avec l'aide de son moniteur (ou grâce aux conseils d'un guide pratique), commencer une véritable restructuration en profondeur.

Des mouvements précis sont également proposés, réalisés avec lenteur et douceur, entraînant une habitude de concentration et rééquilibrant le tonus. Quant aux étirements, progressifs, ils redonnent aux tissus musculaires leur élasticité et aux articulations leur mobilité. Enfin, les exercices de renforcement musculaire sont légers, faciles à exécuter et mobilisent à la fois une chaîne musculaire bien précise et le mental, grâce à une coordination du mouvement et de la respiration. Cette respiration, domestiquée à mesure des séances, devient lente, profonde, régulière.

Des mises en situation qui permettent, selon les consignes, d'entretenir la souplesse ou de favoriser le renforcement musculaire.

UNE SÉANCE DE GYMNASTIQUE DOUCE EN TROIS PHASES

« La gymnastique douce », en se diversifiant et en englobant des techniques variées, a donné son nom à toutes les approches corporelles qui utilisent cette démarche particulière visant à une véritable libération psychosomatique bien plus qu'à la recherche de performance. Généralement, une séance de gymnastique douce s'articule autour de trois phases principales :
– une mise en train permettant une préparation musculaire, ligamentaire et articulaire, mais aussi et surtout offrant à l'adepte un temps d'intériorisation, véritable coupure d'avec le tourbillon de la vie active.

VOCABULAIRE DE BASE DE LA GYMNASTIQUE DOUCE

Adresse : faculté d'effectuer des mouvements efficaces et économiques.
Aérobie (voie ou réaction) : voie énergétique fonctionnant grâce à l'oxygène d'éléments porteurs d'énergie (par l'alimentation) et sans produire d'acide lactique. La réaction aérobie intervient lors des efforts de longue durée et de faible intensité (endurance) à partir de la troisième minute du début de l'exercice.
Agoniste : muscle qui est le principal responsable d'un mouvement particulier.
Anaérobie alactique (voie ou réaction) : réaction permettant la synthèse de l'ATP (en partant de la créatine phosphate), fonctionnant sans oxygène et sans production de déchets lactiques. Elle intervient lors d'efforts très intenses et très brefs, inférieurs à 30 sec.
Anaérobie lactique (voie ou réaction) : voie énergétique fonctionnant sans oxygène mais avec production d'acide lactique. Elle permet des efforts intenses mais de courte durée (résistance) après les trente premières secondes d'un exercice et jusqu'à la troisième minute environ.
Antagoniste : muscle qui s'oppose à un mouvement, ou qui produit un effet contraire.
Articulation : point de contact de deux ou plusieurs os.
Capacité vitale : volume de gaz qui peut être expulsé des poumons au cours d'une expiration forcée après une inspiration forcée ; volume total de l'air que l'on peut échanger avec l'environnement.
Condition physique : état permanent de supporter facilement un effort. Cette condition physique peut être mesurée grâce à des tests donnant ainsi une définition d'ordre physiologique. Mais ce concept de condition physique englobe aujourd'hui également des éléments d'ordre psychologique.
Contraction : action de se tendre ou de se rétracter ; capacité très développée dans les cellules musculaires.
Contraction isométrique (ou statique) : contraction musculaire dans laquelle il n'y a pas de mouvement mais le maintien d'une attitude entraînant une augmentation de la tension du muscle.
Contraction anisométrique (ou isotonique ou dynamique) : contraction musculaire entraînant un raccourcissement du muscle et un mouvement, sans que la tension soit modifiée.
Douleur : impression anormale et pénible reçue par une partie vivante du corps et perçue par le cerveau.
Dynamomètre : instrument destiné à mesurer la force musculaire.
Échauffement : mise en route progressive du fonctionnement cardiaque, pulmonaire, musculaire et articulaire pour préparer le corps à un exercice physique.
Endurance : qualité permettant de réaliser et de poursuivre un effort d'intensité faible, modérée ou forte pendant un temps long ou très long.
Force : rigueur physique, intensité, entraînement d'un membre ou d'un ensemble de muscles à vaincre une résistance élevée.
Myogramme : enregistrement graphique de l'activité contractile mécanique produit par un appareil qui mesure la contraction musculaire.
Récupération : ensemble de moyens permettant de ramener la fréquence cardiaque et respiratoire à la normale ainsi que de décongestionner les muscles.
Résistance : qualité permettant de réaliser un effort de grande intensité pendant une durée très courte (3 min).
Système : ensemble d'organes qui travaillent de concert pour accomplir une fonction vitale (système nerveux, système cardiovasculaire).
Volume courant : volume d'air déplacé entre une inspiration et une expiration normales.
Volume maximal d'oxygène (VO_2 max) : quantité maximale d'oxygène pouvant être utilisée à l'exercice par un sujet.

Ce temps de réappropriation de son corps s'accompagne d'exercices respiratoires et d'exercices de détente, de décontraction ;
– la partie principale, composée de mises en situation favorisant des étirements, des consignes permettant un renforcement musculaire, des exercices d'équilibre, et éventuellement des exercices favorisant la coordination et la communication ;
– quant à la dernière partie de la séance, elle est consacrée à des exercices de respiration spécifiques (respiration rythmique alternée, conscience des trois étages respiratoires…), ainsi qu'à un temps plus ou moins long destiné à apprendre à se relaxer ou à approfondir une technique de relaxation particulière.

BIBLIOGRAPHIE

– *La Gymnastique douce*, Yvonne Sendowski, Dangles.
– *Pratique de la gymnastique douce*, Mickaël Preibsch, Helmut Reichardt, Vigot.
– *250 exercices d'étirement et de renforcement musculaire*, Thierry Waymel, Amphora.
– *Cours de gymnastique douce*, Robert Cavicchioli, De Vecchi.
– *La Gymnastique douce*, Allegra Kent, L'Étincelle.
– *De l'éducation du corps à l'équilibre de l'esprit*, Lili Ehrenfried, Aubier Montaigne.
– *Le corps a ses raisons*, Thérèse Bertherat, Seuil.
– *Conscience du corps*, Moshé Feldenkrais, Marabout.

LE STRETCHING

Chinois et Japonais pratiquent, depuis des siècles, les étirements pour se préparer aux arts martiaux. On les retrouve également lors de l'échauffement des danseurs, ainsi que dans la nature, en observant les animaux sauvages, les félins en particulier. Comme Monsieur Jourdain faisait de la prose sans le savoir, tous les matins, en nous étirant, nous faisons inconsciemment du stretching. Ce mot anglais signifie littéralement « étirement », mais, depuis les années 1960, c'est devenu une méthode technique, pratiquée par des millions d'adeptes de par le monde.

PRINCIPES DE BASE DU STRETCHING

Le stretching est une méthode douce, composée d'exercices de placement, d'étirements progressifs, d'équilibre, de détente, qui mobilisent corps et esprit. Coordonnant mouvement et respiration, ils permettent la prise de conscience des différentes parties de notre corps tout en le tonifiant.
Ainsi des millions de personnes qui ne souhaitent pas pratiquer le yoga ont pris conscience, par le stretching, des principes de base qui devraient régir toutes pratiques corporelles (voir le chapitre « Les caractéristiques communes des gymnastiques douces », pp. 6-9) :
– la recherche de l'union du corps et de l'esprit ;
– le contrôle de la respiration, qui doit être lente, profonde, rythmée, régulière ;
– la non-violence envers son propre corps, impliquant la douceur dans la pratique ;
– la détente, le temps de repos, la relaxation, phases indispensables pour éliminer nos tensions et nos fatigues ;
– l'importance de la concentration ;
– l'intérêt de la visualisation, de l'autosuggestion ;
– la possibilité de pratiquer à tout moment de la journée et partout (en voiture, au bureau, etc.) ;
– la possibilité de pratiquer non dans une optique de performance, de compétition, mais simplement pour son bien-être, sa forme, sa santé, afin de développer toutes ses potentialités.

ENTRETIEN ET RESTAURATION DES PROPRIÉTÉS MUSCULAIRES

Concrètement, il s'agit de se placer dans une certaine posture afin d'étirer un ensemble précis de muscles en respectant quatre phases successives : un étirement, une contraction, un relâchement, un étirement.

Le stretching :
une méthode douce composée principalement de placements, d'étirements progressifs mobilisant le corps et l'esprit.

VOCABULAIRE DE BASE DU STRETCHING

Antéversion : déplacement en amont de l'épine iliaque antéro-supérieure sur le fémur (bascule du bassin, pubis vers le sol). Ce mouvement se prolonge dans la colonne lombaire par une tendance à la lordose.
Cyphose : courbure à convexité postérieure de la région dorsale de la colonne vertébrale.
Décontraction : action de faire cesser une raideur, une tension ; technique permettant d'obtenir un état de calme, d'apaisement, de relâchement, à la fois musculaire et psychique.
Équilibre statique : sens de la position de la tête dans l'espace par rapport à la force gravitationnelle.
Étirement : allongement des membres dans une direction donnée.
Hypertonique : qui présente une tension ou un tonus excessif ou supérieur à la normale (le contraire de hypotonique).
Information sensorielle : information recueillie par des millions de récepteurs sensoriels sur les changements qui se produisent tant à l'intérieur qu'à l'extérieur de l'organisme.
Insertion : point d'attache d'un muscle.
Kinesthésie : ensemble des sensations d'origine musculaire, cutanée ou articulaire, qui nous renseignent sur la position et les mouvements des différents segments de notre corps dans l'espace.
Lordose : courbure à convexité antérieure des régions cervicale et lombaire de la colonne vertébrale.
Muscle lisse : muscle constitué de cellules ayant la forme de fuseaux ; ne présente pas de stries ; muscle involontaire.
Muscle squelettique : muscle composé de cellules cylindriques multinucléées présentant des stries évidentes ; muscle volontaire qui s'attache au squelette.
Perception : interprétation consciente d'une sensation.
Plié : mouvement de flexion des genoux avec six possibilités différentes d'orientation des pieds.
Position anatomique : position de référence pour le départ des mouvements pendant laquelle le corps est debout, pieds réunis, parallèles, bras le long du corps, paumes des mains regardant en avant.
Propriocepteur : récepteur situé dans une articulation, un muscle ou un tendon ; capte des informations relatives à la locomotion, à la posture et au tonus musculaire.
Schéma corporel : image, représentation, que chacun se fait de son propre corps.
Scoliose : déviation latérale de la colonne vertébrale.
Sensation : conscience des variations dans le milieu interne et l'environnement.
Souplesse : faculté d'exécuter des mouvements de grande amplitude dans la limite permise du jeu articulaire.
Tissu musculaire : tissu primaire qui a la particularité de raccourcir (se contracter), ce qui produit le mouvement.
Vigilance : attention vive, surveillance soutenue ; état du système nerveux qui conditionne la réactivité du sujet et sa capacité d'adaptation.

BIBLIOGRAPHIE

– *Le Grand Livre du stretching*, Maxine Tobias, Solar.
– *Cours photographique du stretching*, François Richini, De Vecchi.
– *Stretching postural*, Jean Le Bivic, Désiris.
– *Cours complet de stretching*, Jacques de Micheli, De Vecchi.
– *Le Stretching postural*, Jean-Pierre Moreau, Sand.
– *De la relaxation au stretching*, Michel Roy, Ellebore.
– *Stretching*, Boris Pavlovic, Amphora.
– *Stretching pour tous*, Gaël Heckli, Ellebore.
– *Le Stretching*, Bob Anderson, Solar.
– *Pratique du stretching*, D. Sternad, Vigot.

Les phases de tension et de contraction durent de 10 à 30 sec, alors que celles consacrées au relâchement prennent de 2 à 3 sec.
Au début, il est nécessaire de compter afin de s'assurer que la position est maintenue assez longtemps.
Ce travail d'étirement permet donc d'entretenir et d'améliorer l'amplitude du mouvement en utilisant les différentes propriétés musculaires (élasticité, contractilité, excitabilité, tonicité, extensibilité).
Il favorise la diminution des tensions accumulées, la circulation sanguine, et donc les échanges gazeux.
Le stretching est une méthode extrêmement efficace pour lutter contre la dégénérescence fonctionnelle, qui apparaît avec l'âge, diminuant les performances de l'appareil locomoteur.
Or ce dernier est à la base du maintien de l'autonomie et de la vie relationnelle.

LA SOPHROLOGIE

En 1960, le professeur Caycedo crée l'École de sophrologie. Médecin spécialisé en psychiatrie, c'est après un séjour en Asie qu'il met au point une méthode qu'il définit lui-même comme étant « la science qui étudie la conscience, ses modifications et les moyens physiques, chimiques ou psychologiques, pouvant la modifier dans un but thérapeutique, prophylactique ou pédagogique ». Caycedo souhaite également, comme Schultz et Jacobson, que sa méthode relève d'une démarche scientifique (vérification des hypothèses de travail avant une quelconque application) et qu'elle soit dépouillée de toute connotation mystique.

MARIAGE DE LA MODERNITÉ ET DE LA TRADITION

Le terme sophrologie est dérivé des mots grecs *sôs*, qui peut être traduit par « harmonie », *phrên*, qui signifie conscience, et *logos*, étude. La sophrologie est donc la « science de l'esprit serein appliquée à la conscience humaine ».
Pour parvenir à ces objectifs, cette science a créé ses propres outils (sophronisation, relaxation dynamique), mais elle intègre aussi d'autres techniques visant à équilibrer le psychosomatique (training autogène, yoga...).
En fait, elle est la synthèse des recherches les plus modernes et des traditions les plus anciennes, et offre une méthode adaptée à notre culture, notre société. Pour mieux comprendre cette méthode, quelques termes sont à connaître, qui éclairent déjà, à eux seuls, la démarche choisie et les objectifs visés (voir « Vocabulaire de base de la sophrologie », page suivante).

Apprendre à se relaxer, à repérer les tensions, quels que soient le lieu ou la position du corps.

Méthodes passives et méthodes dynamiques

Concrètement, une séance de sophrologie se structure autour de trois grands principes :
– l'approfondissement du schéma corporel, à l'instar de toutes les autres méthodes ;
– l'imprégnation positive du psychisme ;
– la prise en compte « de l'ici et maintenant ».
En fonction des objectifs, les principales techniques sophroniques sont répertoriées en deux catégories :
– les catégories passives (ou statiques) ;
– les méthodes dynamiques (ou actives).
Parmi les méthodes statiques, nous pouvons citer : la sophronisation simple, l'activation intrasophronique, qui, en fait, inclut les six exercices du cycle inférieur du training autogène de Schultz (voir p. 19) ; la sophrorespiration, consistant à porter une attention sur l'expiration en y associant un mot ou une phrase induisant la quiétude (« paix », « sérénité » ou « je suis calme,… tout à fait calme ») ; la protection sophroliminale du sommeil.
Quant aux méthodes actives, elles se classent en trois parties :
– la relaxation dynamique concentrative, inspirée du yoga, permettant d'activer les sensations (interoceptives, extéroceptives et proprioceptives) ;
– la relaxation dynamique contemplative, inspirée du bouddhisme, qui permet d'étendre le champ de la conscience : « Le corps a ses limites, la conscience n'en a pas » ;
– la relaxation dynamique méditative, inspirée du zen, qui permet au sujet de prendre conscience qu'il peut entrer en symbiose avec son entourage. De plus, il peut « méditer » sur des thèmes tels que la vie ou l'énergie.

Vocabulaire de base de la sophrologie

Sophronisation : opération par laquelle on entraîne le sujet, grâce à l'utilisation d'une voix monocorde, dans un état de relaxation comparable à celle perçue en période de présommeil.
Niveau sophroliminal : état de conscience se situant entre le niveau de veille et celui du sommeil.
Activité intrasophrologique : structuration d'un ensemble de phénomènes perçus avec une grande acuité par la conscience grâce à un entraînement méthodique.
Désophronisation : reprise très progressive d'un niveau de vigilance et d'un tonus musculaire nécessaires à l'activité prochaine.
Alliance : relation établie et acceptée réciproquement entre le sophrologue et le sujet.
Sophroacceptation progressive : visualisation d'une situation positive afin de créer des conditions optimales de réussite pour une action future.
Sophrorespiration synchronique : attention portée sur la respiration doublée de la répétition d'une formule permettant un apaisement.
Protection sophroliminale du sommeil : visualisation positive des moments précédant le coucher, la phase d'endormissement, son sommeil, son réveil, puis sophrorespiration synchronique.

Bibliographie

– *La Sophrologie au quotidien*, Jean-Yves Pecollo, Éd. du Rocher.
– *La Sophrologie*, Jean-Pierre Hubert, Mousset.
– *La Sophrologie autrement*, Payen de la Gara, Grancher.
– *Tout savoir sur la sophrologie*, Raymond Abrezol, Éd. du Signal.
– *Transformez votre vie par la sophrologie*, Thierry Loussouarn, Dangles.
– *Guide pratique de la sophrologie*, Yves Davrou, Retz.
– *Manuel pratique de sophrologie*, Élisabeth Raoul, Maloine.
– *Sophrologie et sports*, Raymond Abrezol, Chiron.
– *Dictionnaire abrégé de sophrologie et de relaxation dynamique*, Alfonso Caycedo, Émège.
– *L'Aventure de la sophrologie*, Alfonso Caycedo, Retz.
– *La Sophrologie expliquée aux sportifs*, Luis Fernandez, Amphora.
– *Sophrologie : fondements et méthodologie*, Patrick-André Chéné, Ellebore.

Développer les facultés d'adaptation

La sophrologie nous offre donc des clés pour faire émerger nos potentialités et favoriser ainsi une adaptation rapide face à un agent qui provoque le stress. Mais cette méthode nous fait surtout prendre conscience que la première grande adaptation est celle que nous devons faire avec nous-même ; c'est-à-dire gommer au maximum les dysfonctionnements entre le somatique et le psychique.
Cette harmonie ne pourra que faciliter l'adaptation aux autres, c'est-à-dire à l'environnement familial, professionnel ou socio-économique.

LE TRAINING AUTOGÈNE

Né en 1884, J.-H. Schultz, après des études à Breslau (Allemagne), devient médecin, puis, à partir de 1919, professeur de neurologie et de psychiatrie. Attiré par la psychanalyse et l'hypnose, il souhaite cependant abandonner ces voies, qui nécessitent la présence d'un thérapeute et créent une relation de dépendance.
Très tôt, à partir de 1908, il met donc au point les premières bases de sa méthode, qu'il fera découvrir au grand public grâce à son ouvrage Le Training autogène, *ouvrage qu'il définit lui-même ainsi : « Un entraînement à une discipline personnelle qui permet, à tout instant et sans l'aide d'un médecin, de maîtriser sa pensée et ses fonctions corporelles. Il s'agit d'un entraînement dont les résultats dépendent de la persévérance dans l'exercice et par conséquent de la volonté de s'équilibrer pour retrouver une parfaite harmonie » (J.-H. Schultz,* Le Training autogène, *PUF, 1977).*

UNE MÉTHODE DE RELAXATION

Le training autogène est donc une méthode de relaxation qui part de l'observation suivante : tout état de fatigue ou d'anxiété s'accompagne (et produit) des contractions musculaires. Car si l'on peut obtenir une déconnexion générale de l'organisme, si on laisse le corps se détendre, les symptômes tendent à disparaître. Cette méthode, utilisant un ensemble d'exercices très précis, permet d'acquérir progressivement une détente, de supprimer les tensions inutiles, par « le dedans » (contrairement, par exemple, aux massages, dont l'action est exogène). Schultz propose donc des exercices qui donnent les moyens de développer une harmonie psychosomatique (équilibre physique et prise de conscience des problèmes psychologiques). Nous acquérons ainsi une meilleure maîtrise de nous-même, nous sommes plus lucides, plus efficaces et pouvons même résoudre des dysfonctionnements énergétiques tels que migraines, extrémités froides (doigts, orteils...), insomnies. De plus, parallèlement à cette autodécontraction, nous pouvons augmenter notre pouvoir de concentration et, petit à petit, explorer, puis maîtriser nos différentes fonctions mentales.

LES « TROIS POSITIONS » ET LES « DEUX CYCLES »

Comme beaucoup de techniques de relaxation, certaines conditions sont nécessaires pour aborder au mieux les séances : pièce calme, lumière tamisée, chaleur suffisante pour favoriser la décontraction, vêtements amples et yeux fermés facilitent le laisser-aller et l'intériorisation.
Selon les possibilités (moment, lieu), trois positions sont possibles :
– la position assise avec un maximum de confort ;
– la position dite « en cocher de fiacre », assis sur un tabouret, les coudes et les avant-bras sont appuyés sur les cuisses, le dos est rond et la nuque relâchée ;
– la position allongée sur le dos avec des coussins ou des couvertures placés, si besoin est, sous les creux poplités, la nuque, les cuisses ou les avant-bras.
Une fois la position choisie, le sujet laisse pénétrer en lui la première formule : « Je suis calme,... tout à fait calme... », afin d'être disponible pour la suite de la séance.
Le training autogène se compose de deux cycles dits « inférieur » et « supérieur ».

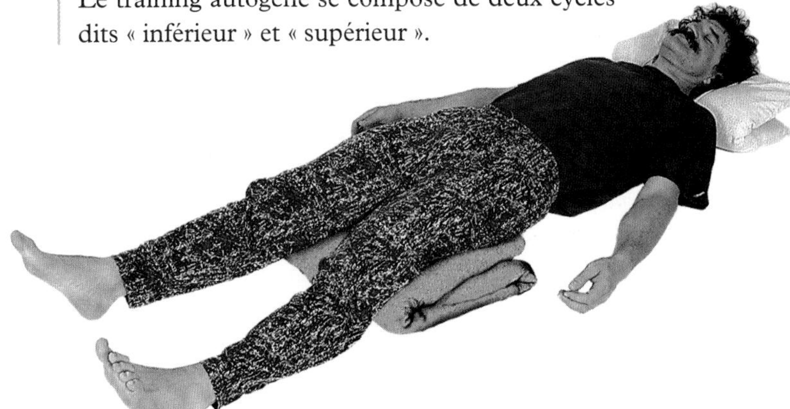

Coussins, oreillers, couvertures pliées... pour s'installer plus confortablement dans la position de relaxation.

LES SIX EXERCICES DU « CYCLE INFÉRIEUR »

1. L'expérimentation de la pesanteur : le sujet doit répéter cinq à six fois la formule : « mon bras droit (ou le gauche pour un gaucher) est lourd ». Puis le sujet continue le cheminement corporel : « mes deux bras sont lourds », « mes deux jambes sont lourdes », communiquant ainsi cette sensation de pesanteur dans tout le corps.

2. L'expérimentation de la chaleur : après avoir vécu l'expérience du relâchement et de la sensation de pesanteur, le sujet, grâce au phénomène de la vasodilatation, prend conscience de la chaleur dans le même ordre de progression suivie par l'expérience précédente. En fait, la nouvelle formule : « mon bras droit (ou gauche) est chaud », « mes deux bras sont chauds... », est plus un constat qu'une induction puisque l'action de la concentration mentale régule le flux sanguin grâce à l'influence du système nerveux. Le sujet expérimenté est maintenant capable d'une « autodécontraction concentrative », selon les termes de Schultz et, à la fin de la progression, les sensations peuvent être globalisées grâce à une seule formule : « je suis calme, tout à fait calme..., mes bras et mes jambes sont lourds, tout à fait lourds..., mes bras et mes jambes sont chauds, tout à fait chauds..., mes bras et mes jambes sont lourds et chauds, tout à fait lourds, tout à fait chauds... ».

3. La régulation cardiaque : le sujet prend conscience des battements rythmiques du cœur et répète la formule : « mon cœur bat calmement et correctement ». Cette possibilité de régulation est capitale car chacun a pu constater le lien étroit entre une émotion et le changement de rythme et d'intensité des battements cardiaques.

4. Exercice respiratoire : le sujet s'abandonne au va-et-vient de sa respiration automatique et répète, sur chaque respiration, la formule : « ma respiration est tout à fait calme, je suis toute ma respiration ».

5. Perception de sensation au niveau de l'abdomen : en posant la main entre le nombril et l'appendice xyphoïde, le sujet essaie de ressentir, dans cette région, une intense chaleur tout en formulant la suggestion : « mon plexus solaire est chaud, tout à fait chaud ». L'objectif est de faire irradier cette chaleur dans tout l'abdomen.

6. Exercice de perception de la fraîcheur du front : le sujet essaie de percevoir une fraîcheur frontale en se répétant mentalement : « mon front est frais, agréablement frais... ».

Ce dernier exercice du cycle inférieur permet d'isoler la tête du phénomène de vasodilatation qui s'est produit dans tout le corps. Non seulement le sujet garde ainsi la « tête froide » (maîtrise émotionnelle), mais évite aussi d'éventuelles céphalées.

Pour revenir à l'état habituel, il est indispensable de suivre une série d'étapes bien déterminées, processus appris dès les premières séances : mouvements de bras, puis des membres inférieurs et ensuite de tout le corps : deux ou trois respirations profondes avant d'ouvrir les yeux.

Enfin, le sujet, ayant retrouvé un état de tonicité normale, laisse exprimer le langage naturel de son corps : soupirs, bâillements, étirements.

BIBLIOGRAPHIE

– *Relaxez-vous avec le training autogène*, Michel Brioul, Ellebore.
– *Le Training autogène*, Milène Screm, De Vecchi.
– *Guide pratique du training autogène*, Gisela Eberlein, Retz.
– *Le Training autogène*, Johannes Schultz, PUF.
– *Introduction aux méthodes de relaxation*, Dr Bernard Auriol, Privat.

LES DIX ÉTAPES DU « CYCLE SUPÉRIEUR »

Deux conditions sont nécessaires pour accéder au cycle supérieur :
– le cycle inférieur doit être parfaitement maîtrisé ;
– le sujet doit être suivi par un psychothérapeute de façon à vivre une analyse approfondie.

Dix étapes successives sont proposées :

1. Intensification du processus de concentration grâce à la convergence du regard vers le centre du front.

2. Découverte de sa propre couleur en laissant en surgir une dans son esprit.

3. Représentation de plusieurs couleurs pour développer une sensibilité perceptive.

4. Représentation d'objets courants.

5. Vision d'objets « abstraits » : se représenter mentalement des concepts (justice, bonheur, éternité, amour...).

6. Élaboration de la représentation d'un état de conscience que le sujet désire atteindre.

7. Le sujet imagine une personne puis essaie de la juger.

8. Le sujet se juge lui-même.

9. Interrogation de l'inconscient.
10. Mise au point de suggestions positives permettant d'améliorer son avenir.
Ainsi le training autogène, méthode structurée, rigoureuse, progressive, permet d'avoir une action sur bien des plans : l'amélioration de la concentration, de la mémoire, des capacités d'apprentissage, la récupération d'un sommeil bienfaisant, la diminution immédiate d'un état de tension excessif, d'une émotion perturbatrice.

L'EUTONIE

C'est en 1957 que Gerda Alexander crée l'eutonie. Ce mot vient du grec eu, *qui signifie juste, et de* tonos, *qui a donné les termes tonus, tension. L'eutonie, d'après Gerda Alexander, est donc « un état de tonicité harmonieusement équilibrée, en adaptation constante, en juste rapport avec la situation à vivre ». Cette recherche d'un état d'équilibre dans les mouvements, à travers l'unité de la personne, sans troubler les fonctions vitales, va exactement dans le sens d'une meilleure relaxation telle qu'elle est proposée dans notre ouvrage.*

La juste mesure de la tension musculaire

L'idée de base de cette méthode est qu'il faut offrir à la personne la possibilité de mieux vivre des expériences qui vont lui permettre de prendre conscience de ses possibilités et de ses limites.
Ces dernières sont en rapport elles-mêmes avec des automatismes qu'il est nécessaire de dépasser afin de parvenir à « une nouvelle attitude devant les êtres et devant la vie » *(Le Corps retrouvé par l'eutonie)*.
La manière d'être de chacun, au repos ou en action, est donc en rapport étroit avec la variabilité de son tonus, celui-ci pouvant passer de l'hyper à l'hypoactivité.
Non seulement l'eutonie propose de mettre en tension les muscles d'une façon juste en rapport avec l'action en cours, mais elle donne aussi les moyens d'observer le corps lorsqu'il est en activité.
Ainsi nous adoptons des attitudes et nous effectuons des mouvements plus corrects, plus aisés et plus gracieux tout en économisant notre énergie.

Les trois étapes d'une séance d'eutonie

D'un point de vue pratique, voici comment se déroule une séance d'eutonie. Notre propos étant de faire découvrir aux lecteurs plusieurs méthodes de relaxation, nous ne prétendrons pas, en quelques lignes, rendre compte de toute la richesse et de l'originalité de l'eutonie, tant du point de vue du contenu, que de la façon de « l'enseigner », ou de celle de former des « eutonistes ».
C'est pourquoi nous présentons les grands principes de la méthode et exposons les principaux exercices qui s'insèrent dans une démarche pédagogique progressive et extrêmement cohérente.
Les trois principes fondamentaux de l'eutonie sont :
– le développement de la conscience du corps ;
– les positions de contrôle ;
– le mouvement.

1. Le développement de la conscience du corps : il s'agit de faire un « inventaire », c'est-à-dire d'observer comment nous percevons l'image de notre corps et de répertorier les habitudes nuisibles à un bon équilibre du tonus. Cette conscience corporelle est réalisée grâce à l'expérimentation de quelques exercices, dont la technique des contacts : allongé sur le dos, nous devons observer les points du corps en contact avec le sol (talons, mollets, fesses, dos...). Mais ces contacts (c'est-à-dire « aller vers ») peuvent se faire entre deux régions du corps du sujet (main-ventre), entre le sujet et un objet (main ou dos-balle), entre le sujet et un autre sujet, et entre le sujet et l'espace environnant.
2. Les positions de contrôle : Gerda Alexander en définit douze, qui permettent de tester les possibilités de relâchement des muscles, d'augmenter leur souplesse et de faire disparaître des douleurs locales. Cette sorte de bilan nécessite de s'installer dans une position test (la position du tailleur par exemple)

BIBLIOGRAPHIE

– *Le Corps retrouvé par l'eutonie*, Gerda Alexander, Tchou.
– *Eutonie et relaxation*, Brieghel-Muller, Delachaux.
– *L'Eutonie de Gerda Alexander*, Denise Digelman, Scarabée.
– *Eutonie et pratiques corporelles pour tous*, Jacqueline Meunier-Fromenti, Courrier du Livre.

et, tout en s'intériorisant, de défaire les crispations, les tensions observées.

3. Le mouvement : il est à la base de l'eutonie puisque cette méthode recherche la plus grande liberté, la plus grande aisance possible, quel que soit le mouvement réalisé. Ce peut être l'étirement spontané, le bâillement, des gestes sportifs ou professionnels. L'important est de percevoir son corps avant le mouvement et de se représenter ce mouvement ; puis d'observer son corps pendant le mouvement en contrôlant la vitesse afin qu'elle soit constante.

RELAXATION ET EXPRESSION CORPORELLE

Ainsi l'eutonie est non seulement une méthode de relaxation, mais aussi une discipline d'expression corporelle. Elle cherche constamment à favoriser la conscience globale du corps et incite le sujet à chercher la meilleure façon de réagir face à n'importe quelle situation.
C'est une méthode qui s'adresse à toute personne souhaitant devenir plus libre, plus autonome, et désireuse de rester en contact permanent avec son espace intérieur, riche de sensations, toujours original et sans limite.

S'installer dans des positions dites « de contrôle » puis, en s'intériorisant, défaire les tensions, les crispations observées (au niveau de la nuque, du dos, des chevilles...).

La relaxation progressive de Jacobson

Edmond Jacobson, médecin et thérapeute, a eu, durant toute sa vie, une démarche scientifique qu'il souhaita distincte du yoga ou de l'hypnose. Elle vise à fournir une prise de conscience, au niveau de chaque segment du corps, des différences entre les sensations de tension et de détente.

Une arme antistress

La personne ainsi concentrée sur son propre corps observe les points précis de tensions musculaires.
À mesure de l'apprentissage, le sujet est donc capable, en éliminant les tensions musculaires, de faire face au stress naissant de situations difficiles car, pour Jacobson, tout stress s'accompagne de contractions musculaires.
L'une des premières observations de Jacobson fut que plus le sujet est tendu nerveusement, ou raide musculairement, plus il sursaute au moindre signal sonore inattendu.
Au contraire, un sujet en état de relaxation a une réaction au bruit amoindrie.
La méthode de Jacobson consiste donc essentiellement à entreprendre une action sur l'hypertonicité neuro-musculaire, laquelle réagit même lors de la création d'images mentales.
Ainsi la seule représentation d'une situation crée un état de tension.
Concrètement, cette relaxation doit être menée dans les mêmes conditions que celles nécessaires à la pratique du training autogène : un endroit calme, une température agréable et une position corporelle de confort (allongé sur le dos, bras légèrement à l'oblique par rapport au tronc).

Prendre conscience des tensions musculaires, les amplifier, puis se laisser aller, relâcher totalement son corps.

Prise de conscience et relâchement musculaire

Cette méthode, qui nécessite un entraînement quotidien, peut faire accéder à deux niveaux.
La relaxation dite progressive comprend trois étapes :

1. Reconnaissance et identification d'une contraction puis du relâchement musculaire correspondant. La prise de conscience s'effectue dans toutes les parties du corps, y compris les yeux et les muscles phonateurs car « pour diminuer l'activité mentale, il faut parvenir à une relaxation progressive et poussée des muscles des yeux et de l'appareil phonateur ».

2. Relâchement de certains muscles alors que d'autres sont en activité mais avec le minimum de tension nécessaire à l'accomplissement de la tâche à effectuer.
3. Prise de conscience, à tout moment de la vie quotidienne, de toutes les tensions musculaires liées à un trouble affectif ou émotionnel. Le sujet détend alors les muscles concernés et une répercussion positive se fait aussitôt sentir sur le mental.

Une méthode objective

Cette relaxation progressive s'appuie uniquement sur une démarche d'observations objectives concernant

le lien entre le tonus musculaire, les émotions et l'activité mentale.
La méthode ne fait appel à aucune suggestion ; les phénomènes qui apparaissent sont facilement contrôlables et les résultats pratiquement immédiats.
Toute personne peut donc trouver, dans cette méthode, un moyen rapide et efficace d'économiser son énergie.

Bibliographie

– *L'Entraînement psychologique du sportif*, Gérard Houllier, De Vecchi.
– *Savoir se relaxer pour combattre le stress*, Edmond Jacobson, Éd. de l'Homme.

Le do-in

Les termes do-in, qui se traduisent par la « voie » (do) *et les « gestes »* (in), *désignent une méthode de massage d'origine japonaise. Étymologiquement, cette appellation signifie donc les « gestes qui conduisent à la voie ». Par « voie », il faut comprendre à la fois le chemin de l'énergie (la circulation énergétique dans le corps) et la possibilité de se réaliser, d'entreprendre une véritable démarche spirituelle, tant cette pratique permet de mettre l'être humain en harmonie avec les lois naturelles, les lois cosmiques.*

Méthode curative et préventive

Comme la plupart des méthodes de massage que l'on retrouve pratiquement dans le monde entier sous des noms différents (massages suédois, thaïlandais, californien...), le do-in est une discipline à la fois préventive et curative.
En prévention, on masse l'ensemble du corps, généralement du bout des doigts grâce à de petits mouvements circulaires ou en « bande » de quelques centimètres. L'objectif de cette self-technique (elle se pratique seul) est d'assurer une revitalisation de tout l'organisme.
Au Japon, le do-in est un véritable rituel pratiqué en famille, la plupart du temps le matin, préparant ainsi efficacement la journée.
Pratiqué régulièrement, le do-in renforce les capacités d'autoguérison que possède tout organisme car il augmente la résistance du corps et favorise la libre circulation de l'énergie. La vie du corps et de l'esprit ne sont pas opposées, mais forment au contraire un tout ; ainsi les bienfaits de cette méthode manuelle ont des répercussions positives sur le psychisme, l'équilibre intérieur.
Cet enrichissement se traduit par une plus grande confiance en soi, une ouverture aux autres et permet une prévention efficace des différents maux présentés dans ce guide pratique. Cette discipline s'adresse à tous publics : de l'enfant qui découvre son corps à la personne âgée qui souhaite l'entretenir.

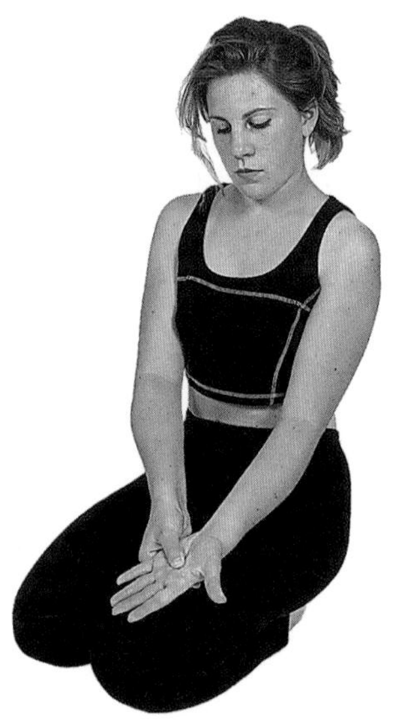

Un automassage simple, efficace, réalisé sur toutes les parties du corps afin de permettre à l'énergie de circuler librement.

Bibliographie

– *Tout sur le do-in*, Laure Lorini, De Vecchi.
– *Automassage*, Wei Huiquiang, Le Souffle d'or.
– *Le Do-In*, Jean Abrassart, Ellebore.
– *Guide pratique du massage*, Mario-Paul Cassar, Sélection du Reader's Digest.
– *Massages relaxants et yoga à deux*, Corlet.

LE SHIATSU

Littéralement, cette appellation signifie « pression (atsu) *des doigts* (shi) *». Bien que d'origine chinoise, le shiatsu est le fruit de la culture japonaise. Il s'agit d'une méthode de soins agissant par pression sur la surface du corps.*

MÉRIDIENS ET POINTS DE PRESSION

Outre son emploi à visée thérapeutique, cette méthode peut être pratiquée dans le simple objectif d'entretien ou de relaxation, et les moyens d'action seront donc variables (d'autant plus qu'il existe plusieurs écoles). Traditionnellement, le shiatsu utilise les doigts, principalement les pouces, afin d'effectuer des pressions sur n'importe quel sujet, quel que soit son âge. Il s'agit d'une pratique non traumatisante et indolore. Cependant, certains praticiens utilisent les paumes, les coudes, les genoux et même, parfois, les pieds.
Le principe fondamental du shiatsu est qu'il existe des méridiens *(ke raku)* au travers desquels circule, plus ou moins bien, une certaine forme d'énergie. En cas de dysfonctionnement, des pressions sont alors appliquées sur des points *(tysubo)* spécifiques du corps.

PRATIQUE DE RELAXATION ET PRATIQUE THÉRAPEUTIQUE

Traditionnellement, le shiatsu s'exécute toujours sur une surface plane et dure (par exemple, sur des « tatamis », tapis utilisés en judo ou autres arts martiaux), l'exécutant doit toujours pouvoir évoluer facilement autour du sujet, à même le sol. En ce qui concerne le shiatsu de relaxation ou d'entretien, la séance peut durer une heure environ.
Pour la pratique à visée thérapeutique, la règle est moins simple puisqu'il faut d'abord établir un diagnostic, et la durée variera selon les informations recueillies. Dans ce type de pratique holistique, il n'y a pas de recettes car l'individu est considéré comme un tout : il faut donc soigner à la fois le corps, mais aussi l'esprit et le domaine affectif.
Les pressions exercées sont obligatoirement fortes et, contrairement à ce que l'on pourrait croire, « ce n'est pas parce que ça fait mal que ça fait du bien ». Il s'agit simplement de faire prendre conscience à l'individu traité que, si un point est douloureux, c'est qu'une partie de son corps en correspondance avec celui-ci connaît un déséquilibre énergétique. En effet, dans toutes les disciplines orientales, la maladie est due uniquement à un blocage, à un excès ou à une insuffisance d'énergie dans une certaine partie du corps.

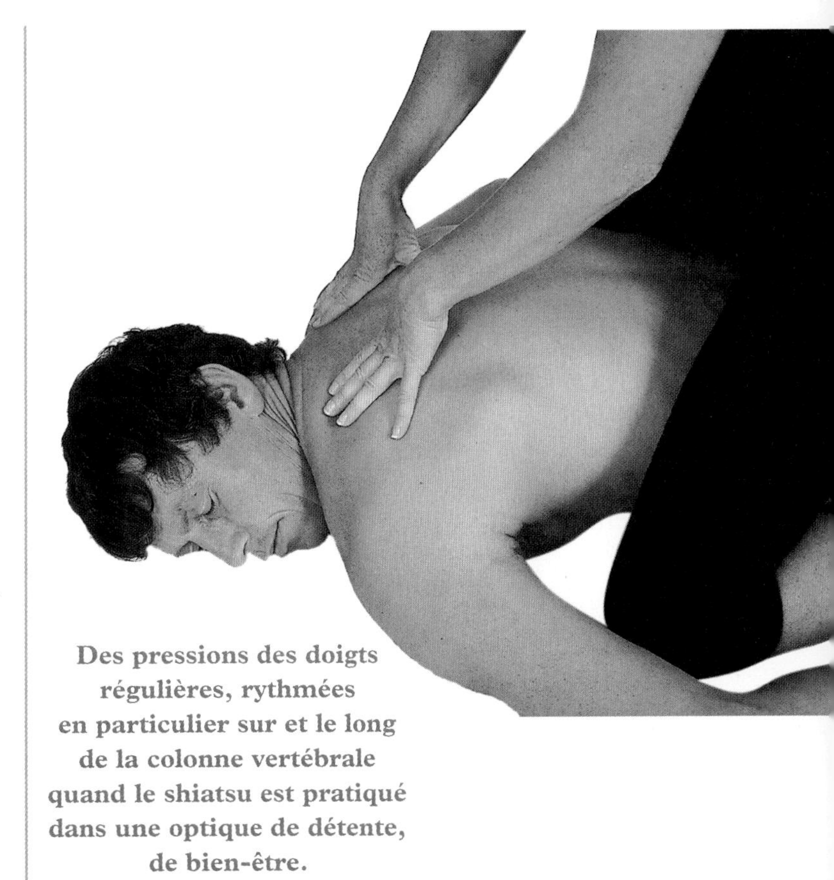

Des pressions des doigts régulières, rythmées en particulier sur et le long de la colonne vertébrale quand le shiatsu est pratiqué dans une optique de détente, de bien-être.

BIBLIOGRAPHIE

– *Cours de shiatsu*, M. Vatrini, De Vecchi.
– *Shiatsu*, Paul Goodman, Trédaniel.
– *Shiatsu et yoga*, Jean Rogidal, Éd. du Signal.
– *Le Livre du massage*, Clare Maxwell Hudson, Solar.
– *Le Shiatsu aux pieds nus*, Shizuko Yamamoto, Trédaniel.
– *Shiatsu et stretching*, Toru Namikoshi, Retz.
– *Le Shiatsu*, Jean-Louis Abrassart, Ellebore.

LA RÉFLEXOLOGIE

L'histoire de la réflexologie remonte au début du XXe siècle, lorsque le médecin américain William Fitzgerald élabora une théorie selon laquelle la santé peut être entretenue grâce à des pressions manuelles sur certains endroits du corps.
Cette pratique est donc fondée sur le principe chinois de traitement au moyen de pressions ou d'aiguilles, comme en acupuncture. Mais, tandis que la méthode chinoise se fonde sur la circulation de l'énergie le long des méridiens (au nombre de douze), la réflexologie traite uniquement par des pressions sur la plante de pied, et non sur tout le corps.

UNE CARTOGRAPHIE DE LA PLANTE DE PIED

En effet, cette méthode affirme qu'il existe, au niveau de la plante de pied, des régions appelées zones réflexes, qui correspondent à des organes. Il existe donc ainsi une cartographie de la plante de pied sur laquelle sont indiqués les emplacements des points réflexes en liaison avec chaque partie du corps. Comme toutes les méthodes de massage, la réflexologie peut avoir une double utilisation :

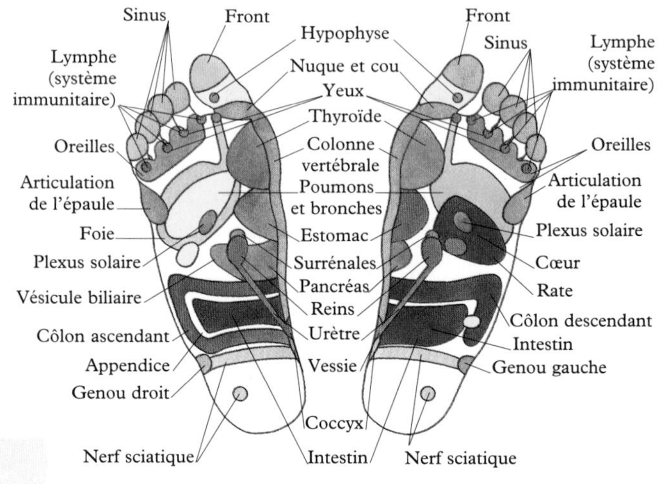

À chaque partie du corps correspond un point précis dans le pied. Il faut y appliquer une pression afin de détendre, de rééquilibrer l'ensemble du corps ou de traiter certains troubles.

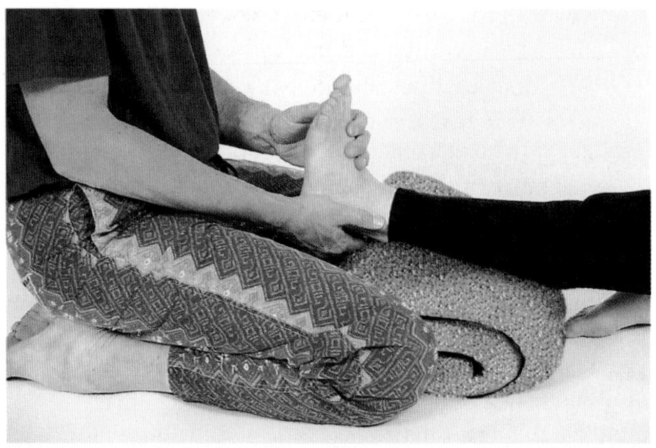

Pratiquée seul ou à deux, cette méthode traite uniquement de la plante de pied.

– à titre préventif, elle renforce les mécanismes d'autodéfense ;
- à titre curatif, elle permet de soulager très rapidement des affections courantes (fatigue, stress, troubles digestifs, mauvaise circulation...).

UNE SÉANCE DE SOIN ET DE RELAXATION

Allongé confortablement sur des coussins, placés sous le dos et sous les genoux, le sujet se laisse traiter par son partenaire, qui, grâce à son pouce, exerce une pression précise mais douce sur toute la plante du pied. Il arrive, lors de ce type de massage de bien-être et de relaxation, de trouver une région sensible, parfois même douloureuse.
On accorde alors une attention particulière à ces points

BIBLIOGRAPHIE

– *Énergie et réflexologie*, Madeleine Turgeon, Mortagne.
– *Points réflexes auriculaires*, Maisonneuve.
– *Podo-réflexo-cinésiologie*, Maisonneuve.
– *La Réflexologie plantaire*, Jean-Louis Abrassart, Ellebore.

afin de dispenser, selon la théorie de la réflexologie (qui a largement prouvé son efficacité), une sorte d'engorgement dû à des dépôts cristallins (liés à des terminaisons nerveuses).
Grâce aux pressions des pouces, ces dépôts sont donc brisés, et la fonction de l'organe correspondant est alors améliorée.
De plus, ce massage des pieds est extrêmement relaxant car il apporte une détente franche des muscles crispés et un regain de circulation des vaisseaux sanguins.

VOCABULAIRE DE BASE DES TECHNIQUES DE MASSAGE

Automassage : massage que l'on réalise sur soi-même avec ses paumes ou avec ses doigts.
Autoréflexologie : massage qui s'opère grâce à des pressions douces et circulaires sur la plante de pied, qu'une personne se fait sur elle-même.
Digitopuncture : pressions effectuées sur des zones très localisées du corps afin de rééquilibrer la circulation énergétique du patient.
Douleur : point sensible sur des zones très précises du corps. On y applique alors une pression plus ou moins forte pendant quelques secondes.
Effleurage : prise de contact, glissements doux des mains sur la peau, le relief du corps, les gestes se répétant sur un rythme régulier.
Énergie : force vitale que chaque être humain possède et qui, selon la conception orientale, circule dans tout le corps.
Étirement : action d'étendre, de tirer un membre avec douceur, lentement, sans brutalité ni à-coup.
Friction : massage profond, circulaire, localisé, des tissus cutanés et sous-cutanés avec l'extrémité d'un ou de plusieurs doigts.
Glisser : action de faire glisser les mains ou les doigts en entraînant la peau et les masses charnues. La pression est relativement forte, constante et uniforme.
Huiles : substances grasses qui facilitent le glissement des mains sur la peau en évitant le frottement. Elles humidifient et assouplissent la peau et lorsqu'elles contiennent des huiles essentielles (fabriquées à partir d'essences végétales), elles accroissent l'effet thérapeutique du massage.
Homéostasie : état d'équilibre dynamique de l'organisme ; maintien de la stabilité du milieu interne.
Inflammation : réaction pathologique qui s'établit à la suite d'une agression traumatique, chimique ou microbienne, de l'organisme et qui se caractérise par de la chaleur, des rougeurs, une douleur et/ou une tuméfaction. Contre-indication formelle aux massages.
Méridiens : sorte de canaux par lesquels l'énergie se diffuse dans tout le corps. La perturbation de cette circulation entraîne, soit l'apparition d'une maladie, soit une perturbation émotionnelle.
Palming : technique de massage utilisant les paumes pour réaliser un mélange de pression douce et d'effleurage.
Peau : enveloppe qui recouvre le corps de l'être humain. Elle se compose d'un épiderme (zone externe et protectrice) et d'un derme, assurant de nombreuses fonctions (toucher, excrétion, absorption, régulation thermique).
Percussions : mouvements rapides, sûrs et brefs, qui consistent à frapper avec tout ou partie des mains des endroits larges ou charnus (dos, cuisses).
Pétrissage : le pétrissage profond consiste à saisir la masse musculaire à pleines mains, puis de lui imprimer une torsion alternée par un mouvement en sens inverse des deux mains. Le pétrissage superficiel s'effectue avec les doigts de manière à saisir la peau et les tissus cutanés.
Point : endroit très précis, le long des méridiens, sur lesquels on exerce une légère pression pour améliorer la circulation de l'énergie, et donc une amélioration du fonctionnement de l'organe correspondant.
Pressions : simples appuis réalisés généralement avec le pouce afin d'exercer une pression localisée qui n'est ni brusque ni brutale.
Tension : état de raideur qui se manifeste dans certaines parties du corps.
Tonus musculaire : légère contraction continue d'un muscle qui permet de répondre immédiatement à une stimulation.

VIVRE EN PAIX AVEC SON CORPS

Quand le dos fait souffrir, lorsque la mobilité articulaire se réduit, que les maux de tête nous handicapent et que mille petits maux nous empêchent d' « habiter » sereinement notre corps, différentes techniques de gymnastiques douces peuvent nous apporter un réel soulagement. En réalisant régulièrement les exercices proposés, retrouvez la forme en douceur !

MAL DE DOS

La moitié de la population française souffre du dos à un moment donné de sa vie. « En avoir plein le dos » est une expression qui dit bien ce qu'elle veut dire, fût-ce familialement...
Ces nombreux problèmes de dos peuvent dériver de malformations congénitales ou de détériorations résultant d'un accident de voiture, d'une chute ou d'une blessure consécutive à la pratique d'un sport. Ils sont parfois dus à l'usure des disques et des vertèbres, entraînant lumbago, hernie discale, sciatique, etc.
Mais, souvent, le mal de dos résulte d'une défaillance des muscles qui soutiennent la colonne vertébrale, ainsi que de mauvaises positions adoptées dans la vie quotidienne.

Exercices d'étirement

Les étirements sont conseillés pour améliorer le tonus de maintien (contraction musculaire minimale pour tenir debout ou assis), pour réguler toutes les tensions du dos, pour lutter contre la dégénérescence fonctionnelle (manque de mobilité de la charnière entre les lombaires et le bassin par exemple).
Ils contribuent aussi à entretenir la souplesse dans la flexion-extension, la rotation, l'inclinaison latérale.

« Le chat qui fait le gros dos »

Cet exercice réalisé doucement et lentement mobilise les articulations coxo- et iliofémorales. Le bon fonctionnement de ces articulations est indispensable pour la flexion du tronc.

1 Mettez-vous à quatre pattes, mains écartées de la largeur des épaules, genoux écartés l'un de l'autre de la largeur des hanches. En inspirant, gardez le dos plat et dirigez le menton vers le ciel.

2 En expirant, faites le gros dos du chat, rentrez le menton dans la gorge, appuyez fortement les paumes sur le sol.

3 Puis, de nouveau, inspirez dos plat... Réalisez 4 ou 5 fois cet exercice.

« La demi-lune »

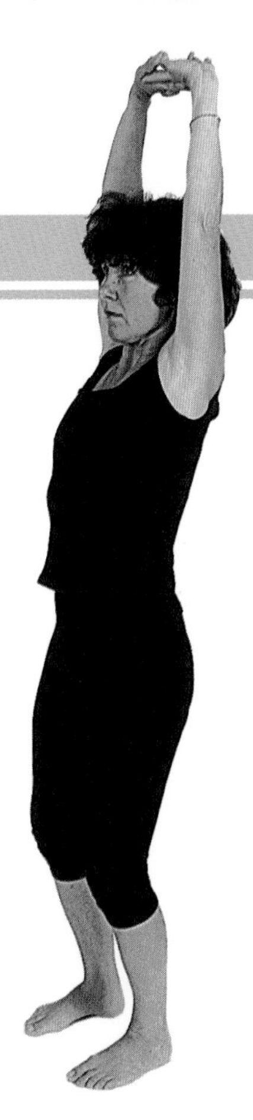

1 Pieds écartés, tendez les bras vers le plafond, en expirant, doigts croisés (ventre rentré et jambes légèrement pliées pour ne pas cambrer).

2 Inclinez le buste vers la gauche en plaçant la main gauche sur la hanche gauche et en inspirant (la main droite continue de pousser vers le plafond). Réalisez cet étirement des muscles du tronc, accompagné d'une ouverture thoracique.
Effectuez ce mouvement 4 fois de chaque côté.

Cet exercice permet d'entretenir la souplesse du grill costal et de la colonne vertébrale, véritable mât de navire.

L'auto-agrandissement

Observez les petits enfants, les chats ou les chiens : à leur réveil, ils réalisent instinctivement un auto-agrandissement, mouvement réflexe d'étirement.

1 Effectuez le plus souvent possible cet auto-agrandissement : en décambrant (ventre rentré, bas du dos plaqué sur le sol), poussez les talons loin devant vous, et les doigts loin derrière vous, sans bloquer la respiration.

2 Pour prendre conscience concrètement de ce qu'est un dos « droit » et bien étiré, placez un bâton derrière vous de sorte qu'il soit en contact à la fois avec l'arrière de la tête, le dos et le haut des fessiers.

EXERCICES DE RENFORCEMENT MUSCULAIRE

Notre mode de vie ne donne généralement que très peu l'occasion d'utiliser sa force (manipuler, transporter des charges), et la musculature du dos s'atrophie. Il faut donc recourir à des exercices de renforcement musculaire, simples et rapides à réaliser. Car se muscler ne consiste pas forcément à vouloir devenir un athlète de haut niveau. On peut rechercher simplement un bon maintien général afin de se déplacer avec aisance et de s'adapter à différents types d'efforts.

« Dorso-lombaires »

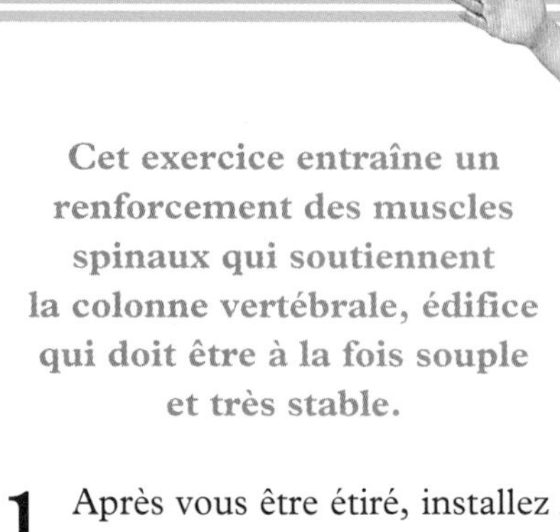

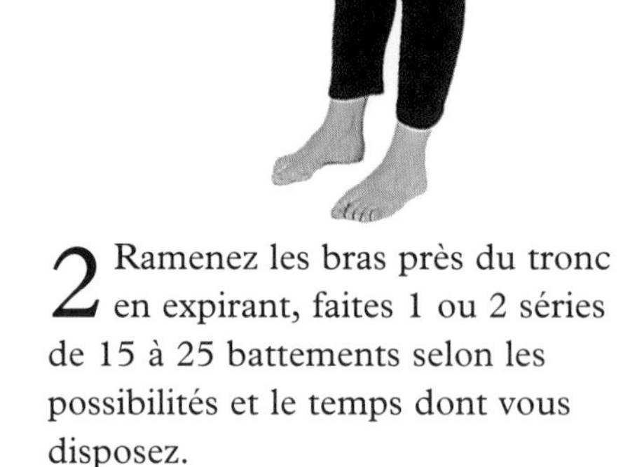

Cet exercice entraîne un renforcement des muscles spinaux qui soutiennent la colonne vertébrale, édifice qui doit être à la fois souple et très stable.

1 Après vous être étiré, installez le dos, selon vos possibilités, en position plus ou moins perpendiculaire aux jambes (celles-ci peuvent être légèrement pliées si c'est nécessaire). Placez les bras de chaque côté des oreilles, dans le prolongement du tronc.

2 Ramenez les bras près du tronc en expirant, faites 1 ou 2 séries de 15 à 25 battements selon les possibilités et le temps dont vous disposez.

« L'envol de la mouette »

Cet exercice, recommandé pour lutter contre la cyphose (courbure physiologique du rachis trop prononcée), assure une meilleure esthétique et entraîne plus d'assurance.

1 Départ en position debout, jambes légèrement pliées, dos étiré. Penchez le tronc en avant de façon à l'amener (plus ou moins) parallèle au sol. Écartez les bras et tenez-les perpendiculaires au tronc, en inspirant.

2 Relâchez les bras en expirant. Dix mouvements (ressemblant au vol d'un oiseau), ou plusieurs respirations dans la position.

Position « de la croix »

Ce renforcement musculaire du dos, indispensable au bon maintien de la colonne vertébrale, demande une grande attention.

1 Jambes pliées, redressez votre dos en poussant le sommet du crâne vers le ciel, menton dirigé vers le sternum.

2 Placez les bras perpendiculaires au tronc, paumes ouvertes, doigts dirigés vers le visage. Gardez la position durant une dizaine de respirations, puis allongez-vous sur le dos pour vous détendre.

Mouvement alternatif des bras

Le corps ressemble à un arbre : bras et jambes, tels des branches, doivent conserver leur mobilité, tandis que le rachis maintient le tronc dans sa verticalité, en extension à partir du bassin.

Debout, fessiers serrés (pour protéger le bas du dos), levez les bras alternativement (poings fermés). Si l'on utilise des petits haltères pour augmenter la charge, on obtient un renforcement musculaire plus important. Deux séries de 15 à 25 fois.

UTILISATION D'UNE CHAISE POUR ÉTIRER ET DÉTENDRE LE DOS

Au bureau, où l'on passe des heures assis dans une position plus ou moins forcée, chez soi, où l'on se laisse aller, affalé sur une chaise ou sur un fauteuil, une pause de quelques minutes suffit pour effectuer ces exercices. Une simple chaise convient parfaitement, il est inutile de disposer d'appareils de gymnastique sophistiqués.

Étirement en position assise

1 Assis droit sur la chaise, poussez doucement le sommet du crâne vers le plafond.

2 Dégagez le cou des épaules (détendues), les pieds bien à plat sur le sol. Profitez de l'ouverture thoracique pour allonger et amplifier vos respirations.

Étirement en position debout

1 Placez-vous debout, dos étiré, bras collés contre les oreilles et tendus vers le plafond.

2 Descendez le tronc vers l'avant jusqu'à ce que les mains viennent toucher le dossier. Respirez tranquillement dans cette position (ne creusez pas le dos ; pliez légèrement les jambes si l'étirement est trop important).

Étirement et détente

1 Étirez le tronc vers l'avant de façon à venir placer le ventre sur les cuisses et la poitrine sur les genoux.

2 Laissez pendre les bras et la tête. Vous pouvez rester plusieurs minutes dans cette position, qui allie étirement et décontraction.

Décontraction en position allongée

Il arrive quelquefois qu'en position allongée sur le sol vous souffriez du bas du dos. Pour vous détendre en dépit de cet inconvénient, il vous suffit de placer les jambes pliées sur une chaise et, sur l'expiration (accompagnée de soupirs), de laisser « s'étaler » votre dos sur le sol.

DIMINUER LES TENSIONS DU DOS GRÂCE AUX MASSAGES

Le dos est le siège de nombreuses tensions. Ces tensions peuvent être d'origine physique aussi bien que psychique. L'automanipulation ou le massage réalisé par un partenaire sont des techniques faciles à exécuter qui permettent de se libérer de ces contractions.

Percussions légères

Poings fermés, percutez le bas et le milieu de votre dos grâce à des frappes rapides et suffisamment fortes pour soulager ou prévenir d'éventuelles contractures.

Point réflexe

Pour traiter un point réflexe (voir « La réflexologie », pp. 26-27), asseyez-vous sur une chaise ou par terre et placez un pied sur la cuisse opposée.
Appuyez avec les pouces tout le long du bord interne du pied (au niveau du coup de pied, qui correspond, en effet, à la région du rachis).

Massage avec l'aide d'un partenaire

1 Effleurage palmaire : votre partenaire, assis à califourchon, place les mains à plat, de part et d'autre de la colonne vertébrale (doigts pointés vers la tête). Doucement, lentement, il fait glisser les mains vers les flancs, 2 ou 3 fois. Puis, avec régularité, il pose les mains sur une autre zone dorsale et exécute de nouveau des glissements de mains.

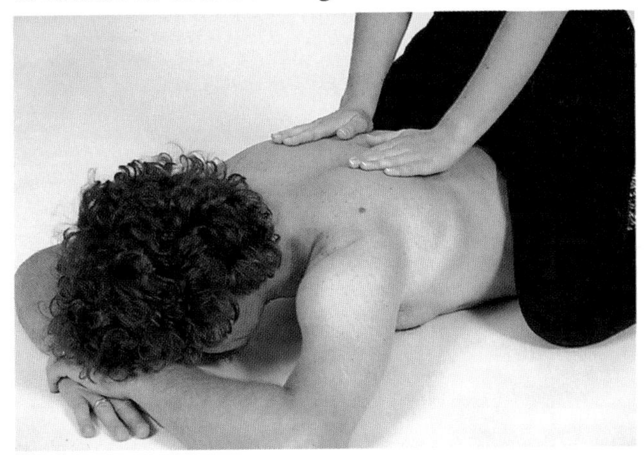

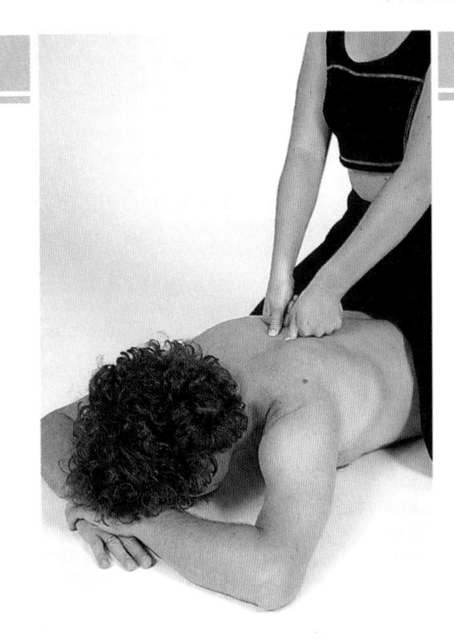

2 Shiatsu : les poings placés de chaque côté de la colonne vertébrale, le partenaire effectue des pressions assez fortes, régulières, rythmées (de haut en bas).

PRÉVENIR LE MAL DE DOS DANS LES ACTES DE LA VIE QUOTIDIENNE

Les actions domestiques peuvent constituer d'excellents exercices de maintien de la forme, si de bonnes habitudes sont prises. Quels sont les bons placements pour votre dos ? Quelles sont les erreurs à ne pas commettre ? Quelles sont les précautions à prendre ?

1. Lorsque vous sortez vos bagages du coffre de la voiture, gardez le dos droit, étiré, et les jambes légèrement pliées. Surtout, ne courbez pas le dos. Plaquez bien contre vous l'objet à soulever. Pour le déposer à terre, faites pivoter l'ensemble du corps, et non pas seulement le tronc.

2. Pour saisir un objet placé en hauteur, pensez d'abord à monter sur un tabouret ou sur un escabeau. Évitez, en « verrouillant » la région concernée (fessiers serrés, ventre légèrement rentré, bassin basculé en avant), de vous cambrer.

3. Lorsque vous vous baissez, pour jardiner ou ramasser un objet à terre, placez la jambe avant en fente et le genou de la jambe arrière au sol.

4. Lorsque vous portez une charge, répartissez-la également de chaque côté, afin d'éviter les risques de scoliose.

1

2

3

4

MAUX DE TÊTE ET MIGRAINES

Il n'est pas toujours facile de distinguer la migraine d'un mal de tête occasionnel. En début de crise, la « vraie » migraine se manifeste sur un seul côté du crâne et se propage ensuite dans toute la boîte crânienne. À la gêne causée par la lumière et le bruit peuvent s'ajouter des nausées et des vomissements. Il peut exister aussi des troubles neurologiques, c'est le cas des migraines accompagnées.
Quant aux maux de tête ou céphalées, ils sont souvent liés au mode de vie, à l'environnement : la fatigue, le manque de sommeil, le bruit, une alimentation trop riche, des contrariétés familiales ou professionnelles… Ces céphalées dites de tension commencent dès le réveil, et la douleur lancinante peut durer longtemps. Ces maux de tête s'accompagnent pratiquement toujours d'une contraction des parois artérielles et d'une tension excessive des muscles du cou et des épaules.

LA PRÉVENTION GRÂCE AUX MASSAGES

Pour prévenir ces maux, vous pouvez opter pour un traitement de fond : réfléchir sur votre mode de vie (alimentation, causes de stress) et faire l'effort d'un minimum d'entretien de votre « véhicule » corporel en choisissant des méthodes qui entraînent le bien-être et un état de relaxation. Les massages, effectués seul ou avec l'aide d'un(e) partenaire, viennent en tête de ces méthodes. Souvent utilisés pour soulager la douleur, ils peuvent l'être également pour la prévenir.

Automassage du front, des tempes et du cou

Tout naturellement, lorsque commence un mal de tête, vous vous massez le front ou les tempes car vos mains ont un très grand pouvoir de soulagement.

1 Placez les doigts au milieu du front, puis faites-les glisser vers les tempes. Recommencez cette manœuvre une dizaine de fois en exerçant une pression constante, régulière et moyennement forte.

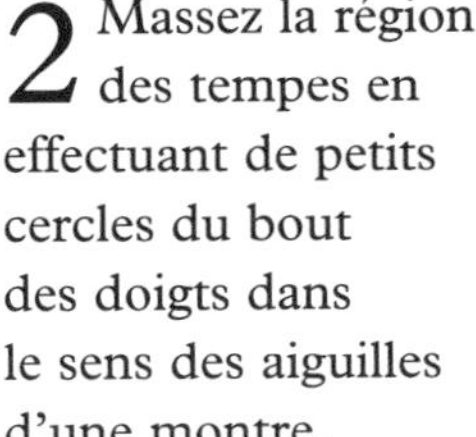

2 Massez la région des tempes en effectuant de petits cercles du bout des doigts dans le sens des aiguilles d'une montre.

3 Pétrissez lentement et doucement les muscles du cou et le dessus des épaules en les saisissant à pleines mains. Puis, à mesure de leur décontraction, augmentez l'intensité du massage.

Massage des épaules par un partenaire

Assis sur une chaise ou par terre, relâchez-vous et laissez-vous masser par un partenaire.

1 Il placera ses mains sur vos épaules et commencera par un effleurage palmaire avant de passer à un pétrissage profond allant du haut du cou vers les épaules.

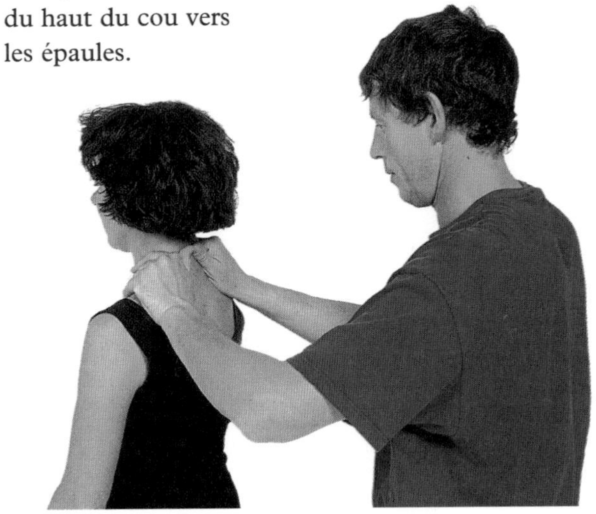

2 Le contact est toujours maintenu, de l'extérieur des épaules vers le haut du cou, puis il recommencera la manœuvre en suivant un rythme lent et régulier.

Percussions et pressions du crâne

1 Du bout des doigts (excepté les pouces), tapotez légèrement toute la surface du crâne ainsi que le front. Ces percussions doivent être suffisamment intenses pour provoquer des vibrations à l'intérieur de la boîte crânienne.

2 Comme lorsque vous vous faites un shampooing, appliquez une pression du bout des doigts sur le cuir chevelu pour le faire bouger, en décrivant de petits cercles.

Massage du gros orteil

Les points réflexes du cou sont situés à la base du gros orteil ; vous allez donc agir sur celui-ci.

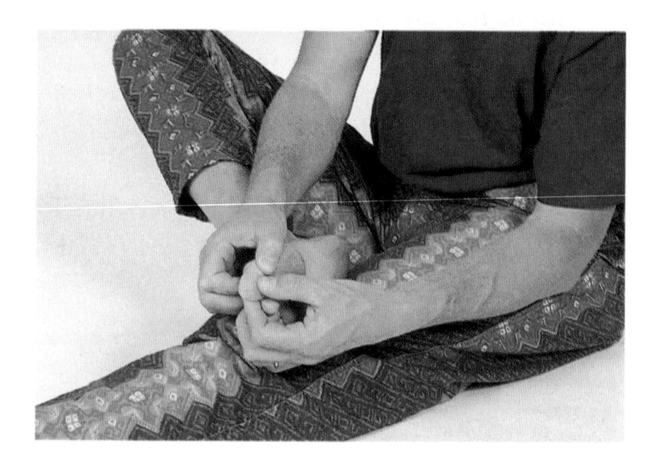

1 Placez un pied sur la cuisse opposée.

2 À l'aide des pouces, exercez des pressions, de 8 sec environ chacune, sur l'ensemble de la surface du gros orteil, puis procédez de même avec l'autre.

Action sur le crâne, le front et la nuque

Pour faciliter votre détente musculaire, un partenaire pourra vous aider.

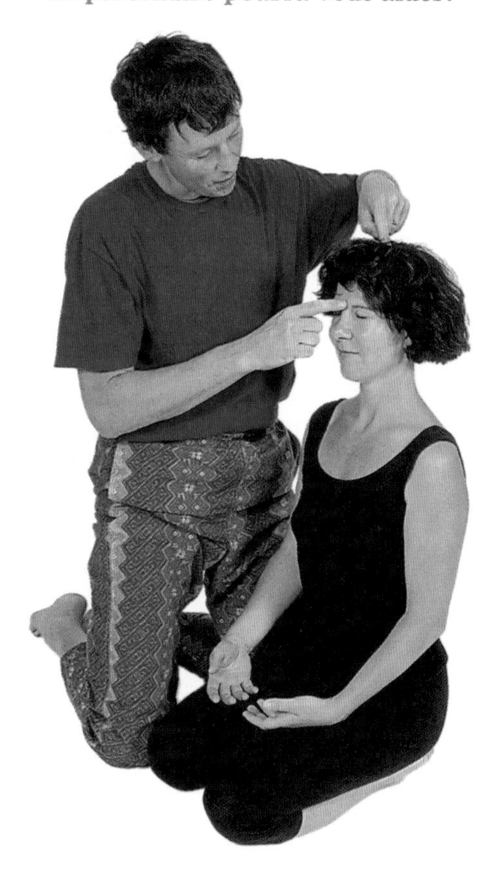

1 Il place un doigt sur le sommet de la tête et un autre doigt au milieu du front entre les sourcils. Il exerce ensuite 5 ou 6 pressions légères d'une durée de 8 sec chacune.

2 Votre partenaire applique une main sous le menton pour le soutenir. L'autre main est placée sous la nuque, un doigt sous chaque oreille.

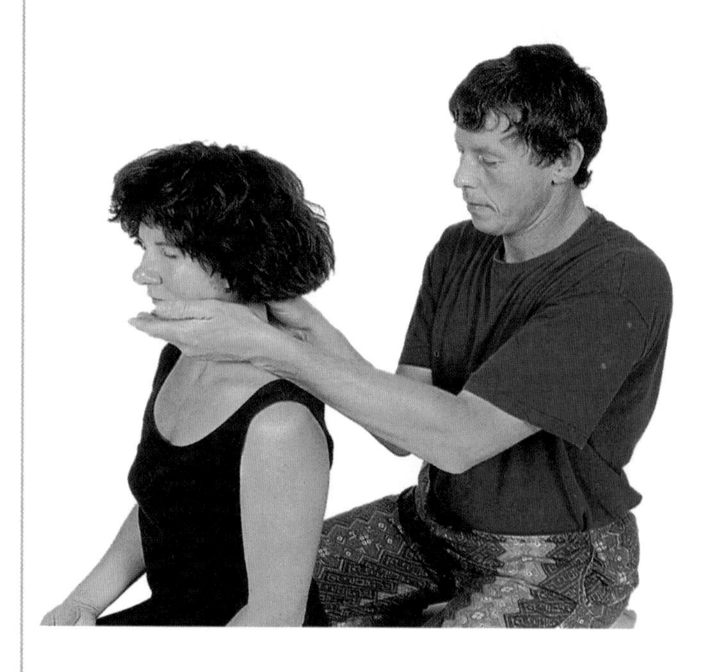

3 Il exerce alors une pression égale avec ses deux doigts (pouce et majeur) ; il les fait se rejoindre vers le centre de la nuque, et cela, une dizaine de fois.

L'IMPORTANCE DE LA DÉTENTE MUSCULAIRE

Le mal de tête est un véritable handicap qui affecte 12 à 15 % de la population française. Un des moyens de lutte est de briser le cercle vicieux : raideur musculaire-mal de tête-raideur musculaire... Il faut donc se donner les moyens de dissoudre les tensions au niveau du cou et des épaules. Après avoir effectué les exercices suivants, vous goûterez une impression de liberté retrouvée.

Mouvements de bras, doigts croisés dans le dos

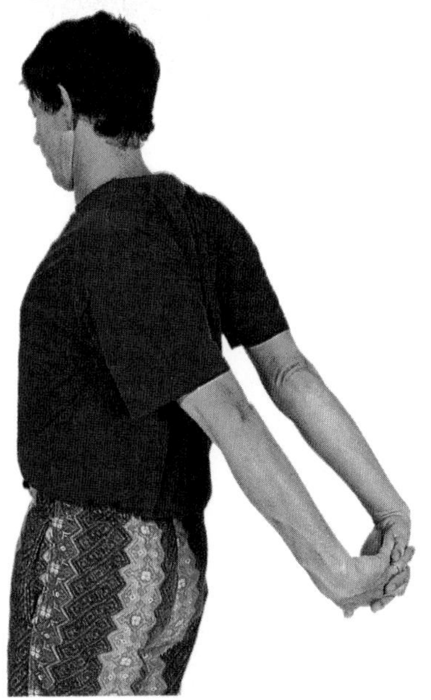

1 Croisez les doigts derrière vous, le dos des mains dirigé vers le sol.

2 En inspirant, écartez du buste les bras tendus.

3 Poumons pleins, rapprochez les omoplates l'une de l'autre et contractez les épaules.

4 En expirant, décroisez les doigts et laissez pendre les bras, détendus, de chaque côté des flancs.

Étirer et plier les bras au niveau des omoplates

1 Après avoir étiré les bras vers le plafond, pliez-les de façon à pouvoir amener le tranchant des mains entre les omoplates (dos des mains l'un contre l'autre) en inspirant.

2 Poumons pleins (4 ou 5 sec), poussez les coudes vers le plafond et vers l'arrière.

3 En expirant, étirez vos bras vers le plafond et, après avoir décrit un grand cercle, d'un geste lent et ample, amenez-les, détendus, de chaque côté des flancs. Répétez le mouvement 5 ou 6 fois.

Rotation du menton, allongé

Cet exercice sera effectué en douceur et vous demandera une grande concentration.

1 Allongez-vous sur un tapis de gymnastique ou sur une couverture posée sur le sol.

2 Il s'agit d'amener le menton vers l'épaule gauche le plus lentement possible, de façon imperceptible pour un éventuel observateur.

Vous ne devez pas vous arrêter pendant ce mouvement, et, bien sûr, votre respiration doit être calme, lente et fluide.

3 Lorsque vous aurez terminé la rotation du menton en « ultraralenti » vers la gauche, procédez de même vers l'épaule droite en ayant eu soin de ramener le menton au centre le plus lentement possible.

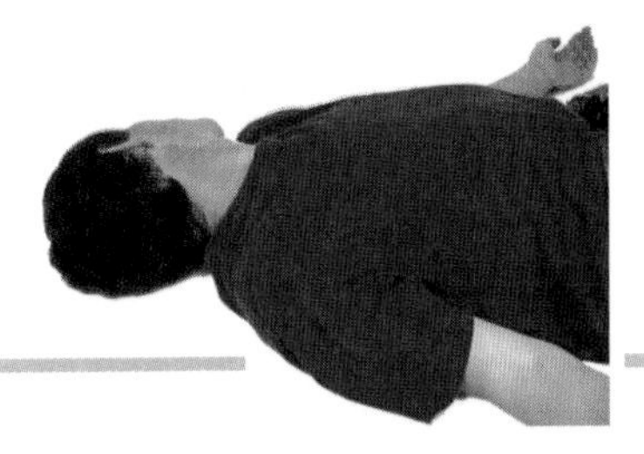

L'OXYGÉNATION DU CERVEAU

Les céphalées peuvent être causées par la tension ou le stress. Les parois artérielles sont alors excessivement contractées entraînant une élévation de la pression sanguine dans la tête. Cependant, le cerveau, qui est le plus gros consommateur d'oxygène de l'organisme, a un besoin vital d'être bien irrigué, et les postures inversées, issues du yoga, apportent un afflux sanguin extrêmement bénéfique (attention aux contre-indications : abcès dentaire, intervention récente des yeux, sinusite).

Posture de la « montagne » ou de la « colline »

Cette posture issue du yoga est une variante de celle dite « du chien ».

1 Position de départ en quatre appuis : genoux et avant-bras sur le sol. Les coudes sont écartés de 40 cm environ, bout des doigts joints ; les orteils sont en flexion.

2 Tendez les jambes de façon à installer le tronc perpendiculaire au sol.

3 Grâce à la position des avant-bras, sur lesquels vous pouvez prendre appui, la pression du crâne peut être plus ou moins forte. Restez dans cette posture tant que vous vous y sentez bien.

4 Ne vous relevez pas immédiatement, lorsque vous la quittez, mais restez au moins 30 sec le front au sol, les fesses sur les talons.

Posture de la « demi-chandelle »

Pour ne pas forcer l'étirement du cou, vous pouvez vous installer confortablement dans cette posture inversée dite de la « demi-chandelle ».

1 Départ en position allongée. Amenez les genoux vers le front, jambes pliées.

2 Placez les mains dans le dos de façon à pouvoir le redresser doucement vers le plafond et à maintenir le poids des fessiers.

3 Tant que cette posture (ventre au-dessus de la gorge) est confortable, conservez-la, votre respiration est calme et tranquille.

4 Pour quitter la position, placez les paumes sur le sol et ramenez doucement le dos vers le sol, sans bloquer le souffle.

UNE MÉTHODE TROP PEU UTILISÉE : LA VISUALISATION

Visualiser, c'est pouvoir se représenter mentalement quelque chose ou quelqu'un. Les images sur lesquelles vous décidez de porter votre attention sont variables à l'infini – mais toujours agréables – et peuvent être volontairement produites à loisir, à tout moment et en tout lieu. Cette technique, qui s'apparente à des traditions aussi bien occidentales qu'orientales, se révèle extrêmement puissante et sera d'autant plus efficace que vous saurez l'utiliser au mieux.

Le « paysage intérieur »

Après vous être relaxé, en position assise ou allongée, remémorez-vous un paysage reposant qui vous est familier, un endroit où vous vous sentez particulièrement bien. Puis, conservez, à l'intérieur de votre écran frontal, les images de cette sorte de « tableau intérieur ». L'apaisement et la paix produits par cette contemplation gagnent chaque

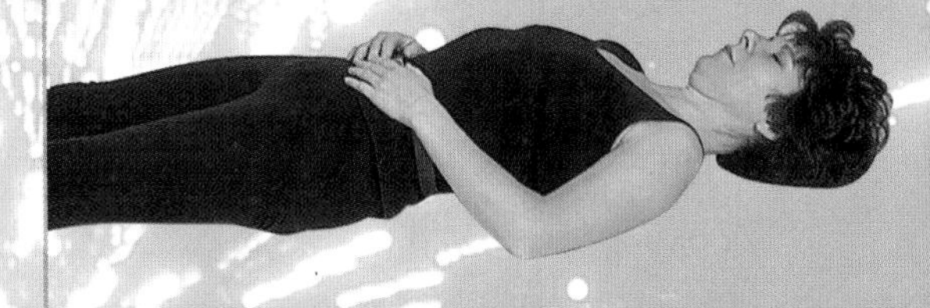

cellule de votre cerveau, pendant que votre respiration devient de plus en plus calme et lente. Induisez la sensation que votre boîte crânienne s'élargit et qu'elle n'est plus jamais prise dans un étau.
Les martèlements dus à vos maux de tête ne sont plus que de lointains souvenirs qui s'estompent derrière un décor lumineux, ensoleillé.

TROUBLES DIGESTIFS

La façon de se nourrir est déterminée à la fois par des nécessités nutritionnelles et un ensemble de rituels, d'habitudes tant individuelles que culturelles.

Pour tirer bénéfice de cette nourriture, deux étapes doivent être franchies : la transformation des aliments dans l'appareil digestif, puis la distribution de l'énergie dans toutes les parties du corps. Ensuite, ce sera l'évacuation, très variable d'une personne à l'autre.

Malheureusement, près d'un Français sur deux souffre de divers maux : indigestion, constipation, aérophagie, ballonnements, flatulences, colite, gastrite, ulcère ou crampes de l'estomac... Si la plupart de ces maux sont causés par une mauvaise hygiène alimentaire, certains sont liés au stress (voir « Stress », p. 108).

ENTRETENEZ ET STIMULEZ L'APPAREIL DIGESTIF

L'appareil digestif est en étroite relation avec la sangle abdominale : c'est grâce à elle que les organes et les muscles lisses qui constituent le tube digestif conservent leur place naturelle. Il est donc utile, pour le bon fonctionnement de l'appareil digestif, qu'elle soit ferme. Pour éviter une sangle molle et avachie, il faut la fortifier, grâce au renforcement musculaire, et la stimuler, grâce à différents exercices.

Pour améliorer la circulation

Une bonne circulation dans l'abdomen ne peut qu'être favorable au fonctionnement de l'appareil digestif.

1 Posez les mains sur le ventre. Effectuez un mouvement circulaire et souple, dans le sens des aiguilles d'une montre.

2 La pression, légère au départ, augmente progressivement, sans jamais gêner ni devenir douloureuse. Répétez plusieurs fois cet affleurage.

Exercice de massage des viscères

1 Asseyez-vous au sol, jambe droite tendue, jambe gauche pliée, pied gauche à l'extérieur de la jambe droite. Le coude droit enrobe le genou gauche (main droite sur la cuisse gauche) alors que la main gauche, posée sur le sol, permet de maintenir le tronc redressé.

2 Réalisez dans cette position 6 à 10 respirations diaphragmiques les plus amples possibles afin d'obtenir une action de massage des viscères.

3 Puis inversez la position et reprenez les mêmes consignes.

Gymnastique abdominale avec effet de massage

Pour réaliser un massage très efficace, profond et naturel de tous les organes de la nutrition, vous pouvez pratiquer cette sorte de gymnastique abdominale.

1 Partant de la position debout, pliez les jambes, paumes à plat sur les cuisses.

2 Bien campé sur vos pieds, les bras tendus, le dos étiré, tirez en expirant la masse abdominale vers la colonne vertébrale en contractant les abdominaux et montez-les vers le sternum en pressant les mains sur les cuisses.

3 En apnée, relaxez la sangle abdominale puis laissez le ventre et la cage thoracique reprendre leur position habituelle avant d'inspirer (de façon à laisser l'air entrer en douceur).

4 Faites quelques respirations puis recommencez le cycle 3 ou 4 fois le matin au réveil et le soir avant le dîner.

La posture de l'arc

Cet exercice, accompagné de respirations amples, profondes, augmente la pression intra-abdominale et favorise le péristaltisme intestinal (contractions de la paroi faisant avancer le contenu de l'intestin).

1 Allongé sur le ventre, soulevez le menton et saisissez les chevilles.

2 Poussez les pieds vers l'arrière et vers le haut, les genoux étant écartés. Les bras, passifs, ne servent qu'à soulever les épaules.

3 Restez de 6 à 10 respirations dans la posture qui doit être confortable.

La posture de la sauterelle

1 Allongé sur le ventre, bras de chaque côté du tronc (ou doigts entrelacés, poignets rapprochés, bras étirés sous le tronc), soulevez une jambe puis l'autre, ou, si vous le pouvez, les deux à la fois.

2 Lors de l'entraînement, il faudra garder le menton au sol. Répétez l'exercice de 3 à 5 fois, puis relaxez-vous.

Exercice accroupi pour stimuler et tonifier

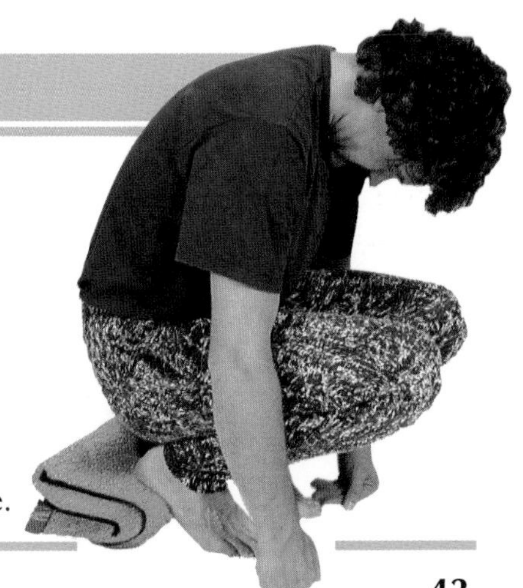

1 Installez-vous en position accroupie les talons sur le sol ou sur une couverture afin de pouvoir rester plusieurs respirations dans la position.

2 Genoux serrés et dos rond, poussez fortement la masse abdominale en inspirant profondément.

3 En expirant, rentrez le ventre au maximum. Faites 6 à 10 respirations dans cette position afin de stimuler et de tonifier toute la région abdominale.

Exercice de relaxation

La relaxation peut aussi vous aider à mieux digérer car elle vous permet d'éloigner les soucis, et donc d'être moins stressé à table.

Si vous le pouvez, n'hésitez pas à vous allonger après le repas pour vous relaxer, libérant ainsi l'énergie nerveuse nécessaire à la digestion.

LE LAVAGE INTESTINAL

Le lavage intestinal est une technique préconisée par les yogis. Selon eux, la muqueuse, digestion après digestion, s'encroûte de sédiments qui sécrètent des toxines empoisonnant peu à peu l'organisme. La méthode a été décrite avec précision par André Van Lysebeth[1]. Il existe des contre-indications concernant les personnes atteintes d'un ulcère à l'estomac, celles qui souffrent de dysenterie, de diarrhée, de colite prononcée ou de cancer localisé dans cette région. Parlez-en éventuellement à un médecin.

Description de la technique du lavage intestinal

Le moment idéal est le matin, à jeun ; il faut disposer de plus d'une heure.

• Boire un verre d'eau chaude salée à raison d'une petite cuillerée à soupe par litre ;
• Effectuer le cycle complet des mouvements (voir page suivante) ;
• Boire un deuxième verre suivi des exercices ;
• Procéder ainsi de suite jusqu'à absorption de six verres ;
• Aller aux toilettes et attendre qu'une première évacuation se produise. Si elle ne se produit pas dans un délai de 5 min, refaire un cycle d'exercices, sans reprendre d'eau. Si le résultat se fait encore attendre, un petit lavement déclenchera le péristaltisme intestinal et amorcera le siphon ;
• Boire encore un verre, exécuter les exercices, retourner aux toilettes et poursuivre ainsi l'alternance eau-exercices-toilettes, jusqu'à ce que le résultat vous satisfasse.

Comment se réalimenter

• Attendre au moins une demi-heure avant de prendre un repas, mais ne pas laisser s'écouler plus d'une heure avant de réalimenter le tube digestif.
Il ne faut pas boire, même de l'eau, avant le premier repas. Ce premier repas sera composé de riz blanc exagérément cuit, de sorte qu'il fonde pratiquement dans la bouche, éventuellement accompagné de lentilles ou de carottes bien cuites et d'une sauce tomate peu salée ; il contiendra 40 g de beurre au moins.
Dans les 24 heures suivant le lavage, il est interdit de prendre du lait ou du yoghourt, ainsi que des boissons acides, des fruits ou des légumes crus.

(1) A. Van Lysebeth : *Je perfectionne mon yoga*, pp. 31-52, Flammarion, 1969.

Description des mouvements

Ces mouvements permettent de conduire l'eau à travers le tube digestif. Chacun sera répété quatre fois de chaque côté, alternativement, à un rythme assez rapide.

1 Départ du mouvement en position debout, pieds écartés de 30 cm environ. Le dos redressé, tournez les paumes vers le ciel, doigts entrelacés. Effectuez une flexion latérale vers la gauche, revenir aussitôt en position initiale et réaliser une flexion vers la droite. Ce double mouvement rouvre le pylore, ce qui permet à l'eau de quitter l'estomac pour aller dans le duodénum et l'intestin grêle.

2 Même position de départ que précédemment. Effectuez une rotation du tronc le plus loin possible, le bras droit étendu à l'horizontal et le bras gauche replié. Exécutez le mouvement de l'autre côté, en inversant la position des bras.

3 En appui sur les orteils et les paumes, pieds écartés de 30 cm environ. En pivotant la tête, les épaules et le tronc à droite, regardez le talon gauche.
Puis, aussitôt, en repassant par la position de départ, effectuez la même chose de l'autre côté. Ce double mouvement va faire progresser l'eau dans l'intestin grêle.

4 Départ en position accroupie, pieds écartés de 30 cm environ, les talons à l'extérieur des cuisses, alors que les mains sont posées sur les genoux (écartés de 50 cm environ). Faites pivoter le tronc de façon à placer le genou devant le pied opposé. Grâce à la poussée des paumes sur les cuisses, le côlon est compressé.

5 Il ne s'agit pas d'un cinquième mouvement, mais d'une variante du quatrième, pour les personnes qui ont des problèmes de genou : au sol, placez la jambe droite pliée à l'extérieur de la jambe gauche allongée. Prenez le genou droit avec le coude gauche fléchi (main gauche sur la cuisse droite).
La main droite, posée sur le sol, permet d'étirer le dos. Restez dans la posture 3 ou 4 respirations puis inversez la position.

Connaître et comprendre...

LES TROUBLES DIGESTIFS

La façon de se nourrir est déterminée à la fois par des nécessités nutritionnelles et un ensemble de rituels, d'habitudes tant individuelles que culturelles. Mais l'objectif principal d'un repas reste bien cependant l'approvisionnement régulier du corps en énergie. Pour que nous puissions tirer bénéfice de cette nourriture, deux étapes doivent être franchies : la transformation des aliments dans l'appareil digestif, puis l'absorption, c'est-à-dire la distribution de l'énergie dans toutes les parties du corps. Puis viendra le moment de l'évacuation, qui varie énormément d'une personne à l'autre. Malheureusement, pour pratiquement un Français sur deux, cette digestion ne se passe pas bien. Quels sont les différents maux ? Pourquoi ces troubles digestifs ? Comment peut-on les éviter ?

TROUBLES INTESTINAUX

Une personne sur trois souffre de façon régulière de constipation, c'est-à-dire de ralentissement du transit intestinal, avec retard dans l'évacuation des selles. Si le bol fécal reste trop longtemps dans le rectum et le côlon, il devient dur et sec, et le passage des selles est rendu difficile. C'est un problème qui apparaît fréquemment chez les personnes qui restent longtemps couchées et chez les personnes âgées car les mouvements du côlon dépendent essentiellement de l'activité physique. Le manque d'exercice est donc une cause importante de la constipation, tout comme le travail sédentaire, une alimentation pauvre en fibres, des stress répétés, ainsi que les effets secondaires de certains médicaments.
La colite est une inflammation du côlon (gros intestin), d'origine microbienne, parasitaire ulcéreuse (rectocolite hémorragique), ou d'origine psychosomatique. Pour cette raison, elle est aussi surnommée « spasmophilie intestinale », car elle atteint fréquemment les personnes anxieuses. Il a été constaté que cette inflammation coïncidait souvent avec des périodes de stress, ou qu'elle était liée à un choc affectif. Psychosomatique ou non, cette affection se traduit par des manifestations abdominales très douloureuses et, si l'on n'a pu les prévenir, il faut s'empresser de consulter son médecin traitant.
Les flatulences sont des productions de gaz gastro-intestinaux, donnant lieu à un ballonnement (ou météorisme) plus ou moins considérable de l'estomac ou de l'intestin, s'accompagnant souvent d'émission de gaz par la bouche ainsi que par l'anus. Symptômes classiques de fermentation intestinale et de mauvaise digestion, les causes sont généralement liées à de mauvaises habitudes alimentaires : le sandwich avalé trop vite, sans une longue mastication préalable ; l'abus de boissons gazeuses et de chewing-gum ; le bavardage à table, qui fait avaler de l'air.

TROUBLES DE L'ESTOMAC

Aérophagie, brûlures d'estomac, crampes, ulcères... Qui n'a jamais souffert d'un de ces maux, même sous une forme bénigne ?
L'aérophagie est une déglutition d'une certaine quantité d'air qui pénètre dans l'œsophage et l'estomac.
Les « brûlures » d'estomac (gastrite), sont une inflammation de la muqueuse de l'estomac. Aiguë ou chronique, elle se manifeste souvent par une sensation douloureuse de brûlure, derrière le sternum. Liée à une hyperacidité qui s'installe progressivement, cette brûlure est éprouvée surtout lorsque l'on se penche ou que l'on s'étend. Elle est fréquemment déclenchée par un repas trop copieux, des vêtements trop serrés, l'abus d'alcool, de tabac, de café, ou une alimentation trop épicée.
L'ulcère simple de l'estomac correspond à une perte de substance plus ou moins profonde de la muqueuse gastrique. Il est caractérisé par des douleurs épigastriques qui surviennent quelques heures après le repas, de l'hyperchlorhydrie et une évolution par poussées pluriannuelles.
L'estomac est une grosse poche musculaire qui, comme tout muscle actif, peut être sujet aux crampes, c'est-à-dire aux contractions involontaires, douloureuses et transitoires, qui surviennent à la suite de repas trop lourds ou trop rapides. Ces spasmes peuvent aussi être déclenchés par un excès de stress.

STRESS ET TROUBLES DIGESTIFS

La relation entre les troubles de l'appareil digestif et le stress a été amplement démontrée par le professeur Selye (voir p. 112). Ainsi certaines agressions intenses sont susceptibles d'entraîner ce que l'on nomme « ulcères de stress ».
Pour de nombreux chercheurs, la guérison et la non-récidive de ces ulcères – déclenchés par « une poussée d'agressivité non extériorisée contre un environnement blessant » – seraient favorisées par la capacité du sujet à surmonter les stress émotionnels.
Dans la vie quotidienne, n'importe quelle émotion peut entraîner des troubles, plus ou moins importants, d'une partie ou de la totalité du tube digestif :
– sensation de bouche sèche ;
– spasme qui, au niveau du pharynx, donne la sensation d'avoir la gorge serrée et de « boule » dans la poitrine ;
– nausées, ballonnements de la région de l'estomac, avec une sensation de « nœud » ;
– spasme au niveau du côlon, en relation avec une chose « mal digérée », au sens propre comme au sens figuré ;
– vomissements parfois, comme si l'organisme voulait expulser quelque chose de mauvais ;
– ballonnements accompagnés de gaz, alors que l'on s'est correctement alimenté ;
– diarrhées dites motrices ou fonctionnelles, qui se déclenchent lors de situations d'anxiété très diverses : examen, départ en avion, prise de parole pour un exposé, etc. ;
– constipation qui, lorsqu'elle est chronique, est souvent le fait d'un sujet anxieux.

CONSEILS POUR UNE PRÉVENTION EFFICACE

1. Mâchez longtemps et consciencieusement les aliments.
La mastication doit permettre de rendre chaque bouchée facile à avaler en mélangeant la nourriture à la salive. Ainsi ce broyage et cet humectage des aliments vont-ils faciliter leur transit à travers le tube digestif, simplifiant le travail de liquéfaction et de macération dans l'estomac. En outre, plus on mâche, plus le plaisir de manger est important, car la mastication stimule aussi bien le sens du goût que celui du toucher et de l'odorat.
2. Mangez des fibres !
Les fibres sont la partie des plantes qui n'est pas digestible. Elles incluent la cellulose, les pectines, les gommes et les mucilages.
– Cellulose : substance macromoléculaire du groupe des glucides contenus dans la membrane des cellules végétales.
– Pectine : substance organique contenue dans les membranes cellulaires végétales et utilisées, par exemple, dans la fabrication des confitures et des gelées de fruits.
– Mucilage : substance présente chez de nombreux végétaux qui se gonfle au contact de l'eau en donnant des solutions visqueuses (dans le commerce, elles se présentent sous forme de granulés).
Son intérêt est certain car elle permet de lutter efficacement à la fois contre la constipation et contre l'obésité. En effet, si vous suivez un régime amaigrissant, les aliments riches en fibres réduisent la sensation de faim et absorbent les glucides. Elles gonflent et ajoutées aux déchets dans le tube intestinal, forment un volume important. Ce dernier stimule les ondulations des mouvements musculaires facilitant l'expulsion hors du corps. Mais ne commettez pas l'erreur d'ajouter du jour au lendemain à votre alimentation une grande quantité de fibres. Introduisez progressivement une dose efficace (de 15 à 40 g) répartie lors des différents repas de la journée : un fruit ou du pain complet au petit déjeuner, alors qu'au déjeuner et au dîner vous choisirez des légumes, des légumineuses (pois, haricots, lentilles), des pâtes ou du riz complet ou semi-complet.
3. Entretenez et stimulez l'appareil digestif.
L'appareil digestif est en étroite relation avec la sangle abdominale, car c'est grâce à elle que les organes et les muscles lisses qui constituent le tube digestif conservent leur place naturelle. Pour éviter une sangle molle et avachie, il faut donc la fortifier (grâce au renforcement musculaire) et la stimuler par différents exercices.

POUR UNE BONNE RESPIRATION

La respiration est la racine même de la vie ; le confort de la vie moderne et le manque d'activités nous le font trop souvent oublier. Ajoutez à cela les effets néfastes de l'air vicié et confiné des centres urbains, les diverses pollutions, et vous aurez l'explication de l'état de fatigue quasi permanent, du manque d'entrain, d'enthousiasme, d'élan, de joie de vivre de la plupart de nos contemporains. Quelques touches de lumière éclairent ce sombre tableau : une prise de conscience des bienfaits de l'activité physique et sportive, le souhait de vivre dans un environnement plus sain, un développement spectaculaire des disciplines qui favorisent la ventilation et le souffle, aussi bien sur un plan physiologique que sur un plan énergétique : yoga, arts martiaux, natation, footing, randonnée, ski de fond... En effet, les exercices agissent sur l'équilibre énergétique de l'organisme, car les besoins en énergie sont puisés dans les réserves.

POURQUOI FAUT-IL RESPIRER PAR LE NEZ ?

La bouche ne doit être utilisée qu'exceptionnellement pour respirer : au cours d'efforts, en cas de maladie (rhume, sinusite par exemple), comme exercice, pratiqué en gymnastique rééducative ou en yoga.

Dans toutes les autres situations, il est indispensable de bien respirer par le nez, car les vibrisses (poils du nez) empêchent l'entrée des poussières et les parois du nez, richement vascularisées, réchauffent et humidifient l'air.

La technique yogique du « neti »

Le fait de se moucher correctement (une narine après l'autre) permet déjà de bien nettoyer les fosses nasales.
Encore mieux : vous pouvez pratiquer chaque matin la technique yogique dite « neti », véritable douche nasale.

Utilisez un « lota », instrument muni d'un bec verseur, que vous remplissez d'eau tiède et légèrement salée. Placez le bec verseur dans une narine et laissez couler l'eau par l'autre narine, tout en gardant la bouche légèrement entrouverte. Pour sécher, bouchez une narine et effectuez des expirations forcées, brèves et rapides par l'autre narine.

OXYGÉNATION ET ACTIVITÉS PHYSIQUES ET SPORTIVES

Pour répondre aux besoins énergétiques qui augmentent lors de l'exercice, la mécanique ventilatoire doit s'adapter rapidement. Plus l'entraînement sera régulier, plus cette adaptation sera facile.

Les disciplines de plein air, tels la course à pied, la natation, le cyclisme, etc., sont bien entendu excellentes, mais elles ne peuvent pas toujours être pratiquées facilement, dans la vie quotidienne.

Exercices physiques en salle

Les méthodes pratiquées en salle (yoga, gymnastique, stretching...) complètent idéalement les exercices de plein air.

L'entraînement cardio-musculaire en aérobie augmente l'efficience du cœur et la capacité pulmonaire. Les résultats sont très rapides et les techniques ainsi que le matériel très simples à utiliser : corde à sauter, simulateur de mouvement d'aviron, etc.

APPRENEZ À MIEUX RESPIRER

Les bienfaits d'une bonne respiration sont multiples : elle favorise la vie cellulaire aussi bien que la gestion des émotions et du stress ; grâce à la diminution du nombre de pulsations, le myocarde se fatigue moins ; enfin, il est plus facile de se concentrer et d'intérioriser, de maîtriser les « tourbillons du mental ».
Pour améliorer votre « capital respiratoire », vous pouvez, matin et soir, effectuer des exercices simples, pratiques et efficaces.

Prendre conscience de sa respiration

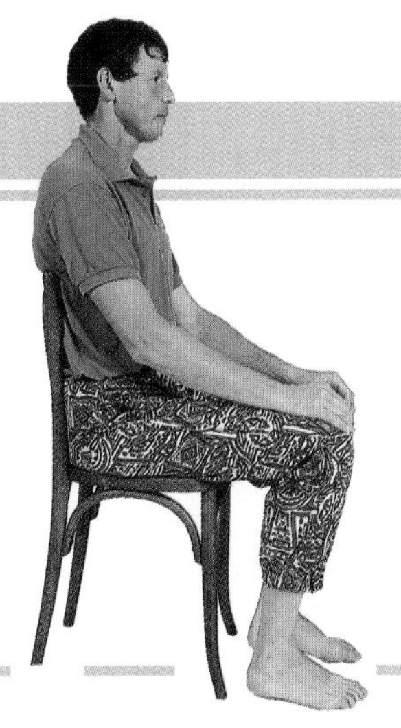

On respire sans y penser. Avant d'entreprendre le travail sur la respiration, il est bon de prendre conscience de ce mécanisme.

1 Debout ou assis sur une chaise, tenez-vous droit, dos étiré, épaules détendues.

2 Puis portez votre attention sur votre respiration, en particulier sur le mouvement de piston du diaphragme (le ventre se gonfle à l'inspiration et se dégonfle à l'expiration).

Assouplir le dos et la cage thoracique

La souplesse du dos et de la cage thoracique conditionne une bonne ventilation.

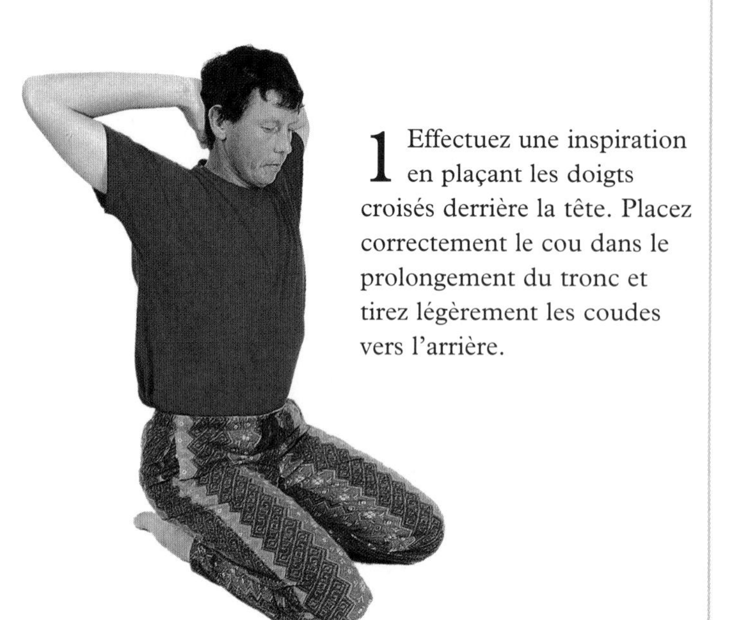

1 Effectuez une inspiration en plaçant les doigts croisés derrière la tête. Placez correctement le cou dans le prolongement du tronc et tirez légèrement les coudes vers l'arrière.

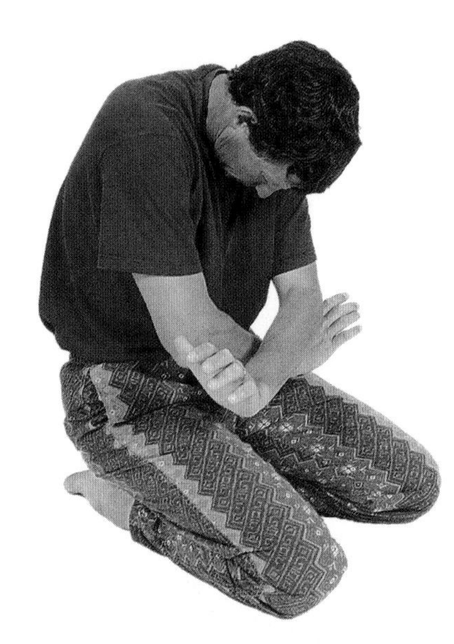

2 En expirant, fléchissez le cou, puis le haut du dos, tout en rentrant le ventre. Expirez à fond en croisant les bras.

3 Puis, de nouveau, inspirez (en commençant par une inspiration ventrale) et écartez largement les bras pour vous replacer dans la position précédente. Répétez 6 fois cet exercice.

Travail sur l'expiration

Cet exercice est destiné à favoriser des expirations forcées et complètes.

1 Installez-vous sur le dos, jambes pliées. En inspirant, amenez les bras sur le sol de chaque côté des oreilles.

2 En expirant, soulevez la tête et les épaules, tout en amenant les doigts vers les genoux. Expirez à fond en rentrant le ventre.

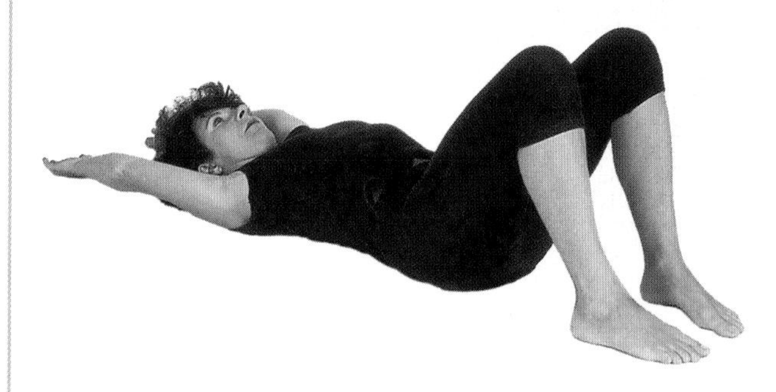

3 Puis, poumons vides, installez-vous de nouveau sur le dos. Réalisez ensuite une inspiration ventrale et, tout en amenant les bras de chaque côté des oreilles, continuez cette inspiration dans la région thoracique, puis dans la région haute (sous-claviculaire).
Répétez 5 fois, puis respirez normalement, en position de relaxation.

TESTEZ VOTRE SOUFFLE

Une auto-évaluation n'est nullement un jugement de valeur par rapport à une norme préétablie, mais une mise en situation permettant en quelque sorte de vous photographier à un moment donné. Ces contrôles sont simples, sans danger et reproductibles.

– Pour commencer, vous pouvez faire une simple observation de la respiration, après avoir gravi deux étages. Comment est votre souffle ? De même, après 500 m d'une marche à vitesse moyenne, êtes-vous capable de converser normalement ?

– Deuxième contrôle : la vitesse de récupération. Pour la tester, placez-vous face à une marche d'escalier (ou devant un banc). Gravissez-la, un pied après l'autre, joignez les pieds en haut, redescendez et joignez les pieds en bas. Recommencez, 30 fois/min, pendant 3 min. Arrêtez-vous, puis 30 sec à 1 min après, prenez votre pouls. Notez le résultat et faites ce test chaque matin.

– Troisième contrôle : pour tester votre souffle, soufflez bouche ouverte sur une allumette placée à 30 cm environ. Veillez à bien orienter votre souffle et notez combien d'essais sont nécessaires pour l'éteindre.

– Votre souffle peut aussi être très facilement mesuré par votre médecin.

Un lien direct existe entre une bonne respiration et l'entretien de sa vitalité.

Exercices sous forme de jeux

Dès leur plus jeune âge, les enfants peuvent être initiés, grâce à des exercices ludiques, aux bienfaits de la respiration (voir p. 98, « Des enfants en forme »).

1 **« La petite fleur » :** l'enfant imagine cueillir une petite fleur, puis inhale son parfum, grâce à de petites inspirations successives. Puis on offre ce parfum à tout le monde en expirant lentement, mais longuement, par la bouche.

2 **« Le gâteau d'anniversaire » :** des bougies, représentées par les doigts, sont allumées sur un gâteau d'anniversaire imaginaire. Après avoir réalisé une profonde inspiration, il faut éteindre les bougies une à une, grâce à une lente et longue expiration.

La respiration complète

Cette respiration, comme son nom l'indique, englobe les trois autres : abdominale (ventrale ou diaphragmatique), thoracique (ou costale), haute (ou sous-claviculaire). Réalisez cette respiration complète 4 ou 5 fois de suite, le plus souvent possible.

1 Debout, assis sur une chaise, ou bien en position allongée sur le dos, inspirez en poussant le diaphragme vers le bas. Vous pouvez vous aider des mains placées sur le ventre pour prendre une meilleure conscience de cette poussée.

2 Continuez votre inspiration en laissant s'écarter les côtes. Aidez-vous des mains pour mieux percevoir le mouvement élastique du « parapluie » thoracique qui s'ouvre, se dilate (comme un accordéon). Cette inspiration se termine dans la région haute.

3 À l'expiration, rentrez légèrement le ventre et laissez se faire la fermeture du parapluie costal. Cette expiration peut s'accompagner d'un soupir, d'une détente, au niveau des épaules en particulier.

La respiration alternée

Grâce à la respiration alternée, vous pouvez entrer dans un état de méditation ou domestiquer votre souffle.

1 En position assise, les fesses sur les talons (ou bien assis sur une chaise), dos bien étiré, placez le dos des mains sur les cuisses, les épaules basses et détendues. Inspirez en poussant le diaphragme.

2 Tout en continuant d'inspirer (au niveau costal puis sous-claviculaire), écartez le bras droit du flanc.

3 Amenez ensuite le majeur droit sur la narine droite, de façon à la boucher. Expirez très lentement par la narine gauche tout en tournant la tête vers la gauche et en rapprochant le coude droit du flanc droit.

Je respire, donc je suis

La domestication du souffle est le passage obligé pour toutes les personnes qui souhaitent, si ce n'est une maîtrise psychique, tout au moins un contrôle du mental.

Les yeux fermés, observez le va-et-vient du souffle dans les narines. Grâce à cet exercice très efficace, l'activité du mental est ralentie, tout en favorisant l'acuité sensorielle.

4 Ramenez le dos de la main droite sur la cuisse, puis inspirez de nouveau, en suivant les mêmes consignes, avec, cette fois, le bras gauche en mouvement. Répétez l'exercice une dizaine de fois.

5 Restez ensuite tranquillement installé et appréciez le silence intérieur obtenu.

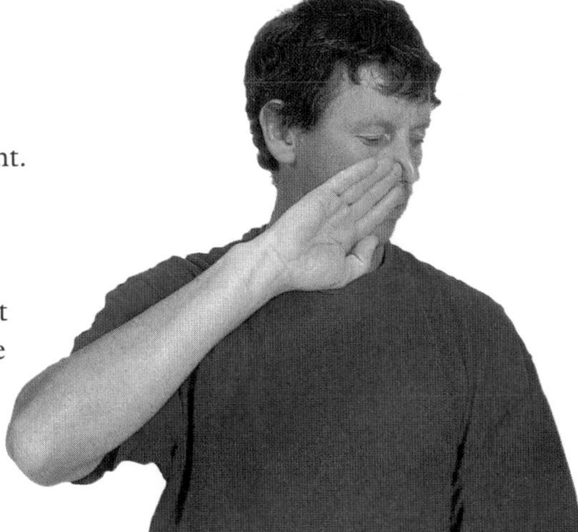

LES TROUBLES RESPIRATOIRES

La respiration est la base de la vie. Malheureusement, le confort de la vie moderne ne nous oblige plus à des activités qui, jadis, favorisaient le développement du processus respiratoire (la marche en particulier). En prenant conscience de l'importance d'un souffle de qualité, en effectuant des exercices et en appliquant les quelques conseils donnés ci-dessous, préservez ou améliorez un précieux capital : respirez librement !

TESTEZ VOTRE SOUFFLE

Une auto-évaluation n'est nullement un jugement de valeur par rapport à une norme préétablie, mais une mise en situation permettant en quelque sorte de vous « photographier » à un moment donné. Ces contrôles sont simples, sans danger et reproductibles. Aussi vous est-il possible de les refaire à des intervalles plus ou moins longs, afin de mesurer vos progrès.

1. Simple observation de la respiration après avoir gravi deux étages par les escaliers. Comment est votre souffle ? De même, après 500 m d'une marche à vitesse moyenne, êtes-vous capable de converser normalement ?

2. La vitesse de récupération est un bon indicateur de l'aptitude à l'effort du système cardio-respiratoire. Pour la tester, placez-vous face à une marche d'escalier (ou devant un banc). Gravissez-la, un pied après l'autre, joignez les pieds en haut, redescendez et joignez les pieds en bas. Recommencez, 30 fois à la minute, pendant 3 min. Arrêtez-vous, puis 30 sec à 1 min plus tard, prenez votre pouls. Notez le résultat et refaites ce test chaque mois.

LA BRONCHITE CHRONIQUE

La bronchite est une inflammation le plus souvent infectieuse des bronches. Elle peut être aiguë ou chronique. La bronchite chronique se définit cliniquement par une toux et une sécrétion bronchique qui se produit au moins trois mois par an, pendant deux années consécutives. Au fil du temps, des symptômes peuvent apparaître tel qu'une fatigue anormale, des maux de tête, un sommeil perturbé, un essouflement à l'effort (alors signe d'aggravation de la maladie). Bien évidemment, vous devez aussitôt consulter votre médecin, mais il vaut toujours mieux prévenir que guérir. Comment ? En acceptant ces deux idées toutes simples : vous pouvez retrouver une vie saine ; la maladie n'est pas une fatalité, mais elle profite de défenses naturelles amoindries.

Choisissez la vie saine

En priorité, essayez de conserver et de développer toutes vos capacités physiques et mentales. Outre les exercices quotidiens proposés dans ce guide, pratiquez des activités physiques ou sportives au grand air. La marche, le jogging, la bicyclette sont des activités simples et accessibles à tous. Respectez vos besoins en sommeil, et, enfin, aérez votre habitation et humidifiez son air.

Améliorez vos défenses naturelles

– Maintenez votre nez en parfait état (voir p. 48) ;
– arrêtez absolument de fumer. Le tabagisme est une véritable catastrophe pour l'organisme car il favorise la bronchite chronique et aussi toutes les pathologies cardio-vasculaires, les cancers broncho-pulmonaires, sans compter les effets nocifs pour les femmes enceintes, de moindres performances pour les sportifs...
– soignez-vous le plus rapidement possible (mais évitez l'automédication). Ne prenez que les médicaments nécessaires prescrits par votre médecin. Buvez souvent pendant la journée, de petites quantités d'eau pour rendre les crachats plus fluides et favoriser ainsi leur élimination ;
– évitez les courants d'air, les changements brusques de température ; couvrez-vous après l'effort même si vous avez chaud ;
– choisissez une nourriture saine, appropriée à vos besoins.

COMMENT VIVRE AVEC L'ASTHME

Longtemps, l'asthme a été l'une des causes de dispense de cours d'éducation physique, dont il résultait un développement psychomoteur moindre de l'enfant atteint. Fort heureusement, aujourd'hui le sport est reconnu comme bénéfique pour garder une bonne fonction pulmonaire et diminuer la fréquence des crises, à condition de respecter certaines règles.

Caractéristiques de la maladie

L'asthme, maladie chronique fréquemment rencontrée chez l'enfant (elle atteint un enfant sur dix), reste grave s'il n'a pas été diagnostiqué et si un traitement adapté à chaque cas n'est pas prescrit. Il ne faut pas hésiter à consulter au premier symtôme, car cette affection peut se révéler d'une manière peu significative : ce peut être une toux, souvent nocturne, déclenchée par différents facteurs – un effort, une atmosphère particulière (froide et humide), de la fumée, un choc émotionnel particulièrement important (une séparation par exemple). Toutefois, les symptômes les plus fréquents sont des accès de dyspnée lente (difficulté à respirer), qui se répètent pendant plusieurs jours.

Les quatre piliers du traitement de l'asthme

1. Le traitement médical doit être bien mené ; il ne faut pas hésiter à consulter un spécialiste qui effectuera tous les tests et les bilans nécessaires (bilan allergique en particulier).
2. La rééducation respiratoire sera confiée à un kinésithérapeute. Elle donne de très bons résultats si elle est régulièrement suivie et permet une nette correction des troubles fonctionnels.
3. L'activité physique de l'enfant asthmatique peut être fréquemment perturbée par un APE (asthme post-exercice), c'est-à-dire une obstruction aiguë des voies aériennes, survenant après un exercice d'intensité variable, spontanément réversible. Elle atteint son maximum 5 à 10 min après la fin de l'effort.
Sa prévention repose sur un ensemble de moyens :
– le choix du sport : natation, vélo, jogging ;
– le type d'effort : préférer les entraînements de type séquentiel, c'est-à-dire alternant des périodes d'actitivité brèves, peu intenses, et des périodes de repos au moins égales ;
– un échauffement de 10 min au moins, avant le début de tout exercice, précédé, si besoin est, de la prise de bronchodilatateur en aérosol ;
– en cas de temps froid, préconiser le port d'un foulard devant la bouche. Apprendre à respirer par le nez.
4. La continuité de la stratégie contre l'asthme à la maison : surveiller les tout premiers signes d'une crise ; suivre correctement le traitement : par exemple, la technique d'inhalation (dans le cas des aérosols doseurs) doit être très bien comprise, tant par l'enfant que par ses parents ; privilégier un environnement domestique de qualité : proscrire le tabac, supprimer certains polluants atmosphériques (aérosols, produits d'entretien) ; dans le cas des asthmes allergiques, lutter systématiquement contre les allergies (acariens).

3. Pour évaluer votre souffle, soufflez bouche ouverte sur une allumette placée à 30 cm environ. Veillez à bien orienter votre souffle et notez combien d'essais il vous faut pour l'éteindre.
4. Votre souffle peut aussi être très facilement mesuré par votre médecin. En effet, en quelques secondes, il peut vous dire si vous avez un bon souffle, reflet de la santé de vos poumons, tout comme la tension artérielle reflète celle de vos artères. Pour cela, il utilise son débit-mètre de pointe (ou peak-flow). Si les résultats sont mauvais (les normes varient en fonction de l'âge, du sexe et de la taille), votre médecin vous prescrira alors des EFR, c'est-à-dire des épreuves fonctionnelles respiratoires, qui se pratiquent dans des laboratoires spécialisés.
Ces EFR présentent un triple intérêt :
– elles mettent en évidence une hyper-réactivité bronchique aidant ainsi à diagnostiquer l'asthme, par exemple ;
– la gravité des troubles respiratoires est évaluée quantitativement ;
– après un traitement adapté, on peut observer la réponse des bronches.

TROUBLES CARDIO-VASCULAIRES

La médecine préventive a fait de la lutte contre les maladies cardio-vasculaires – une des premières causes de mortalité dans les pays industrialisés – l'un de ses principaux objectifs. La mauvaise hygiène de vie est au ban des accusés : nutrition inadaptée, tabagisme, abus d'alcool, sédentarité. Partant de là, les remèdes s'imposent : se bien nourrir, supprimer ou diminuer l'usage du tabac et de l'alcool, exercer régulièrement une activité physique.

Les activités physiques nécessitant un effort prolongé d'intensité modérée sont conseillées pour leurs vertus préventives et réadaptatrices, après un accident cardiaque : marche et randonnée pédestre ; jogging, footing ; natation, sport complet, effectué en apesanteur ; cyclisme ; ski de fond, activité d'endurance par excellence ; enfin gymnastiques douces, stretching, yoga...

UNE PRÉVENTION PATIENTE, SIMPLE, EFFICACE

Bien qu'il existe des risques liés aux antécédents familiaux, les causes des troubles cardio-vasculaires les plus fréquents restent la consommation de tabac, l'élévation du taux de cholestérol, l'obésité, l'hypertension artérielle, ou encore la sédentarité. La meilleure des préventions consiste à entamer le plus tôt possible une activité physique d'endurance et des exercices adaptés.

Activités physiques et étirements

1 Choisissez un sport d'endurance, c'est-à-dire qui vous permette des efforts modérés mais prolongés (de 30 à 60 min), sans que la fréquence cardiaque dépasse les trois quarts de la fréquence cardiaque théorique (200 moins l'âge du sujet) : marche, course à pied, natation, bicyclette... autant d'activités simples, agréables, conviviales.

2 Les étirements sont conseillés pour deux raisons au moins : ils favorisent la circulation sanguine, et donc les échanges gazeux ; ils répondent parfaitement aux besoins d'échauffement avant toute activité physique ou sportive. En effet, l'échauffement est une mise en condition des muscles, du système cardio-vasculaire et du système respiratoire.

Une séance d'échauffement

1 Avant de commencer votre séance de gymnastique d'entretien, vous pouvez courir sur place pendant 5 min environ. N'hésitez pas à arrêter au moindre signe d'essoufflement, car rappelez-vous que votre entraînement doit être progressif et agréable.

2 Vous pouvez continuer votre échauffement par une séance de corde à sauter qui, en plus de la sollicitation cardio-respiratoire, mobilise les articulations (épaules, hanches, genoux) et tonifie les cuisses et les fessiers. De 2 à 5 min, selon vos possibilités.

L'exercice de l'escalier ou du banc

L'objectif principal de cet exercice est d'accélérer votre rythme cardio-vasculaire, sans vous essouffler.

Tenez-vous debout, face à un banc ou à une marche. Placez-y le pied droit, jambe pliée. En gardant le dos droit, amenez l'autre pied sur le banc ou sur la marche, puis reposez le pied droit au sol, et enfin le pied gauche. Posez le pied gauche sur le banc, jambe pliée, et ainsi de suite. Réalisez cet exercice assez rapidement pendant 1, 2 ou 3 min, selon vos possibilités.

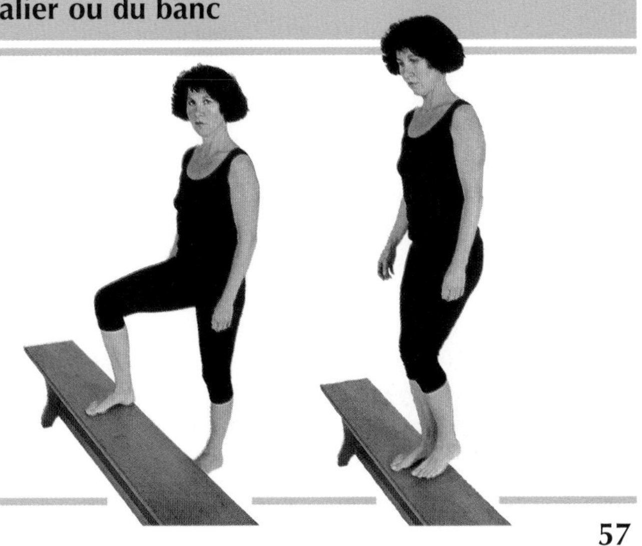

COMMENT LUTTER CONTRE LES EFFETS DU VIEILLISSEMENT

Le cœur

Le cœur de la personne âgée apparaît peu différent de celui de l'adulte jeune (sauf, bien sûr, s'il a subi des lésions) ; son volume et son poids restent sensiblement les mêmes. En revanche, on a noté que son débit, face à l'effort, a de plus en plus de mal à s'adapter, d'où l'intérêt de commencer le plus tôt possible un entraînement progressif, diversifié et adapté en fonction du besoin de chaque personne.
Le rythme cardiaque, grâce aux efforts demandés par l'activité physique, va diminuer alors que la quantité de sang expulsé reste la même : c'est-à-dire que le débit/min est identique, mais le nombre de pulsations est moindre, pouvant descendre de 75 pulsations/min pour un sédentaire jusqu'à 50 pulsations/min pour un sportif ou un yogi (pratiquant le yoga) bien entraîné aux techniques de relaxation.

Les artères

Quand on parle des artères des personnes âgées, on pense aussitôt à l'athérosclérose : c'est une affection dégénérative des artères associant les lésions de l'athérome et de l'artériosclérose. Le premier est une dégénérescence de la tunique interne des artères. La seconde évolue vers un durcissement de ses parois. En réalité, il ne s'agit pas d'un vieillissement normal, mais d'une maladie, cause fréquente de l'hypertension. Les facteurs sont multiples et communs à bien d'autres maux : la suralimentation, le taux trop élevé de graisses animales saturées, le tabagisme et l'absence d'activité physique. C'est ensuite le cercle vicieux : le vaisseau se rétrécit, le débit sanguin est limité et ne peut assurer correctement l'oxygénation d'un muscle lors de l'effort. Quand l'obstruction est définitive, les cellules ne sont plus irriguées et meurent, et la zone de l'organe concernée perd sa valeur fonctionnelle : c'est l'infarctus. L'athérome provoque également l'artérite, dont les premiers signes sont les douleurs pendant l'effort au niveau des membres inférieurs. La pratique quotidienne d'une activité corporelle bien choisie va donc diminuer tous ces risques en favorisant une meilleure circulation.

Les veines

Le retour veineux des membres inférieurs se fait souvent mal chez les personnes âgées, surtout si ces dernières diminuent leurs mouvements et leurs efforts. Les parois des veines perdent de leur élasticité, les valvules (lames élastiques fixées sur la paroi interne des vaisseaux qui empêchent le sang et la lymphe de revenir en arrière) fonctionnent insuffisamment ; les varices et les phlébites (thromboses veineuses) peuvent apparaître. L'intérêt des postures inversées empruntées au yoga est ici indéniable. Outre le fait qu'elles améliorent l'irrigation cérébrale, elles peuvent soulager les hémorroïdes et favorisent le retour veineux : ce dernier est accéléré, le sang se purifie plus vite au niveau des poumons, sans pour autant fatiguer le cœur. Ces postures inversées ont également une action bénéfique sur les capillaires, car elles les « décongestionnent » et leur conservent leur élasticité.

Le sang

Le sang, qui irrigue tous les tissus et entretient la vie de l'organisme, transporte les matières organiques et les sels minéraux, d'où l'importance que revêt une alimentation saine, bien choisie, correspondant aux besoins réels. Avec l'âge, ce plasma ne subit pas de modifications importantes, ni en ce qui concerne ses composants organiques, ni en ce qui concerne son équilibre acido-basique ou sa pression osmotique (phénomène de diffusion, de pénétration entre deux solutions de concentration différente à travers une membrane perméable).
Le sang contient également des globules rouges dont l'hémoglobine assure la fixation et le transport de l'oxygène, des globules blancs, qui assurent la défense de l'organisme (lutte contre les invasions microbiennes), et des globulines ou plaquettes sanguines, qui interviennent dans le phénomène de la coagulation. Ces trois différents types de cellules ne se modifient guère avec l'âge, tant au niveau du nombre, du volume, de la forme, de la résistance, que de leur concentration. Le pouvoir de régénération cellulaire des personnes âgées est maintenu, les affections ne sont donc pas dues à l'âge, mais sont des maladies dues à d'autres facteurs : carence, erreurs d'alimentation, accident.

Série de flexions et fréquence cardiaque

Grâce à cet exercice, vous aurez une bonne idée de votre condition physique et, en même temps, vous stimulerez votre cœur et votre respiration.

1 Position de départ ; debout, les bras le long du corps. Vous aurez pris votre pouls avant le début de l'exercice.

2 En inspirant, pliez les jambes, amenez les bras devant vous, parallèles au sol. En expirant, revenez en position initiale.

3 Dès la fin de l'exercice, prenez votre pouls, puis de nouveau 1 min après. Vérifiez que votre pouls ne dépasse pas 150 pulsations/min après les 30 flexions et que votre fréquence cardiaque retrouve un chiffre proche de celui de votre pouls au repos.

COMMENT PRENDRE SON POULS ?

Le pouls est la dilatation et le resserrement rythmique des artères, résultant de la contraction du cœur.
Il n'est pas toujours facile de le prendre, mais il existe trois possibilités. Placez le bout des doigts :
- sur le cou, en arrière de la trachée ;
- sur la tempe ;
- ou (index et majeur seulement) dans le prolongement du pouce, sur la face externe du poignet (donc paume face à vous), sans trop appuyer.

Puis comptez les pulsations pendant 15 sec et multipliez le résultat par 4, de façon à obtenir votre rythme par minute.

Un indicateur de l'état de santé de votre cœur

Cette prise de pouls régulière est importante, car elle est un très bon indicateur de l'état de votre cœur ainsi que de votre santé en général (et de vos capacités respiratoires en particulier). Faites donc ce test le matin, au réveil, et surtout prenez votre pouls avant et après un entraînement.
Notez donc votre rythme cardiaque avant une course à pied par exemple (ou toute autre activité physique), puis prenez votre pouls aussitôt l'activité terminée.
En effet, la fréquence maximale autorisée se calcule ainsi : 220 moins votre âge (en année).
160 battements/min sera donc le maximum autorisé, si vous avez soixante ans, vous assurant ainsi un entraînement sans danger (il est même conseillé de se garder une réserve d'une vingtaine de battements, soit 140 dans l'exemple choisi).
Enfin, reprenez votre pouls 4 ou 5 min plus tard. Cette fois, vous aurez une très bonne indication concernant vos possibilités actuelles de récupération (la fréquence doit être redescendue en dessous de 100 ; 85-90 battements/min après 5 min de récupération étant considéré comme très bon pour des personnes de plus de cinquante ans).

Renforcement musculaire et circulation

Le but des séances de renforcement musculaire est de favoriser la circulation sanguine, de diminuer la tension artérielle, de lutter contre les jambes lourdes.

Allongé sur le dos, doigts croisés derrière la tête, réalisez un mouvement de pédalage avec les jambes. Effectuez-le 12 à 20 fois dans un sens, puis dans l'autre, en prenant bien soin de ne pas cambrer.

JAMBES LOURDES ET VARICES

Elles sont la conséquence d'une faiblesse du système veineux. Sensation de lourdeur, crampes légères, gonflement, fourmillements constituent autant de signes avant-coureurs. La prévention est possible, avant l'apparition de l'ulcère variqueux ou de l'œdème.

Pour avoir de bonnes veines et de belles jambes, la marche est idéale, mais il convient aussi de surveiller la position du corps, si vous travaillez assis, et de ne pas négliger le soin des pieds : massages, bains de pied, douche à l'eau rafraîchissante.

Exercice allongé sur le ventre

Ces exercices ne prendront que quelques minutes, le soir, après une journée fatiguante.

1 Allongé sur le ventre, un coussin ou une couverture pliée sous l'abdomen afin d'éviter une trop forte cambrure ; les bras sont pliés, le front est appuyé sur les mains.

2 Pliez les jambes, de façon à amener les tibias perpendiculaires au sol. Restez le plus longtemps possible dans cette position, qui entraîne une véritable vidange automatique des capillaires des jambes.

Autre exercice

1 Toujours allongé sur le ventre, bras pliés, front posé sur les mains. En inspirant lentement, poussez le talon droit vers le plafond, orteils en flexion (dirigés vers le genou), cuisses et fesses droites contractées.

2 En apnée, poumons pleins, contractez davantage la fesse, la cuisse et le pied droits pendant 2 à 4 sec.
En expirant, reposez-les.
4 à 6 répétitions pour chaque jambe.

LES DOUZE RÈGLES D'OR À OBSERVER

1. Le cœur a horreur de la sédentarité et ne peut donc s'entretenir convenablement que s'il est sollicité d'une façon régulière.
2. L'entraînement du système cardio-vasculaire va de pair avec celui du système respiratoire. Tous deux, en effet, concourent à stocker une quantité suffisante d'oxygène afin de répondre aux exigences de l'organisme pendant un effort.
3. Mieux vaut s'entraîner 3 fois par semaine à raison de 30 min par séance, plutôt qu'une seule fois pendant une heure et demie.
4. Il faut varier les activités de façon à habituer le cœur (et les autres muscles) à répondre à toutes les situations.
5. Il est capital de faire précéder tout exercice d'une période d'échauffement progressif, qui sollicite tout l'organisme.
6. De même, il est capital de faire suivre la séance d'une période de récupération (ou tout au moins d'un moment de détente et de calme).
7. Soyez à l'écoute de votre corps : la douleur, par exemple, est un signal d'alarme, comme un voyant qui s'allume sur votre tableau de bord interne.
8. Il est donc nécessaire de vous fixer des objectifs simples, faciles à réaliser, compatibles avec votre forme du moment. Si vous avez arrêté depuis longtemps l'entraînement, ou si vous débutez, n'ayez pas d'exigences trop élevées.
9. Il est louable et nécessaire de vouloir faire reculer ses limites, c'est un facteur de progrès. Mais méfiez-vous de l'esprit de compétition, il peut vous faire dépasser vos possibilités du moment et vous faire entrer dans une zone dangereuse.
10. Utilisez le plus souvent possible ces trois tests simples (ainsi bien sûr, que les tests plus élaborés pratiqués par votre médecin) : la prise de pouls, l'observation de vos possibilités de récupération ; la conservation, pendant un exercice, qui témoigne d'un bon équilibre respiratoire.
11. Si, malgré les précautions prises, une blessure musculaire ou tendineuse survient, consultez aussitôt votre médecin.
12. De même, n'hésitez pas à consulter votre médecin si une douleur persiste. En effet, l'exercice physique peut révéler une affection passée inaperçue jusqu'alors.

Gymnastique des orteils

1 Placez les orteils droits en flexion, pied droit avancé d'une trentaine de centimètres. Portez tout le poids de votre corps sur ces orteils que vous faites bouger dans tous les sens (comme si vous écrasiez un mégot !).

2 Restez dans cette position (mollet et cuisse droite contractés) pendant 1 min au moins, puis suivez les mêmes consignes pour le pied gauche.

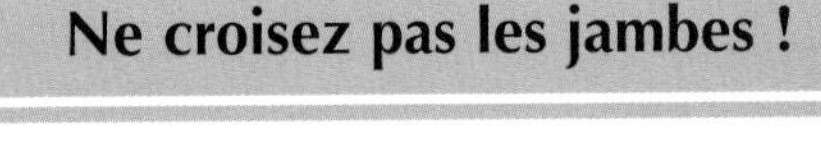

Ne croisez pas les jambes !

Il ne faut jamais croiser les jambes ou les garder pliées trop longtemps. En effet, dans cette position, la circulation sanguine est véritablement coupée au niveau des genoux (creux poplité) complétement comprimée, ainsi qu'au niveau des plis de l'aine.

Au contraire, gardez-bien les pieds à plat sur le sol. Le plus souvent possible, contractez fortement les muscles des mollets des jambes, des cuisses et des fessiers afin d'éviter le ralentissement circulatoire.

VIE QUOTIDIENNE

LE SEL EST-IL DANGEREUX ?

Ce n'est pas le sel qui est dangereux, mais son excès. En effet, le sel (ou chlorure de sodium) est indispensable à la vie, son rôle dans la régularisation de la quantité d'eau contenue dans les tissus est primordial. Mais l'organisme, en fait, n'en a besoin que d'une quantité très minime qui se trouve d'ailleurs dans les aliments.
Les scientifiques ont pu observer que les habitants du nord du Japon, qui se nourrissent de poisson séché conservé dans la saumure (30 à 40 g de sel/jour), mais aussi les Finlandais et les Portugais, qui consomment également beaucoup de poisson salé, sont 4 fois plus hypertendus que les Français.
En revanche, certaines populations des îles mélanésiennes, qui se contentent du strict minimum indispensable à la vie (1 à 2 g/jour) ont une TA basse.
Il est donc nécessaire de ne pas ajouter de sel dans votre nourriture, de réduire au maximum les conserves (riches en sodium) et de privilégier les légumes verts et les fruits, riches en potassium.
En effet, ce qui importe, c'est le rapport sodium-potassium dans l'alimentation.

MASSAGES DES PIEDS ET DES JAMBES

Que vous meniez une vie active ou sédentaire, vos jambes souffrent, et il vous sera toujours utile de les masser (ou de les faire masser). Le massage soulage des douleurs ressenties après une station debout prolongée, défatigue les muscles, stimule la circulation, tant sanguine que lymphatique.

Massage de la cheville à la cuisse

Effectuez toujours le massage en remontant la jambe, de la cheville jusqu'à la cuisse.

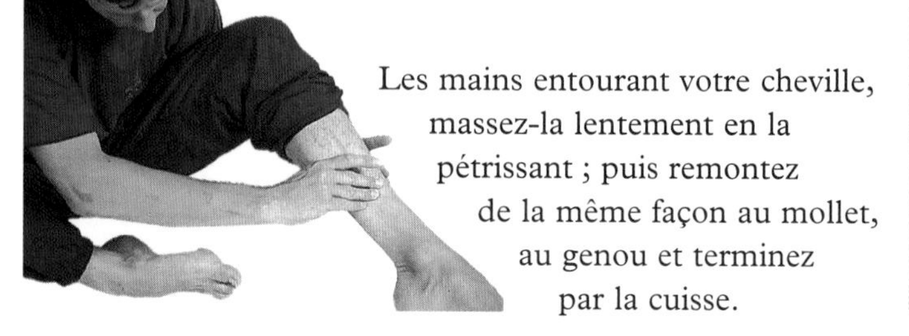

Les mains entourant votre cheville, massez-la lentement en la pétrissant ; puis remontez de la même façon au mollet, au genou et terminez par la cuisse.

Massage par percussions

Vous pouvez enchaîner par des percussions sur tout le pourtour de la cuisse.

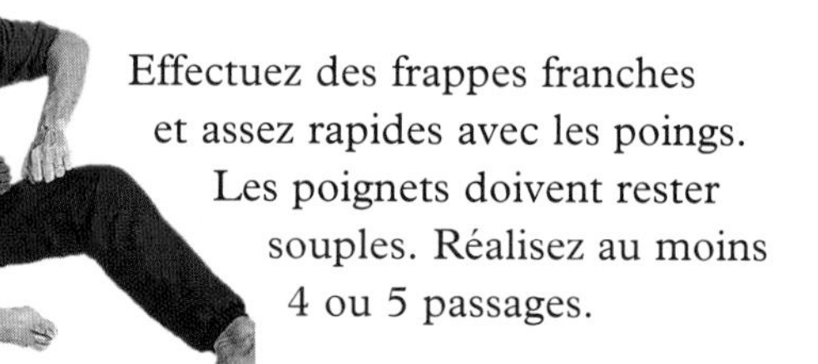

Effectuez des frappes franches et assez rapides avec les poings. Les poignets doivent rester souples. Réalisez au moins 4 ou 5 passages.

Massage avec l'aide d'un partenaire

Il est très facile de se masser les pieds, mais une personne peut également vous aider.

1 La personne place votre cheville et vos orteils en flexion.

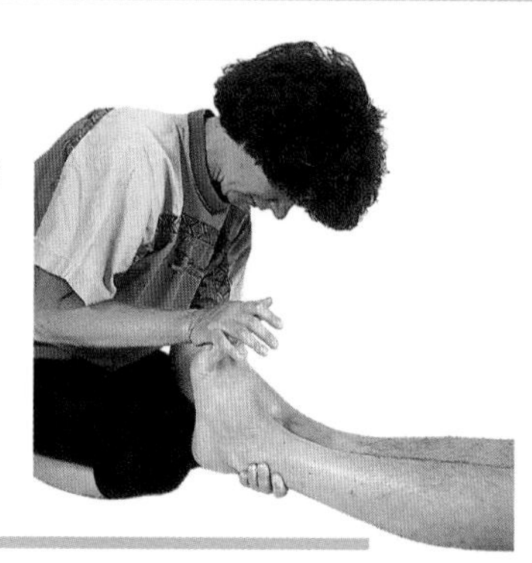

2 Puis elle les place en extension, en faisant ainsi travailler les muscles des pieds et des mollets. Cette manœuvre, répétée 7 ou 8 fois au moins sur chaque pied, provoquera une stimulation de la circulation sanguine.

L'AIDE DES POSTURES DU YOGA

Le retour sanguin depuis les membres inférieurs est assuré par un double réseau de veines, qui présentent, tous les 2 cm environ, des valvules antireflux. De plus, sous la plante des pieds existe un réseau veineux très dense qui propulse, à chaque pas, le sang vers le haut. D'où l'intérêt de la marche, mais aussi celui de surélever le plus souvent possible les jambes, lorsqu'on est couché par exemple, ou bien encore en pratiquant les postures yogiques inversées.

Les postures inversées

Ces postures seront accompagnées d'une respiration abdominale, afin de favoriser davantage la circulation sanguine.

1 Dans la posture de la « chandelle » (*sarvangasana* en sanscrit), le corps repose sur les épaules et la nuque, les jambes sont à la verticale.

2 En cas de difficulté à réaliser la chandelle (il existe des contre-indications, lors des règles, en cas d'otite, ou de tension élevée par exemple), il vous suffit de vous allonger sur le dos et de placer vos jambes verticalement contre un mur ou contre le dossier d'une chaise. Que ce soit dans l'une ou l'autre position, restez 5 min au moins.

UN « BON » ET UN « MAUVAIS » CHOLESTÉROL ?

VIE QUOTIDIENNE

Le cholestérol est l'un des composants graisseux présents dans le sang et les tissus de l'organisme. Il est indispensable à l'organisme notamment pour la synthèse de certaines hormones, la fabrication de membranes cellulaires et le bon fonctionnement du système nerveux et du cerveau.
Une grande partie de ce cholestérol est élaborée dans le foie, le reste est fourni par l'alimentation. Parler de « bon » ou de « mauvais » cholestérol est un abus de langage car, en fait, ce sont les moyens de collecte de ce composant qui fonctionnent ou non correctement : le cholestérol a besoin de transporteurs pour être véhiculé dans le sang. Les lipoprotéines jouent ce rôle. Les lipoprotéines de haute densité (HDL) ramassent le cholestérol des cellules vers le foie où il est recyclé et éliminé (on parle alors de « bon » cholestérol). Les lipoprotéines de basse densité (LDL) collectent le cholestérol pour le déposer dans les cellules (déposé en excès, on parle alors de « mauvais » cholestérol).
Le taux de cholestérol total normal varie entre 1,8 et 2,5 g/litre de sang. Cependant, il faut que le taux de HDL cholestérol soit bien précisé car, plus il est bas, plus les risques sont élevés. En effet, l'hypercholestérolémie est un facteur aggravant dans toutes les maladies cardio-vasculaires. Il est donc nécessaire de limiter la consommation de cholestérol (200 à 300 g/jour) en n'abusant pas d'aliments gras, de produits d'origine animale, en choisissant ses huiles (d'olive, de tournesol) et en pratiquant une activité physique.

CELLULITE

La cellulite est un durcissement des cellules adipeuses et un épaississement des tissus. Cet amas de graisse est dû à trois causes principales : l'activité hormonale (qui, globalement, connaît trois périodes favorables à la formation de la cellulite : la phase prémenstruelle du cycle, la période de la grossesse, et la ménopause), le comportement alimentaire et les troubles circulatoires.
La modification des habitudes alimentaires et la pratique d'une activité physique régulière vont être d'une aide importante pour lutter contre la cellulite, qui ne doit plus être considérée comme une fatalité. En effet, les exercices agissent sur l'équilibre énergétique de l'organisme, et les besoins en énergie sont puisés dans les réserves.

MARCHER, COURIR OU PÉDALER

L'OMS (Organisation mondiale de la santé) recommande 20 min de marche au moins par jour. C'est l'activité la plus simple et la plus naturelle, que notre civilisation mécanisée nous fait trop souvent oublier. N'hésitez donc pas à sortir faire votre promenade quotidienne et à marcher, au lieu de prendre votre voiture, chaque fois que c'est possible.

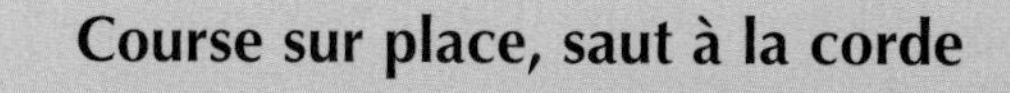

Course sur place, saut à la corde

Si vous ne disposez pas du temps ou de l'espace nécessaire pour pratiquer à l'extérieur, faites de la course sur place chez vous.

1 Réalisez ainsi 4 ou 5 séries de 3 à 5 min chacune, ou plus si vous ne vous sentez pas essoufflé et si vous respectez les possibilités de votre rythme cardiaque (le maximum théorique autorisé étant de 220 battements moins votre nombre d'années).

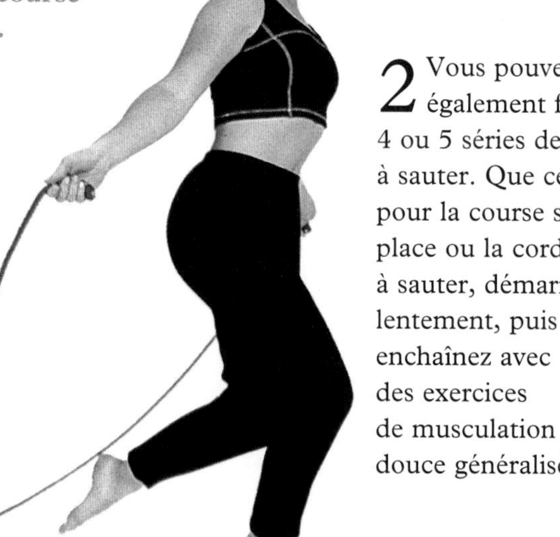

2 Vous pouvez également faire 4 ou 5 séries de corde à sauter. Que ce soit pour la course sur place ou la corde à sauter, démarrez lentement, puis enchaînez avec des exercices de musculation douce généralisée.

VOTRE CIRCUIT PERMANENT

Nous vous présentons un ensemble complet d'exercices qui ont pour but de raffermir bras et pectoraux, jambes, cuisses et fessiers, ainsi que les abdominaux.

Pour éliminer les graisses en excès, réalisez 20 ou 25 répétitions par exercice en les enchaînant à une cadence assez rapide et, si c'est possible, en raccourcissant les temps de récupération.

Travail des bras et des pectoraux

1 Pliez les bras et fermez les poings (ou utilisez des haltères pour augmenter la charge). En inspirant, tirez les coudes vers l'arrière en les maintenant à hauteur des épaules. En expirant, rapprochez-les l'un de l'autre, en conservant les bras parallèles au sol.

2 Continuez par une série d'élévations des bras sur les côtés pour solliciter les épaules. En inspirant, les bras sont perpendiculaires au tronc (ou haltères à hauteur des épaules). En expirant, rapprochez les mains l'une de l'autre au-dessus de la tête. Le rythme est soutenu.

Travail des cuisses et des fessiers

Installez-vous sur un flanc. Allongez-vous complètement sur le côté, ou prenez appui sur votre coude, à l'aplomb de l'épaule.

1 La jambe du dessous est pliée pour favoriser le maintien de la position. Tendez la jambe du dessus, genou verrouillé, en contractant les muscles de la cuisse. Les orteils sont pointés vers le genou et vers le sol. Une fois confortablement installé dans la position, effectuez 20 à 25 battements pour chaque jambe : poussez le talon vers le plafond. Il ne pourra pas monter très haut du fait de la faible amplitude de la hanche dans ce mouvement. Ne laissez pas s'affaisser la région lombaire vers le sol.

2 Puis réalisez une nouvelle série de flexions et d'extensions de la jambe supérieure : amenez le genou vers la tempe en expirant, puis replacez la jambe en position initiale comme si vous vouliez, en expirant, pousser le talon loin devant vous, les orteils toujours en flexion.

Raffermissement des fessiers

Enchaînez ensuite, toujours pour raffermir les fessiers, avec cet exercice en position à quatre pattes.

1 Dos plat, en appui sur les mains et les genoux. Écartez un genou de l'autre, puis ramenez-le en position initiale. Gardez toujours une cadence assez rapide, effectuez 15 à 25 mouvements d'abduction d'une hanche, puis de l'autre.

2 Gardez toujours une cadence assez rapide pour faire 15 à 25 mouvements d'abduction d'une hanche, puis de l'autre.

Jambes et cuisses

1 Pour les jambes et les cuisses, placez-vous debout, pieds écartés de la largeur des hanches.

2 Mains à la taille, pliez et tendez les jambes, talons décollés lors de la flexion des genoux.

Lorsque vous aurez terminé ce circuit, allongez-vous tranquillement dans une position de relaxation, ou enchaînez avec une séance de sauna (de façon à favoriser la sudation, la circulation sanguine, et à éliminer les toxines).

Travail des abdominaux

Pour les abdominaux, installez-vous allongé sur le dos ou en appui sur les avant-bras, dos plat. Faites un mouvement de pédalage 20 à 25 fois dans un sens, puis dans l'autre.

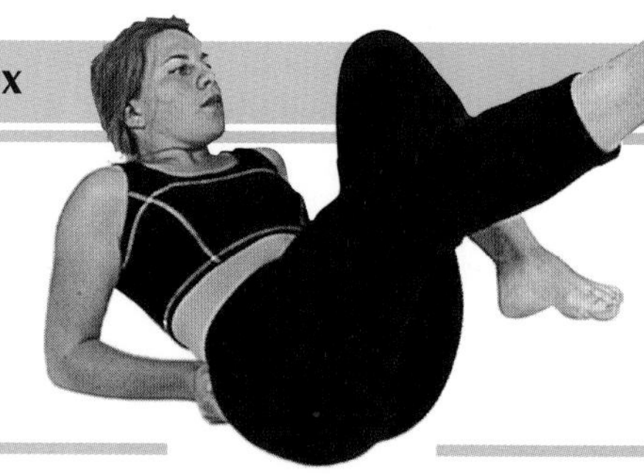

SE RÉCONCILIER AVEC SON CORPS

« Être bien dans sa peau », dans son corps, c'est d'abord s'accepter tel que l'on est, avec ses qualités et ses défauts, tant sur le plan physique que moral. Vous pouvez adopter des formules d'autosuggestion précises, comme : « Je me sens bien dans mon corps » ; « Ma silhouette s'affine de jour en jour ». Il s'agit d'influer sur le schéma corporel, qui est la représentation que vous vous faites de votre propre corps et qui permet la construction du soi.

Autosuggestion et schéma corporel

Vous pouvez réaliser ce travail en profondeur le soir, avant de vous endormir, en position de relaxation, allongé sur le dos, ou le matin au réveil, si cela vous stimule pour la journée. Appliquez-vous également, chaque matin, à vous regarder dans votre miroir, alors que vous prenez soin de votre corps. Souriez-vous ! Détendez votre visage ! L'aspect physique est une chose, le charme en est une autre, bien plus importante.

L'AIDE DES MASSAGES

Le massage va vous donner une vision réelle de ce que vous êtes réellement. Il améliore en outre la circulation sanguine et celle de la lymphe, qui accélère l'élimination des déchets.

Massage des cuisses

1 À l'aide des tranchants des mains ou des poings, effectuez des frappes très vives sur le dessus et à l'extérieur des cuisses, des frappes plus douces à l'intérieur.

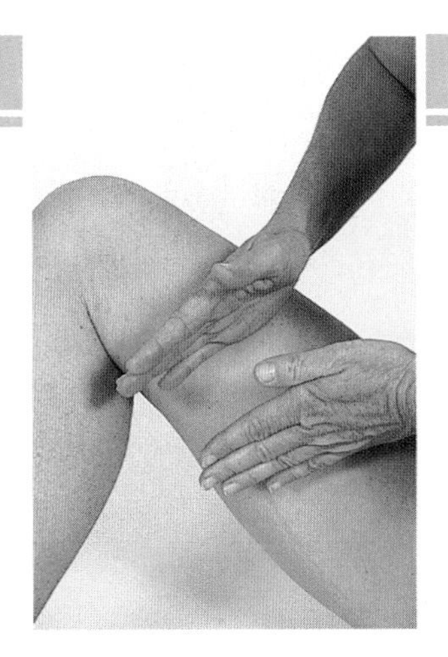

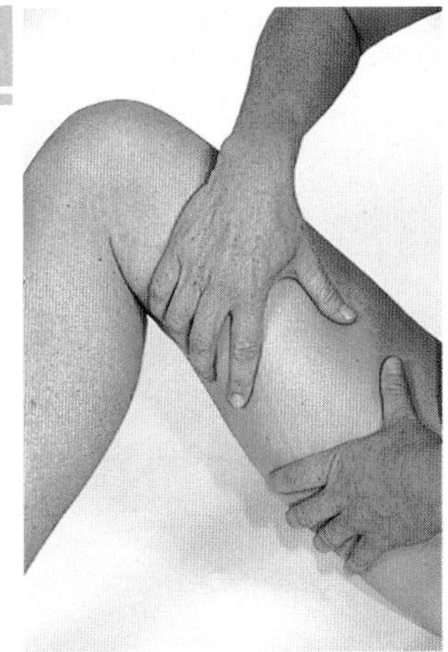

2 En position assise, pétrissez vos cuisses, du genou jusqu'à l'aine.

Les hanches et l'abdomen

1 Allongez-vous sur le dos. Pétrissez votre abdomen en décrivant des bandes sur la largeur du ventre, ainsi que des mouvements circulaires dans le sens des aiguilles d'une montre.

2 Vous pouvez aussi utiliser une brosse (en poil naturel) ou une éponge végétale pour brosser chaque jour les cuisses et les hanches, afin d'améliorer la circulation locale et d'empêcher la constitution de tissus fibreux.

PROBLÈMES LIÉS À L'AVANCÉE EN ÂGE

Le poids des années entraîne un vieillissement inéluctable mais très inégal ; ce processus varie selon les individus, ou à l'intérieur même de chaque organisme. Il convient donc de mettre en place le plus tôt possible un programme de prévention simple et facile à respecter (qui ne peut se substituer à l'intervention du médecin et du kinésithérapeute dans le cas, par exemple, de grandes douleurs rhumatismales ou chroniques). Les douleurs articulaires viennent au premier rang des problèmes liés à l'âge : arthrose, arthrite, ostéoporose affectent des millions de personnes de plus de cinquante-cinq ans. Une alimentation diversifiée fournit l'apport vitaminique et calcique suffisant (produits laitiers, fruits secs, légumes) pour l'acquisition et le maintien du capital osseux. Une activité physique régulière est également importante, car elle permet de retarder la perte osseuse et de lutter contre l'ankylose progressive des articulations, l'atrophie musculaire, la stase veineuse, entre autres problèmes.

CONSERVER SA MOBILITÉ ARTICULAIRE

Les gymnastiques dites « douces » permettent non seulement un entretien physique complet, mais, en plus, elles ne présentent pas les inconvénients de certaines activités sportives souvent à l'origine de micro-traumatismes et de douleurs articulaires. En les pratiquant, n'oubliez pas que tous ces exercices doivent être réalisés en douceur, très lentement et harmonisés à la respiration.

Mobilité et assouplissement des poignets

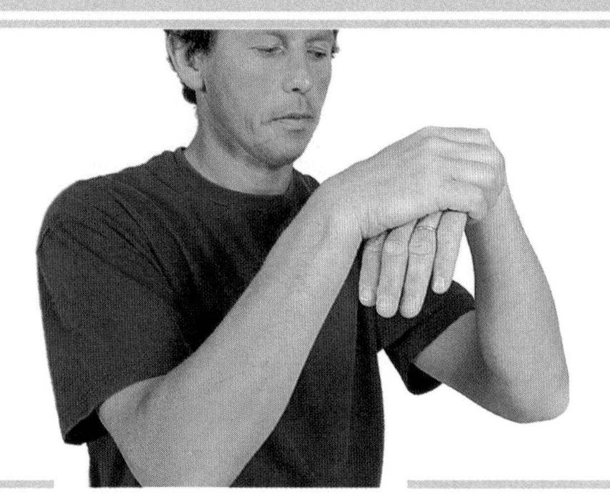

1 Placez la main droite sur la main gauche, les bras sont pliés. En expirant, rapprochez les coudes l'un de l'autre tout en exerçant une pression légère sur le dos de la main gauche.

2 En inspirant, relâchez la pression. Répétez 8 fois ce mouvement, puis intervertissez la position des mains.

Mobilité des poignets grâce à une torsion

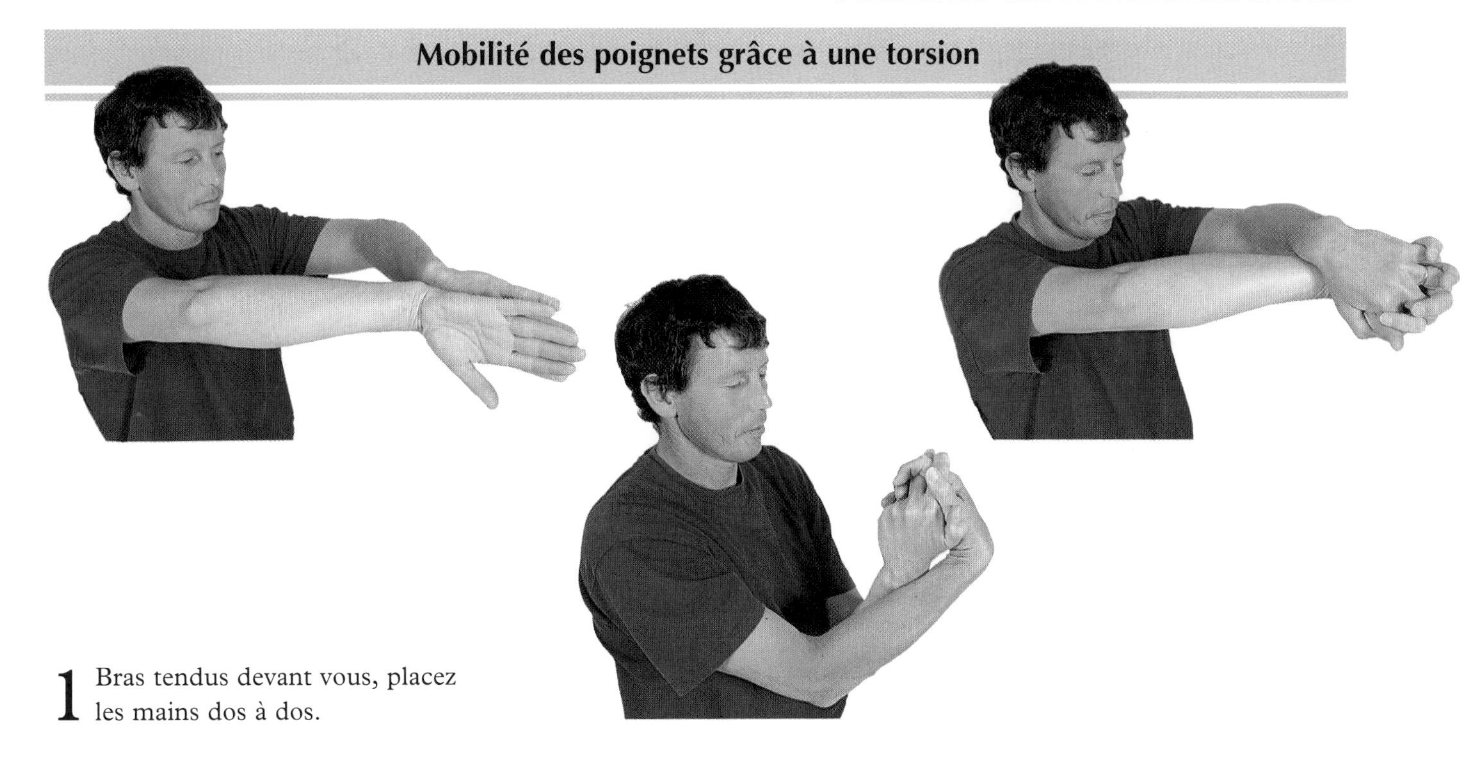

1 Bras tendus devant vous, placez les mains dos à dos.

2 Croisez les poignets en plaçant le bras gauche sur le bras droit. Croisez les doigts.

3 En gardant les doigts croisés, pliez les bras et amenez les mains vers la poitrine (en inspirant).

4 Continuez le mouvement de rotation que vous avez amorcé en poussant les mains devant vous (en expirant). Votre poignet gauche est alors en légère torsion.

5 Ramenez vos mains vers la poitrine, doigts toujours croisés, puis, de nouveau, replacez le poignet gauche en torsion.

6 Répétez ce mouvement 8 fois, puis changez la position des bras (bras droit sur bras gauche).

Mobilité de la colonne vertébrale grâce à une rotation du tronc

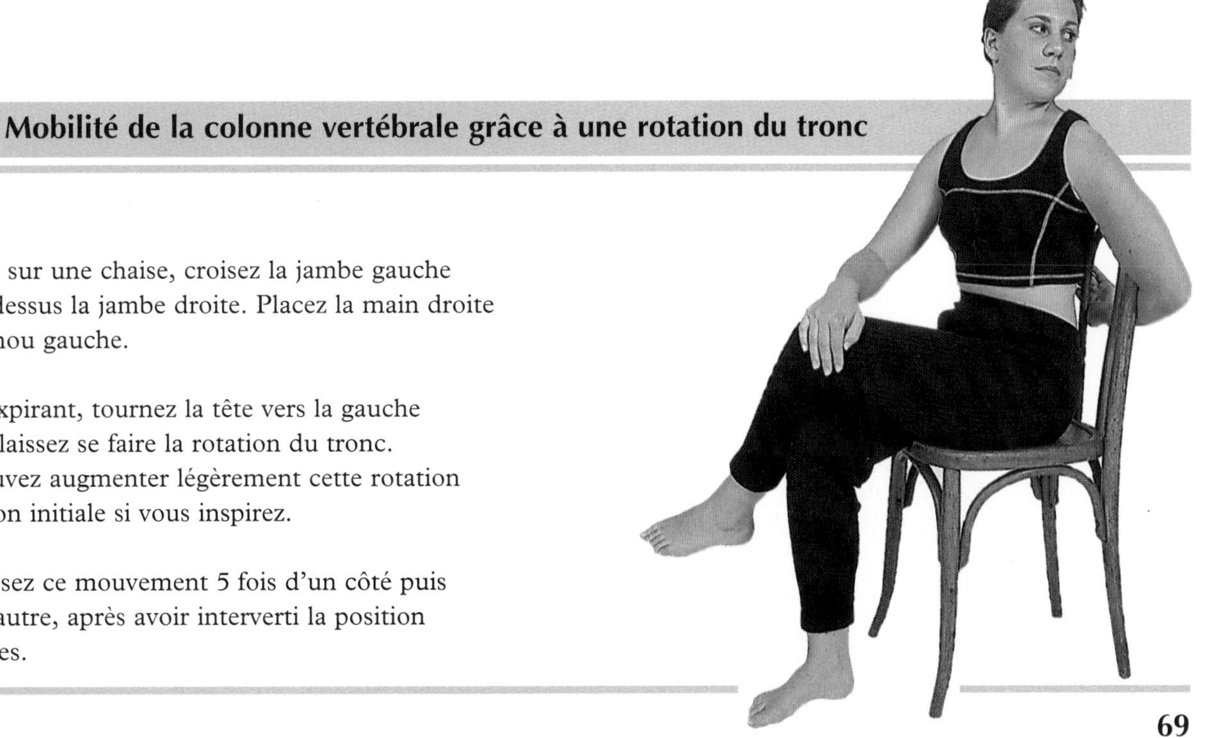

1 Assis sur une chaise, croisez la jambe gauche par-dessus la jambe droite. Placez la main droite sur le genou gauche.

2 En expirant, tournez la tête vers la gauche puis laissez se faire la rotation du tronc. Vous pouvez augmenter légèrement cette rotation en position initiale si vous inspirez.

3 Réalisez ce mouvement 5 fois d'un côté puis de l'autre, après avoir interverti la position des jambes.

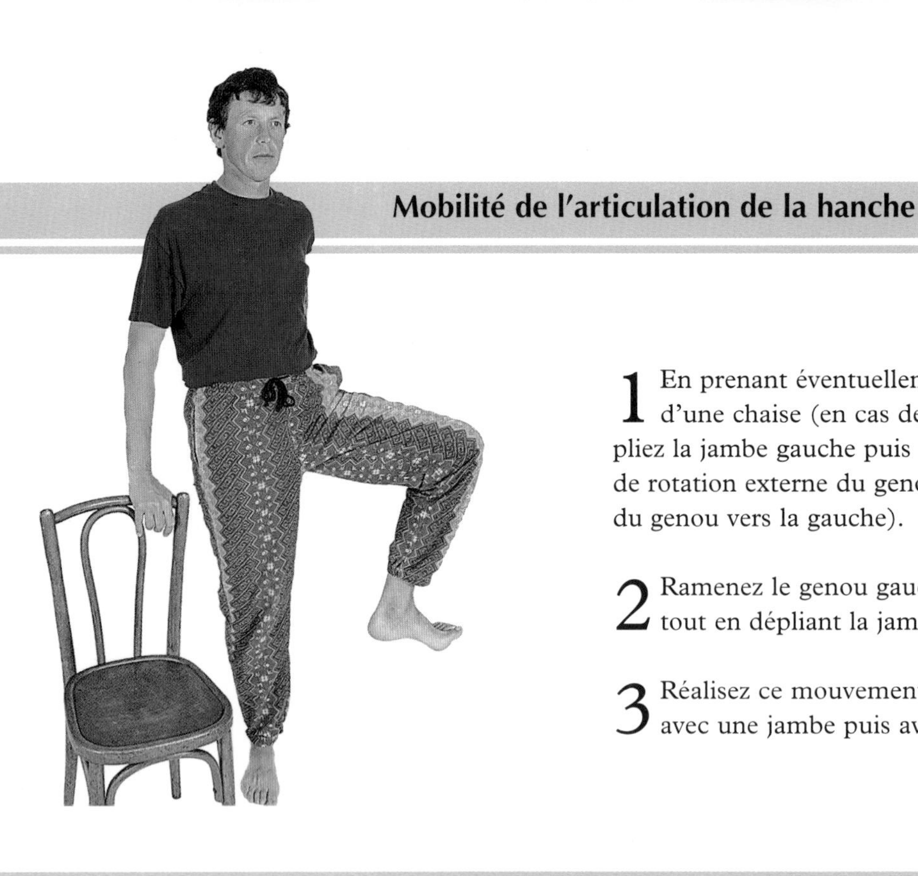

Mobilité de l'articulation de la hanche

1 En prenant éventuellement appui sur le dos d'une chaise (en cas de difficulté d'équilibre), pliez la jambe gauche puis réalisez un mouvement de rotation externe du genou (mouvement circulaire du genou vers la gauche).

2 Ramenez le genou gauche devant vous, tout en dépliant la jambe.

3 Réalisez ce mouvement d'ouverture 8 à 10 fois avec une jambe puis avec l'autre.

Mobilité des hanches et du bassin

1 Asseyez-vous sur le sol, jambes pliées, les mains à plat sur le sol maintenant le dos droit.

2 En expirant, amenez doucement les genoux joints vers la gauche en direction du sol (il n'est pas obligatoire de toucher le sol).

3 En inspirant, ramenez les jambes en position initiale ; puis, en expirant, descendez les genoux vers la droite.

4 Faites ce mouvement 10 fois en alternant le mouvement à droite puis à gauche. À la fin de cet exercice, détendez les jambes, les épaules et les poignets.

Mobilité des chevilles

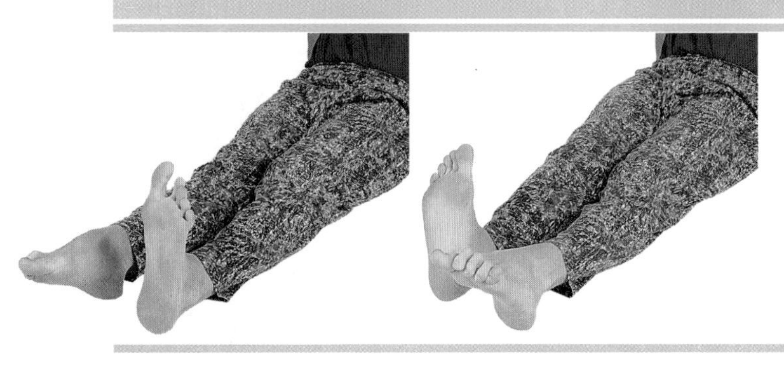

1 Jambes allongées, réalisez une dizaine de flexions et d'extensions du pied gauche puis du pied droit.

2 Dessinez des cercles dans l'espace avec les pieds, 10 fois dans un sens et 10 fois dans l'autre. Réalisez ce mouvement avec un pied, puis avec l'autre, et enfin avec les deux.

Mobilité de l'articulation (coxo- et ilio-fémorale)

1 Allongé sur le sol, prenez confortablement appui sur les avant-bras. En expirant, effectuez une rotation externe des pieds (comme si vous vouliez amener les orteils vers le sol).

2 En inspirant, réalisez une rotation inverse (comme si vous vouliez rapprocher l'un de l'autre et faire se toucher les gros orteils). Répétez 10 fois cet exercice.

RESTER SOUPLE ET MUSCLÉ

L'entretien de la souplesse vous permettra de conserver une mobilité optimale, constituant ainsi un moyen de prévention idéale contre les accidents articulaires et un moyen de lutte efficace contre les effets négatifs du vieillissement. Quant au renforcement musculaire, il retarde la diminution de la densité osseuse ainsi que la déminéralisation.

Étirement du cou

1 D'un mouvement ample, amenez la main droite sur l'oreille gauche. Inclinez doucement la tête vers la droite de façon à créer un léger étirement dans le cou, surtout sans tirer sur le cou.

2 Abaissez l'épaule gauche en poussant la main gauche vers le sol afin d'accentuer l'étirement (en expirant).

3 Restez dans la position pendant 6 à 10 respirations, puis changez de côté.

Étirement des triceps

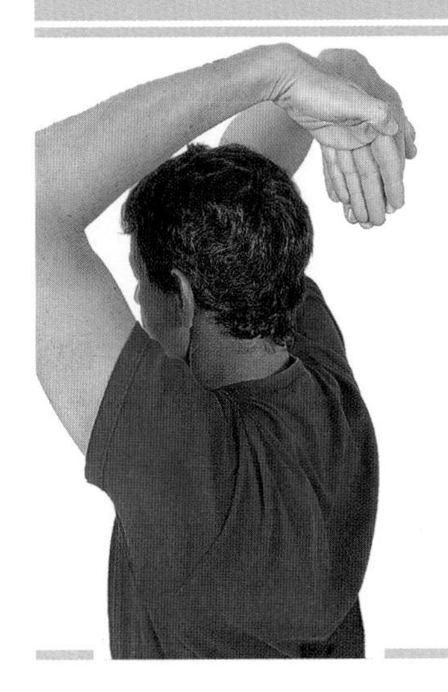

La mise en situation suivante permet également un renforcement musculaire des biceps.

1 En position assise ou debout, placez les bras pliés derrière la tête.

2 Les mains placées dos à dos au milieu des omoplates, rapprochez les coudes l'un de l'autre, doucement, tout en poussant les doigts vers le sol.

3 Réalisez 3 à 4 répétitions d'une durée de 10 à 20 sec, en respirant calmement.

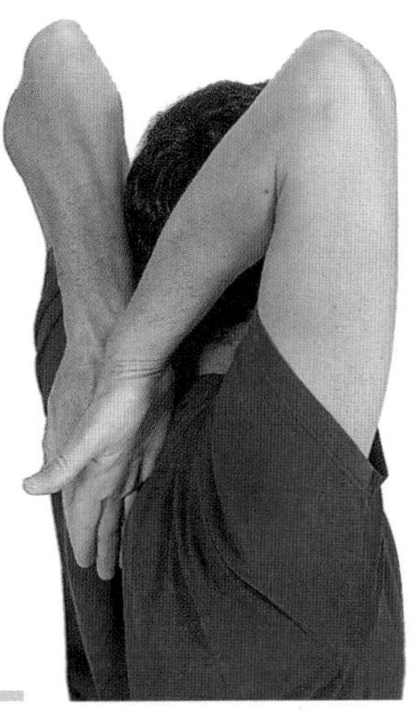

LEXIQUE DES DOULEURS ARTICULAIRES

Arthrite : nom générique de toutes les affections inflammatoires aiguës ou chroniques qui frappent les articulations. Anatomiquement, elles sont caractérisées par des lésions synoviales puis cartilagineuses et osseuses ; cliniquement, par la douleur, l'enflure, parfois la rougeur et la chaleur de l'articulation et affectent plus ou moins l'état général.
Arthrose : affections chroniques dégénératives non inflammatoires des articulations, caractérisées par des lésions cartilagineuses avec production d'ostéophytes (production osseuse exubérante qui se développe au détriment du périoste), des douleurs, des craquements, des déformations et une impotence, sans jamais d'ankylose ni d'altération de l'état général.
Bursite : inflammation aiguë ou chronique d'une bourse séreuse (membrane conjonctive limitant une cavité).
Chondrite : inflammation d'un cartilage.
Chondrocalcinose : maladie articulaire se présentant comme des accès fébriles de pseudo-goutte, caractérisée par l'imprégnation calcaire des cartilages articulaires.
Lombarthrose : arthrose des vertèbres lombaires.
Ostéite : nom générique donné à toutes les affections inflammatoires des os.
Ostéo-arthrite : arthrite se compliquant de lésions osseuses au niveau des surfaces articulaires.
Ostéomyélite : inflammation simultanée de l'os et de la moelle épinière.
Ostéonévralgie : variété d'inflammation chronique des os caractérisée par des douleurs rebelles, avec exacerbations, causée par un traumatisme, le rhumatisme articulaire chronique…
Ostéoporose : déminéralisation squelettique généralisée par raréfaction de la trame protéique de l'os. Elle se traduit par des douleurs, de l'impotence, des déformations osseuses, parfois des fractures. Les causes de l'ostéoporose sont essentiellement des troubles du métabolisme protidique (insuffisance d'apport ou d'absorption).
Polyarthrite : inflammation aiguë ou chronique frappant simultanément plusieurs articulations.
Polyarthrose : variété de rhumatisme chronique dégénératif (arthrose) débutant insidieusement vers la quarantaine, atteignant progressivement plusieurs articulations. Elle évolue pendant des dizaines d'années, sans altérations humorales de type inflammatoire, et peut entraîner, pour certaines localisations (hanches, genoux), de graves infirmités.
Rhumatismes : nom donné à des affections très diverses, aiguës ou chroniques, ayant pour caractéristiques communes la douleur et la fluxion, localisées surtout au niveau des jointures et des parties molles qui les entourent (mais pouvant cependant se manifester ailleurs).
Spondylite : inflammation aiguë ou chronique des vertèbres.

LEXIQUE

Renforcement musculaire des cuisses et des fessiers

Pour conserver la bonne position, placez-vous en appui sur les paumes et sur l'avant-bras, et contractez vos abdominaux.

1. Allongé sur un flanc, la jambe au sol pliée, tendez l'autre jambe, pied flexe.
2. Effectuez des petits battements avec la jambe levée (en la conservant dans l'axe du tronc).
3. Faites 3 séries de 8 répétitions pour chaque jambe.

Prosternation et étirement du dos

1 En position assise sur les genoux, fesses sur les talons, posez les mains et le front sur le sol.

2 Au moment de l'expiration, poussez loin devant vous les doigts d'une main puis ceux de l'autre, sans soulever les fesses.

3 Restez dans cet étirement du dos pendant une dizaine de respirations.

Étirement des pectoraux et augmentation du volume thoracique

1 Placez-vous debout, bras tendus de chaque côté des oreilles, doigts croisés.

2 En inspirant, ouvrez largement la poitrine en dégageant les épaules vers l'arrière.

3 En expirant, poussez les paumes vers le plafond.

4 Effectuez 6 à 8 fois l'exercice pour étirer correctement tout le haut du corps.

Renforcement musculaire des bras

1 Installez-vous en position à quatre pattes, mains écartées à la largeur des épaules, genoux à la largeur des hanches.

2 Pliez et tendez les bras, en amenant le nez vers le sol (en expirant).

3 Effectuez 2 séries de 8 à 15 répétitions, puis allongez-vous sur le dos et relaxez particulièrement les bras et les épaules.

Fortifiez votre sangle abdominale

Le renforcement musculaire des abdominaux reste une priorité. Pendant cet exercice, vous sollicitez également l'articulation de l'épaule et la région cervico-dorsale.

1 Allongé sur le dos, jambes pliées, pieds sur le sol, placez les bras tendus de chaque côté des oreilles.

2 Sur une expiration, amenez les mains vers les genoux en soulevant la tête et les épaules.

3 En inspirant, retrouvez votre position initiale. Faites 3 séries de 8 à 15 répétitions en respectant un temps de pause de 15 sec entre chaque série.

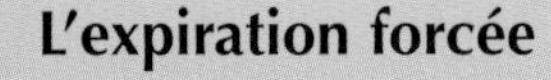

L'expiration forcée

1 Allongé sur le dos, jambe gauche pliée, pied au sol, pliez la jambe droite, cuisse droite dirigée vers le ventre. Entourez le genou droit de la main gauche et la cheville droite de la main droite.

2 En expirant, soulevez la tête et les épaules et en pressant doucement la jambe droite contre la cuisse droite amenez le front vers le genou droit. Sur chaque expiration forcée, rentrez le ventre.

3 En inspirant, revenez en position initiale. Effectuez 5 répétitions avec la jambe droite pliée, puis 5 autres avec la jambe gauche pliée.

La fente

En variant l'amplitude de la fente, vous obtiendrez un étirement du mollet arrière et un renforcement musculaire de la cuisse avant plus ou moins intenses.

1 Installez-vous en fente, jambe avant pliée (gauche), jambe arrière (droite) tendue.

2 En expirant, poussez doucement le talon droit vers le sol (le genou gauche doit rester à la verticale des orteils gauches).

3 Restez pendant 8 à 15 sec dans la position en respirant calmement. Réalisez 4 fois ces consignes, puis encore 4 fois après avoir inversé la position des jambes.

CONSERVER SON ÉQUILIBRE

Travailler son équilibre est un acte préventif, dans la mesure où les risques de chute sont ainsi diminués. Ce problème est très préoccupant car le nombre de chutes, par an, en France, est évalué à 2 millions pour les plus de soixante-cinq ans. Cette situation entraîne, outre les conséquences sur le plan de la santé, la diminution du champ relationnel, des stimulations sociales et culturelles.

Initiation à l'équilibre

Pour vous initier aux positions d'équilibre, vous pouvez vous aider du dossier d'une chaise.

1 Prenez légèrement appui sur le dossier avec la main droite, puis soulevez le pied gauche en pliant la jambe gauche.

2 En fonction de vos possibilités, vous supprimerez petit à petit l'appui de la main sur la chaise. Effectuez le même exercice avec la main droite.

3 Dans toutes les positions d'équilibre, fixez le regard sur un point (au sol ou sur le mur).

« L'équilibriste »

Cet exercice très simple consiste simplement à marcher en plaçant un pied juste devant l'autre.

1 Imaginez une ligne droite tracée sur le sol, sur laquelle vous avancez. Votre dos est bien étiré, les bras et les épaules sont relâchés, le regard fixé sur un point à hauteur du regard.

2 Si vous êtes à l'aise dans cet exercice, marchez sur cette ligne à reculons ; avancez puis reculez, les yeux fermés ; vous pouvez également réaliser cet exercice sur une latte de bois posée sur le sol.

« La posture de l'arbre »

1 Prenez un appui solide sur le pied gauche, puis pliez la jambe droite de façon à amener le talon sur la face interne de la cuisse gauche ou le dessous du pied sur la cuisse (en cas de difficulté, placez le pied droit sur le mollet gauche).

2 Bras pliés, placez ensuite les paumes jointes souplement au-dessus de la tête. Restez dans cette position d'équilibre pendant 10 respirations ou plus, le regard fixé sur un point.

3 Suivez les mêmes consignes ensuite, en inversant la position des jambes.

PRÉVENTION DES CHUTES

Pour conserver le sens de l'équilibre, il est nécessaire d'entretenir des capacités biologiques essentielles telles que la souplesse et la force, ainsi qu'une sensibilité plantaire suffisante afin d'assurer une bonne circulation des informations tout le long du cheminement nerveux. L'absence d'entretien de ces divers éléments et le vieillissement naturel de l'appareil locomoteur et des récepteurs sensoriels (ouïe, vision) peuvent engendrer de nombreuses difficultés dans des actions simples comme la marche ou la station verticale, à l'origine de nombreuses chutes plus ou moins graves. Fort heureusement, il est tout à fait possible de s'attaquer aux causes de ces chutes, et cela, à n'importe quel âge, afin de sortir du cercle vicieux : peur de la chute, peur de marcher, de sortir, affaiblissement de l'appareil locomoteur, accroissement du risque de chute, peur, etc.

L'ENTRAÎNEMENT AUX DÉSÉQUILIBRES

Pour éviter les chutes, c'est-à-dire la perte de son équilibre, il faut s'entraîner aux... déséquilibres ! Avec l'âge, les troubles de l'aplomb vont en augmentant, sauf si les différents systèmes qui concourent à son maintien sont suffisamment sollicités, stimulés. À vous de les réveiller grâce à ces exercices simples et très efficaces, qui vous fortifieront et vous aideront à reprendre confiance.

La marche au ralenti

Cet exercice consiste tout simplement à augmenter l'amplitude des mouvements de la marche.

1 Levez lentement le genou, restez quelques instants en équilibre, puis posez doucement le pied, et ainsi de suite. Réalisez également cet exercice à reculons.

2 Posez un objet au sol (gros livre, sac...), puis passez par-dessus en effectuant le mouvement en ultra-ralenti, en avant puis à reculons. Répétez l'exercice une dizaine de fois d'un pied puis de l'autre (changement de la jambe d'appui).

Mettez à profit les actes de la vie quotidienne

Par exemple, tenez-vous en équilibre pour enfiler ou pour enlever vos chaussettes, vos chaussures ou vos chaussons.

SOLLICITEZ VOS MEMBRES INFÉRIEURS

Afin d'améliorer l'aisance du corps lors des actes de la vie quotidienne, ne serait-ce que dans les déplacements, il est indispensable d'orienter le travail sur les membres inférieurs dans deux directions complémentaires : tout d'abord entretenir la mobilité des articulations (hanche, genou, cheville) et, en même temps, renforcer leur musculature afin de faire face aux situations difficiles.

Renforcement musculaire des mollets

1 Debout, décollez les talons du sol de façon à vous installer en équilibre sur les orteils.

2 Restez 8 ou 10 sec dans cette position qui contracte automatiquement les mollets et les muscles du dessus des pieds. Répétez l'exercice 10 fois.

3 En cas de problème d'équilibre, placez-vous face à un mur, les paumes appuyées contre, les bras fléchis.

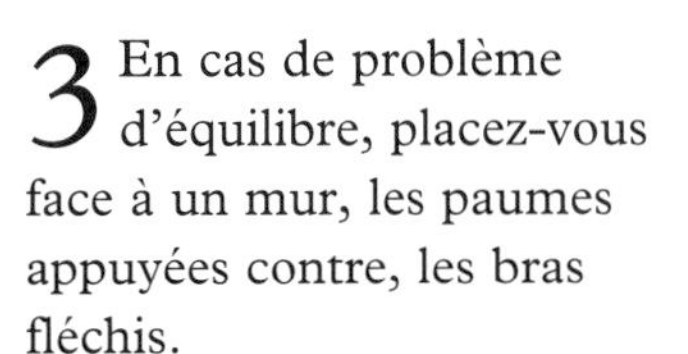

Mobilisez la cheville

1 En position debout, pliez une jambe, l'autre jambe est étirée vers l'avant.

2 Restez 8 à 10 sec dans cette position en vous aidant d'un mur ou du dossier d'une chaise en cas de problème d'équilibre. Faites 8 répétitions pour chaque jambe.

Le problème des chutes

De nombreuses études* menées à ce jour donnent des indications chiffrées extrêmement préoccupantes :
– chaque année, en France, les chutes occasionnent plus d'accidents mortels que le trafic routier (12 000 décès à court terme par an) ;
– parmi les accidents mortels touchant les personnes âgées de plus de 65 ans, la chute arrive en première place, avec 59 % chez la femme et 30 % chez l'homme ;
– le nombre de chutes, par an, en France, est évalué à 2 millions pour les plus de 65 ans ;
– 60 % de tous les décès par chute concernent les femmes de plus de 75 ans ;
– la chute constitue plus de 90 % des accidents domestiques de la personne âgée ;
– chez les personnes âgées de plus de 65 ans, une personne sur trois tombe au cours d'une année, et une personne sur deux chez ceux âgés de plus de 80 ans ;
– les femmes tombent deux à quatre fois plus que les hommes : 30 % à domicile, 50 % à l'hôpital, 30 à 60 % en institution.

Les effets des chutes

La peur de la chute entraîne :
– un refus de sortir, donc une diminution de la communication, des « stimulations sociales et culturelles » (réunions, cinéma, théâtre...) ;
– quelquefois même, cette peur va jusqu'à l'appréhension d'utiliser la salle de bains, avec les conséquences sur le plan de l'hygiène (et de l'image de soi) que cela implique ;
– on assiste alors à une diminution du champ d'action, de l'espace social et familial ;
– il existe un risque d'augmentation de la dépendance pouvant aller jusqu'au placement en institution (crainte de la récidive de la chute, le risque de tomber de nouveau étant alors multiplié par 20) ;
– la création d'un cercle vicieux : peur de la chute, peur de marcher, affaiblissement de l'appareil locomoteur, accroissement du risque de chute, etc. ;
– l'augmentation de l'anxiété, de la perte de confiance en soi ;
– le coût élevé tant pour l'individu que pour la société, à moyen et à long termes.

Comment prévenir les chutes ?

Il est certain que le vieillissement naturel des fonctions peut être la cause de ces chutes, mais, fort heureusement, beaucoup d'autres causes peuvent être, si ce n'est supprimées, tout au moins fortement diminuées. Y remédier le plus tôt possible est bien sûr l'idéal, mais sachez qu'il n'est jamais trop tard pour se prendre en main :
– prendre soin de sa vision, en la faisant régulièrement contrôler et en utilisant des verres adaptés ;
– développer le sens du toucher, en particulier au niveau plantaire ;
– choisir des chaussures à la fois confortables et qui maintiennent correctement la cheville. Pensez aussi aux semelles, si possible antidérapantes ;
– ne jamais tarder à se faire soigner ou à entreprendre un programme de rééducation aussitôt qu'un problème rhumatologique se profile ;
– savoir que certains médicaments peuvent avoir un lien direct avec les problèmes d'équilibre (hypotenseurs, neuroleptiques...). Donc, respectez les indications portées sur la notice de vos médicaments (« Effets indésirables ou secondaires », « Posologie »), pour éviter le surdosage, et, bien sûr, suivez attentivement les prescriptions de votre médecin ;
– savoir également que le problème des chutes peut avoir une origine dans des causes cardio-vasculaires (hypotension, rétrécissement de l'aorte), ou neurologique (le vertige par exemple) ;
– équiper les lieux de vie en plaçant des « mains courantes » dans les escaliers, les toilettes, la salle de bains : évitez les sols glissants ou rendus tels (tapis) ; avoir un excellent éclairage dans chaque pièce, mais aussi à l'extérieur du lieu d'habitation ; rendre le mobilier inoffensif (penser, par exemple, à fixer les penderies, à vérifier le vissage correct des sièges...) ;
– rendre l'accès aux choses facile, et donc ne pas hésiter à changer la disposition du mobilier même si vous y êtes habitué. Cela vous perturbera peut-être un peu au début, mais votre vie en sera facilitée ;
– enfin (et surtout), stimuler tous les capteurs et les systèmes qui participent au maintien de l'équilibre, en pratiquant régulièrement des exercices.

* Par le CIGS (Centre international de gérontologie sociale) ; par l'OMS (Organisation mondiale de la santé) ; par la FFEPGV (Fédération française d'éducation physique et de gymnastique volontaire).

Musclez les cuisses

1 Installez-vous en fente, jambe avant pliée, jambe arrière étirée.

2 En inspirant, fléchissez le genou de la jambe placée en arrière. Restez pendant 3 ou 4 respirations dans cette position de renforcement musculaire des cuisses.

3 Sur une expiration, revenez en position initiale. Faites 2 séries de 6 répétitions pour chaque jambe.

Mobilisez les hanches

1 En position debout, poussez le talon d'une jambe vers l'arrière, en expirant.

2 En inspirant, ramenez le pied près de l'autre. Faites 8 répétitions pour chaque jambe.

3 Pendant l'exercice, cherchez à garder le bassin en rétroversion (ventre basculé vers l'avant), et aidez-vous en posant les mains sur le dossier d'une chaise si cela facilite l'équilibre.

Utilisez du petit matériel

La latte

1 Marchez lentement sur une latte de bois posée au sol (ou suivez une ligne tracée au sol). Posez un pied devant l'autre, le regard fixé sur un point loin devant.

2 Faites 6 à 10 pas en avant puis, si c'est possible, à reculons.

La chaise

1 Debout face à une chaise, passez un pied par-dessus, la jambe pliée.

2 Faites ainsi une dizaine de passages d'un pied puis de l'autre, sans que ceux-ci ne touchent la chaise (levez bien haut le genou).

1 Passez par-dessus les pieds de la chaise renversée sans les toucher, ce qui vous oblige à lever haut les genoux.

2 Vous avez la possibilité de réaliser l'exercice à reculons.

LE GRAND ÂGE

Toutes les études réalisées à ce jour sur la vieillesse et les phénomènes de vieillissement montrent que vivre centenaire n'est pas une utopie mais une réalité qui va devenir de plus en plus fréquente. En 1996, la moyenne de vie est estimée à 72 ans pour les hommes et à 82 ans pour les femmes. Et grâce aux incessants progrès de l'hygiène, de la médecine, aux avantages des prestations sociales, cette moyenne de vie va en augmentant, entraînant des besoins bien réels. Les notions de forme, de bien-être, intéressent donc cette population qui souhaite profiter à juste titre de ces années de vie supplémentaires.

Entretenir la mobilité des articulations

1 Le poignet maintenu, tournez la main 10 fois dans un sens et 10 fois dans l'autre.

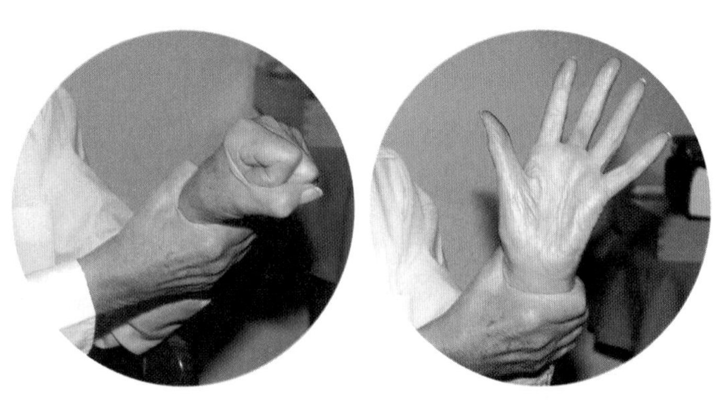

2 En même temps, fermez fortement le poing puis ouvrez la main en étirant et en écartant les doigts. Faites les mêmes exercices pour les deux mains.

1 En inspirant, étirez le bras vers le plafond.

2 En expirant, amenez la main entre les omoplates (selon vos possibilités), le coude est fléchi. Effectuez 6 répétitions pour chaque bras.

Ramasser un objet

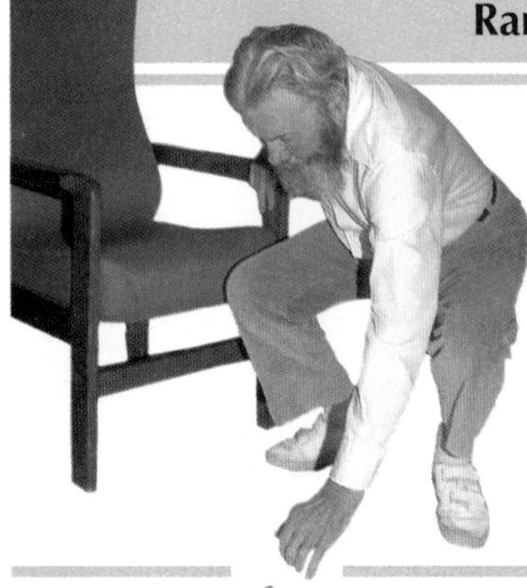

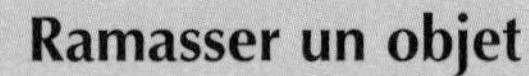

Jetez un objet léger au sol et pliez les jambes. Observez si le mouvement est aisé (flexion-extension des genoux). Répétez 5 ou 6 fois l'exercice.

Se vêtir

1 Enfiler une veste nécessite une bonne mobilité des articulations du poignet, du coude et de l'épaule. Pour entretenir cette dernière, en inspirant, placez les bras en croix.

2 En expirant, ramenez-les devant. Effectuez 10 répétitions. Les mouvements sont réalisés très lentement.

Muscler les membres inférieurs

Placez-vous debout, pieds largement écartés, mains en appui sur le dossier d'une chaise.

1 En inspirant, pliez les jambes.

2 En expirant, revenez en position initiale. Réalisez 10 fois ce mouvement de flexion-extension.

Être libre de ses mouvements

1 Assis sur une chaise, étirez le dos puis revenez en avant pour aller toucher vos chaussures, en expirant.

2 Dans la position tête baissée, relâchez le cou et les épaules.

3 En inspirant, redressez-vous doucement. Effectuez 4 à 6 répétitions.

1 Assis sur une chaise, dos droit, croisez une jambe par-dessus l'autre.

2 En inspirant, tournez la tête et les épaules vers la main posée sur le genou.

3 En expirant, revenez en position initiale. Faites 4 mouvements d'un côté puis de l'autre (le croisement des jambes est alors inversé).

Pouvoir « aller vers » (communiquer)

1 Position de départ assis, bien calé sur le siège, dos étiré, pieds à plat sur le sol.

2 En expirant, les mains sur les cuisses, tronc légèrement penché en avant, amorcez l'action de vous lever, mais sans vous mettre debout.

3 Décollez les fesses du siège de 10 à 15 cm, puis revenez en position initiale. Faites 10 répétitions.

Automassage et relaxation

1 Saisissez à pleine main chaque doigt de la main opposée.

2 Prenez le temps de les pétrir en prenant conscience de la sensation de chaleur qui se produit. Les automassages favorisent la circulation sanguine.

3 À l'aide du bout des doigts, massez délicatement les différentes régions du visage : front, tempes, sourcils, joues, nez, dessous des mâchoires et menton.

4 Prolongez cet automassage au niveau du cou et des épaules.

RISQUES LIÉS À LA PRATIQUE SPORTIVE

La pratique régulière d'une activité physique et sportive apporte beaucoup en matière de prévention et de santé, à condition cependant de respecter un minimum de règles. La première règle est de ne pas pratiquer un sport de façon excessive, surtout s'il n'y a pas d'entraînement préalable et régulier. Il faut laisser au corps le temps de s'adapter en douceur au nouveau rythme imposé et ne pas se précipiter dans la pratique sans échauffement.
Enfin, il est bon d'écouter le langage de son corps : soif, fatigue, douleur sont des « clignotants » faciles à décrypter, qui indiquent qu'il faut diminuer ou cesser l'effort en cours. Forme et plaisir sont les deux notions fondamentales sur lesquelles doit s'appuyer toute démarche d'entretien.

UN ÉCHAUFFEMENT INDISPENSABLE

S'échauffer consiste à utiliser différents exercices (footing, étirements...) pour établir l'état optimal de préparation physique et psychique nécessaire à une pratique plus ou moins intense.

Il s'agit, en fait, de provoquer une activation fonctionnelle de l'appareil cardio-pulmonaire et neuromusculaire, ainsi que de la coordination motrice ; sans oublier le domaine psychologique, grâce, en particulier, à des techniques de concentration.

Étirement et renforcement musculaire des jambes

1 Écartez les pieds à la largeur des hanches, puis placez le pied arrière assez loin pour sentir un étirement au niveau du mollet. La jambe avant est pliée, ce qui crée une contraction de la cuisse. Les bras sont tendus derrière le dos, doigts croisés, dos des mains tournés vers le sol.

2 En inspirant, pliez davantage la jambe avant, descendez le bassin vers le sol ainsi que le talon arrière.

3 Basculez le bassin, pubis vers le visage. Poussez le dos des mains vers le sol, puis écartez les bras du tronc, les omoplates se rapprochent l'une de l'autre.

4 En expirant, cessez ce travail d'étirement et de renforcement musculaire. Répétez 4 fois cet exercice, puis changez la position des jambes.

Étirement et renforcement musculaire des cuisses

1 Installé en position d'équilibre (fixez un point devant vous), pliez la jambe droite.

2 Amenez le talon droit vers la fesse, en gardant les genoux serrés.

3 Puis, doucement, en expirant, tirez le genou droit vers l'arrière, avec la main droite, sans incliner le buste vers l'avant.

4 3 ou 4 répétitions pour chaque cuisse en restant 10 sec en étirement.

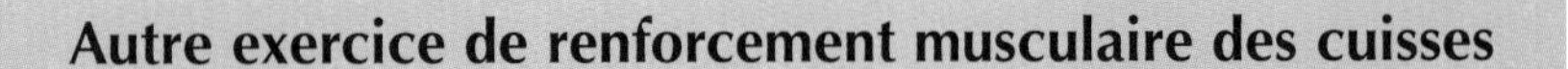

Autre exercice de renforcement musculaire des cuisses

1 Installez-vous en fente, jambe avant pliée, pied à plat sur le sol, genou à l'aplomb des orteils. La jambe arrière est tendue, les orteils en flexion.

2 En prenant appui avec les mains sur le genou avant, pliez la jambe arrière de façon à descendre le genou vers le sol. Descendez également le bassin vers le sol. Restez 10 sec dans cette position pour effectuer un renforcement musculaire des cuisses.

3 Réalisez 6 fois cet exercice, puis respectez les mêmes consignes en changeant la position des jambes.

Sollicitation des jambes, des cuisses et des hanches

Pour solliciter les jambes et les cuisses ainsi que les articulations des hanches, installez-vous en position assise. Conservez le dos étiré lors de l'exercice.

1 Attrapez votre pied droit, le talon dans la main droite, l'extrémité du pied enrobé par la main gauche.

2 En expirant, amenez doucement les orteils vers le nez comme si vous vouliez dessiner un cercle dans l'espace (placé verticalement).

3 Réalisez une dizaine de mouvements pour chaque jambe.

Renforcement musculaire de la sangle abdominale

Ce renforcement musculaire est indispensable, ne serait-ce que pour le bon maintien des organes.

1 Allongé sur le dos, une jambe pliée, l'autre tendue, légèrement décollées du sol pour augmenter la contraction des abdominaux.

2 En expirant, relevez la tête et les épaules en dirigeant les mains vers les genoux. Trouvez la bonne position pour pouvoir réaliser au moins 3 séries de 8 répétitions chacune.

Préparation des articulations à l'effort

En plus des étirements et du renforcement musculaire, il faut aussi préparer les articulations à l'effort.

Pour être efficace, dessinez des cercles dans l'espace en procédant de la tête aux pieds : rotation du cou, des épaules, des poignets, des hanches, des genoux et des chevilles (mouvements dits de « circumduction »). Réalisez 10 mouvements dans un sens et 10 mouvements dans l'autre pour chaque articulation.

NE JAMAIS NÉGLIGER LES PÉRIODES DE RÉCUPÉRATION

Le principal objectif de la récupération est de ramener la fréquence cardiaque et respiratoire à la normale ainsi que de décongestionner les muscles. Elle vise aussi à donner les moyens au sportif de restaurer au plus vite ses capacités physiques. Cette récupération peut être globale, ou ne concerner qu'un ou plusieurs groupes musculaires en fonction de l'entraînement suivi ou de l'activité pratiquée.

Encore et toujours s'étirer

Indispensables à l'échauffement, les étirements permettent aussi aux muscles de retrouver leur longueur initiale car, pendant les efforts, même s'ils ne sont pas violents, ils ont tendance à se raccourcir.

1 En position assise, jambe droite pliée. Amenez doucement la fesse droite vers le sol, près du talon droit. L'appui des mains permet de s'installer dans un étirement supportable de la cuisse pendant 6 à 10 respirations. Mêmes consignes avec la jambe gauche pliée.

2 Assis, coudes posés sur les genoux. Exercez, en expirant, une pression sur les genoux. Maintenez la position 15 sec environ. Répétez l'exercice 5 ou 6 fois.

L'automassage : simple, rapide, efficace

Qui ne s'est jamais massé pour chasser une tension, une petite douleur ? Les gestes viennent tout naturellement sans les avoir appris. Après un effort, massez doucement les régions anatomiques qui ont été sollicitées.

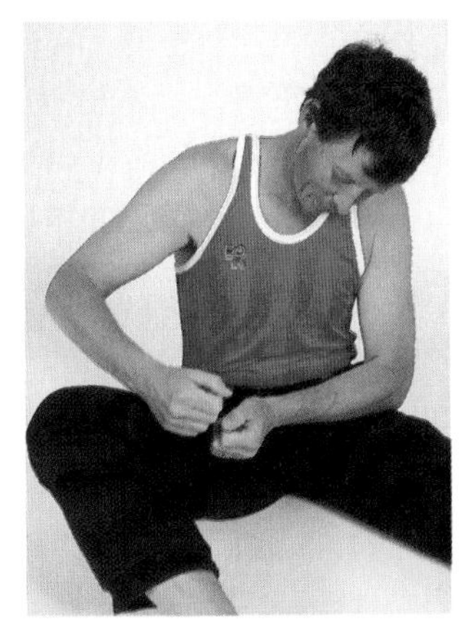

1 Par exemple, poings fermés, poignets souples, frappez (percussions) vos cuisses ainsi que le bas du dos. Les mouvements, rapides, secs et brefs, défatigueront les muscles et favoriseront la circulation sanguine.

2 Ou bien, avec les pouces, exercez une pression sur le trajet de la ligne médiane des mollets. Massez aussi, en exerçant une pression circulaire du pouce, la paume de la main opposée. Cette stimulation améliorera la nutrition musculaire.

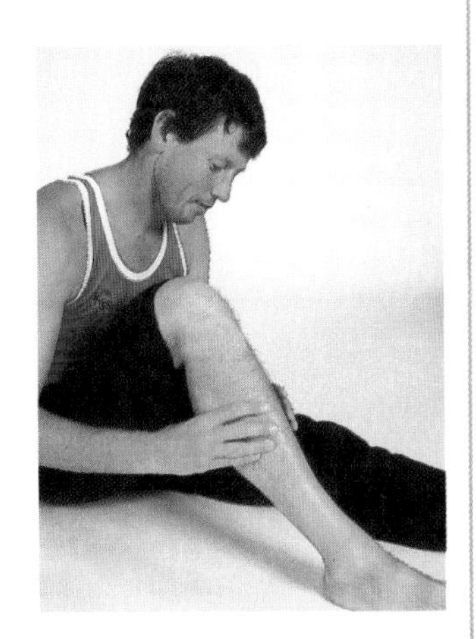

Récupérer grâce aux exercices respiratoires

L'athlète de haut niveau aussi bien que la personne ne pratiquant qu'une ou deux heures par semaine, trouveront dans la respiration profonde et lente, un moyen simple et sûr pour retrouver la vitalité.

1 Allongé sur le dos, jambes pliées, placez les mains sur le ventre. En inspirant, gonflez légèrement le ventre.

2 En expirant, laissez s'affaisser la région abdominale. Effectuez au moins une dizaine de respirations.

Recentrer son énergie

Dans la vision orientale, l'énergie est présente dans tout l'univers et dans certaines régions du corps. Ce sont les chakras (littéralement : « roues d'énergie ») du yoga et les méridiens de l'acupuncture.

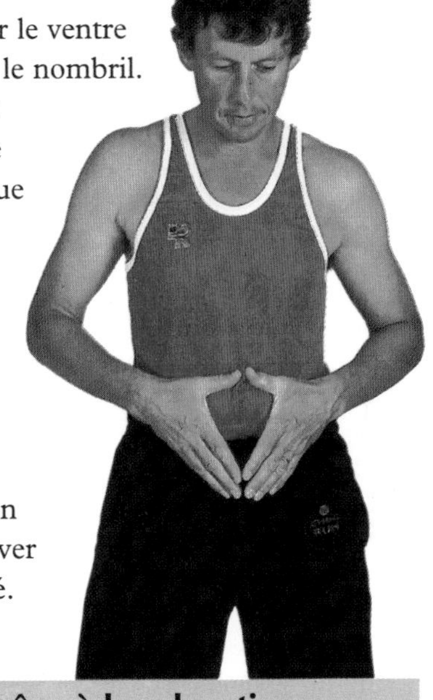

1 Placez vos mains sur le ventre de façon à entourer le nombril. Respirez tranquillement et calmement dans cette zone : c'est là que se situe le *hara,* mot japonais signifiant à la fois « ventre » et « énergie vitale » qui s'y trouve.

2 Concentrez-vous 10 respirations au moins sur cette région énergétique pour retrouver rapidement votre vitalité.

Récupérer grâce à la relaxation

Ne vous êtes-vous jamais abandonné sur le sol ou sur un lit, exténué, après un entraînement intense ?

1 Sur le dos, jambes allongées ou pliées, laissez « s'étaler » votre dos sur le sol, sur chaque expiration, accompagnée éventuellement d'un soupir.

2 Puis, les yeux fermés (pour faciliter l'intériorisation), parcourez mentalement votre corps de la tête aux pieds et des pieds à la tête.

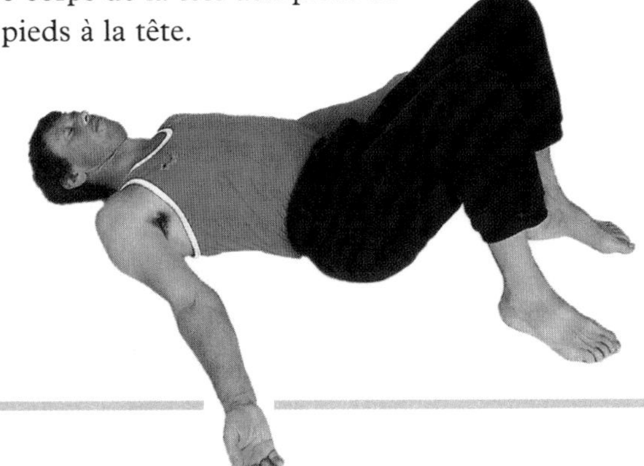

PROBLÈMES LIÉS À LA GROSSESSE

La femme enceinte doit faire face à de nombreux bouleversements. Sans forcément créer des problèmes importants, ces modifications, très différentes selon les individus, peuvent entraîner certains troubles. Il existe, pour diminuer ces troubles, des exercices très simples et efficaces, qui ne sont nullement destinés cependant à remplacer la préparation à l'accouchement prévue avec une sage-femme ou les conseils du médecin, du gynécologue.

Les gymnastiques douces permettent surtout aux femmes enceintes de bouger sans crainte, de mieux respirer, de se relaxer, de se mettre à l'écoute d'elles-mêmes et de leur enfant, et donc de disposer de tous les atouts pour suivre le mieux possible leur grossesse et pour être, de ce fait, plus libre dans leur corps.

LA PRÉVENTION DES TROUBLES RESPIRATOIRES

En fin de grossesse surtout, de légers malaises peuvent survenir, ainsi que des périodes d'essoufflement. Outre le fait qu'il faut aérer le plus souvent possible les pièces de l'habitation, s'oxygéner à la campagne quand cela est possible, supprimer impérativement la cigarette – extrêmement nuisible pendant la grossesse –, une gymnastique respiratoire régulière présente un triple intérêt : prendre conscience de l'importance de la respiration (voir p. 48), faciliter le processus respiratoire (en particulier la respiration haute ou sous-claviculaire), et ainsi mieux oxygéner l'enfant à venir.

La respiration abdominale ou diaphragmatique

1 Allongez-vous sur le dos, jambes pliées. Placez les mains sur le ventre au niveau du nombril.

2 En inspirant, gonflez le ventre (poussée du diaphragme sur les organes abdominaux). En expirant, laissez s'affaisser cette zone ventrale. Profitez-en pour sentir, visualiser votre enfant : à chaque inspiration, pensez à un flux d'énergie venant renforcer sa vitalité. Faites 6 à 10 respirations.

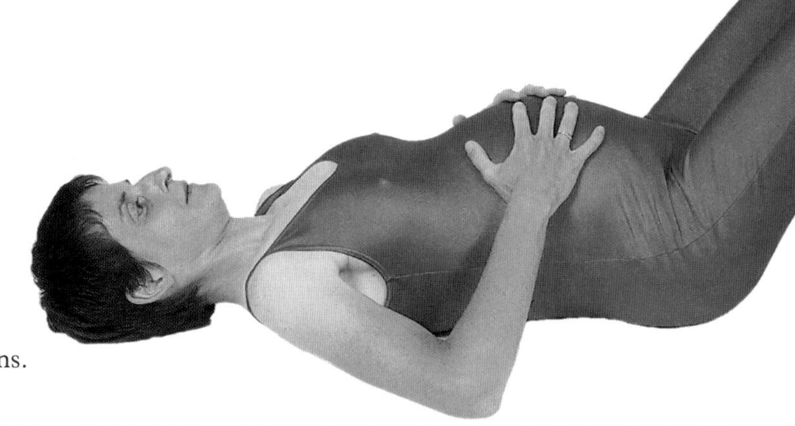

La respiration costale ou thoracique

Placez les mains sur les flancs. Imaginez votre cage thoracique comme un parapluie qui s'ouvre à l'inspiration et se referme à l'expiration. Gardez cette position l'espace de 6 à 10 respirations.

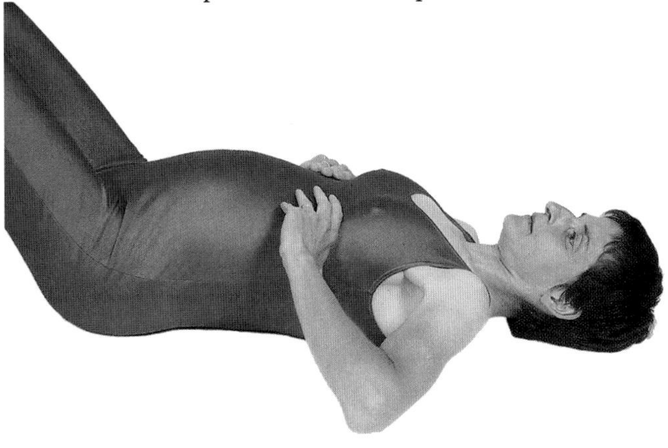

La respiration haute ou sous-claviculaire

L'apprentissage de cette respiration est capitale car c'est elle qui se fera automatiquement en fin de grossesse, le diaphragme étant alors bloqué en position haute.

Placez le bout des doigts au-dessus de la poitrine, sous les clavicules. Imaginez ensuite que le lieu de votre respiration se situe juste sous vos doigts. De 6 à 10 respirations.

Faciliter l'ouverture thoracique et sous-claviculaire

Réalisez cet exercice en position assise, les fesses sur les talons, ou bien sur une chaise.

1 Étirez le bras droit vers le plafond, puis, en fléchissant le coude, amenez la main droite vers le milieu des omoplates.

2 Après avoir plié le bras gauche, amenez les doigts gauches vers les doigts droits. Dans cette position, tout en inspirant, tirez les coudes vers l'arrière.

3 En expirant, revenez en position initiale. Répétez 5 fois cet exercice, puis inversez la position des bras, et de nouveau exécutez 5 répétitions.

4 Dans la même position de départ que précédemment, croisez les doigts derrière le dos.

5 En inspirant, poussez le dos des mains vers le sol, rapprochez les omoplates, puis écartez les bras du dos.

6 En expirant, revenez en position initiale. Exécutez 5 fois le mouvement.

PRÉVENTION DES TROUBLES DE LA CIRCULATION SANGUINE

Durant la grossesse, les deux systèmes circulatoires, celui de la mère et celui de l'enfant, doivent être alimentés par le sang ; son débit s'accroît alors de près d'un tiers de son volume habituel et le cœur doit travailler plus énergiquement. Les hémorroïdes, les varices, la hausse de la tension artérielle peuvent être autant de manifestations de cette augmentation du flux sanguin. Certaines positions et certains exercices sont donc particulièrement recommandés pour leurs actions bénéfiques sur la circulation sanguine.

Faciliter la circulation veineuse

1 Placez-vous jambes repliées sur une chaise. Respirez tranquillement dans cette position.

2 Profitez-en également pour détendre le dos, le cou ; relâchez les bras et les épaules.

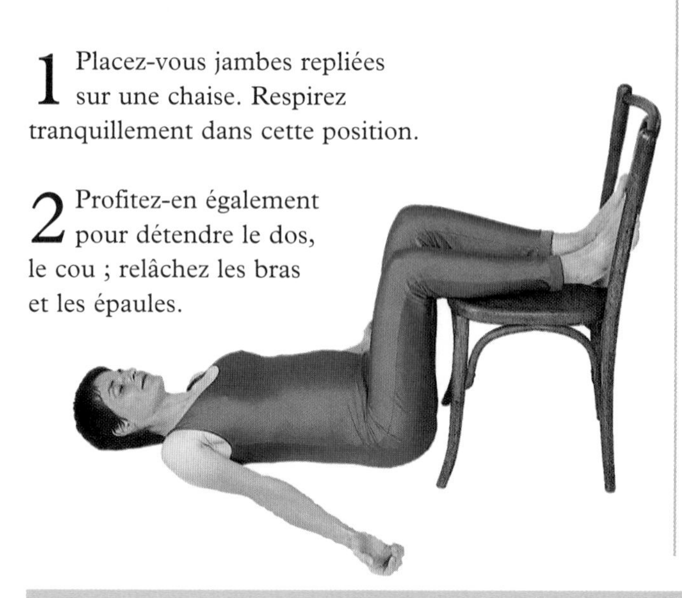

Améliorer la circulation dans les pieds

1 Pour faciliter davantage la circulation sanguine jusqu'au bout des orteils, saisissez-les à pleine main.

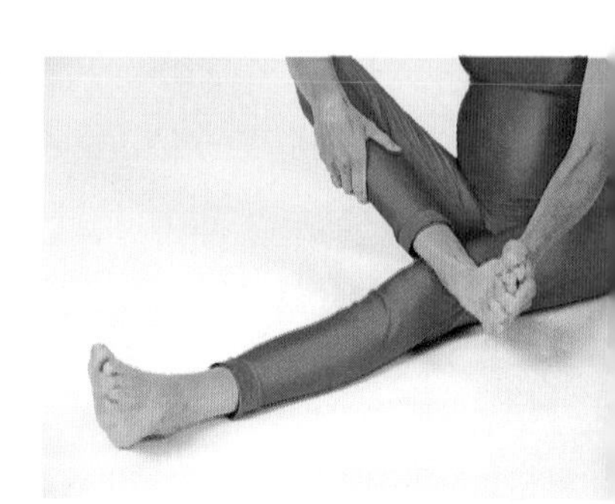

2 Réalisez alors des rotations de chevilles, dans un sens et dans l'autre.

3 Étirez vos orteils en les dirigeant vers votre visage puis vers le sol.

4 Massez-les dessus et dessous.

Améliorer la circulation dans les membres inférieurs

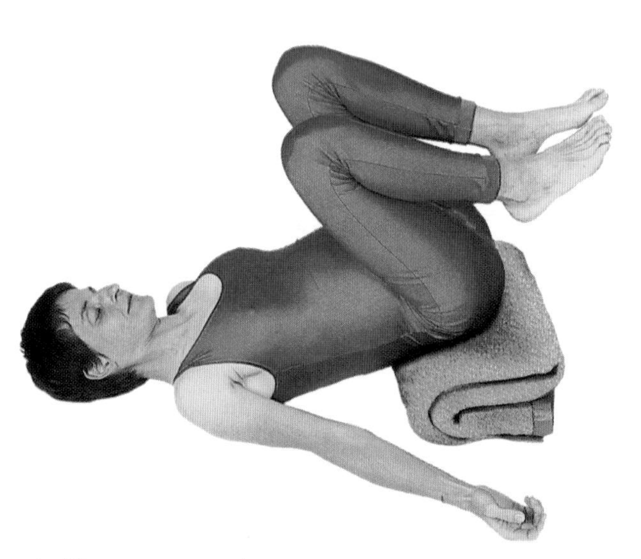

1 Placez un coussin ou une couverture sous les fesses ; les jambes sont repliées.

2 En expirant, poussez lentement les talons vers le plafond, jambes tendues, orteils vers le visage.

3 En inspirant, replacez les jambes en crochet. Répétez ce mouvement 6 fois. En cas de gêne trop importante, réalisez cet exercice une jambe après l'autre.

PRÉVENTION DES TROUBLES MUSCULAIRES ET ARTICULAIRES

Les deux principales modifications du système musculaire pendant cette période sont la lordose lombaire (cambrure excessive) et les crampes (contraction prolongée, douloureuse et involontaire d'un muscle).

Pour pallier ces inconvénients, il est nécessaire, grâce à des exercices adaptés, de tonifier les muscles abdominaux, de solliciter la bascule du bassin et d'étirer les muscles internes et antérieurs des cuisses.

Pour la tonicité abdominale

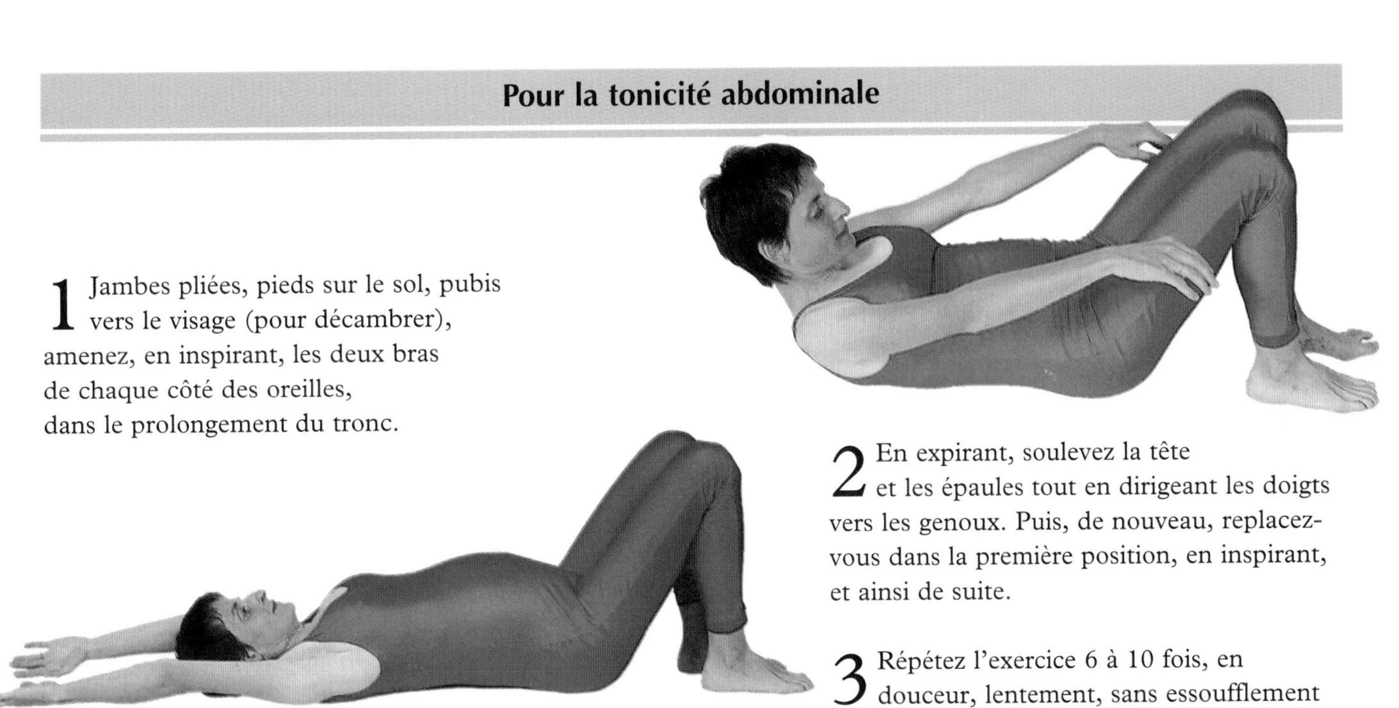

1 Jambes pliées, pieds sur le sol, pubis vers le visage (pour décambrer), amenez, en inspirant, les deux bras de chaque côté des oreilles, dans le prolongement du tronc.

2 En expirant, soulevez la tête et les épaules tout en dirigeant les doigts vers les genoux. Puis, de nouveau, replacez-vous dans la première position, en inspirant, et ainsi de suite.

3 Répétez l'exercice 6 à 10 fois, en douceur, lentement, sans essoufflement et sans souffrance abdominale.

Le demi-pont en dynamique

Cet exercice entraîne un renforcement musculaire du dos et des cuisses, favorise l'ouverture thoracique, fait prendre conscience de la bascule du bassin et agit sur ses articulations (coxo- et iliofémorale).

1 Allongée sur le dos, jambes pliées, pieds à plat sur le sol, basculez le bassin (le bas du dos doit rester plaqué au sol).

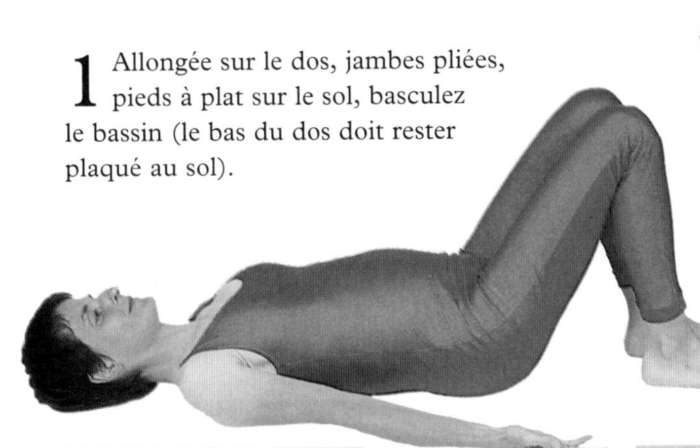

2 En inspirant, soulevez les fesses puis le dos, du bas jusqu'aux omoplates.

3 En expirant, revenez en position initiale en replaçant le dos (des omoplates jusqu'aux lombaires), vertèbre par vertèbre.
Répétez 6 fois cet exercice.

« Le chien qui s'étire »

Dans cette posture, toute la musculature de la face postérieure du corps est étirée.

1 Départ en position quadripédique, en appui sur les mains et les genoux.

2 En expirant, tendez les jambes et poussez lentement les fesses vers le plafond, les talons vers le sol et la poitrine se rapprochant des genoux.

3 Selon vos possibilités, vous pouvez, soit rester dans la position en V renversé de 6 à 10 respirations, soit réaliser le mouvement 5 ou 6 fois de la position à quatre pattes à la position en V renversé.

« Le chat qui fait le gros dos »

Cet exercice est tout indiqué pour soulager le bas du dos (voir « Mal de dos », p. 30), favoriser la mobilité du bassin et de la colonne vertébrale et faciliter la respiration.

1 Installez-vous en position quadripédique, mains écartées l'une de l'autre de la largeur des épaules, genoux écartés de la largeur des hanches. Inspirez, dos plat, tête dans le prolongement du tronc, regard perpenticulaire au sol.

2 En expirant, appuyez fortement les paumes sur le sol, faites le gros dos du chat, menton dans la gorge.

3 Revenez à la position initiale en inspirant. Répétez 4 ou 5 fois l'exercice.

Travail des muscles postérieurs des cuisses

Les ischio-jambiers (muscles postérieurs des cuisses) sont souvent contractés. Cette tension peut entraîner une cyphose (courbure lombaire exagérée), il convient donc de les étirer.

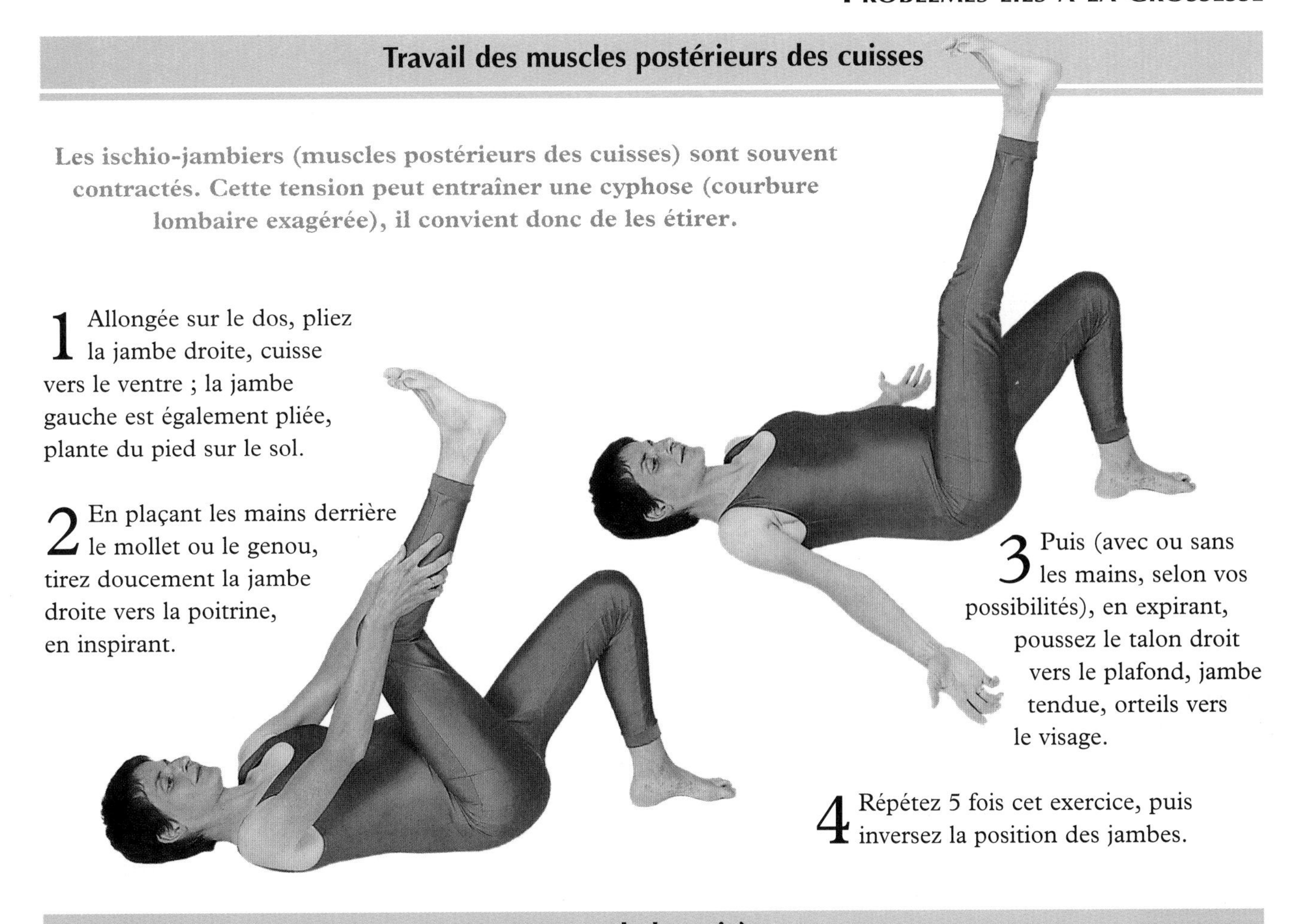

1 Allongée sur le dos, pliez la jambe droite, cuisse vers le ventre ; la jambe gauche est également pliée, plante du pied sur le sol.

2 En plaçant les mains derrière le mollet ou le genou, tirez doucement la jambe droite vers la poitrine, en inspirant.

3 Puis (avec ou sans les mains, selon vos possibilités), en expirant, poussez le talon droit vers le plafond, jambe tendue, orteils vers le visage.

4 Répétez 5 fois cet exercice, puis inversez la position des jambes.

Posture de la « sirène »

Cet exercice préserve la mobilité des hanches et sollicite le bas du dos (muscles paravertébraux lombaires).

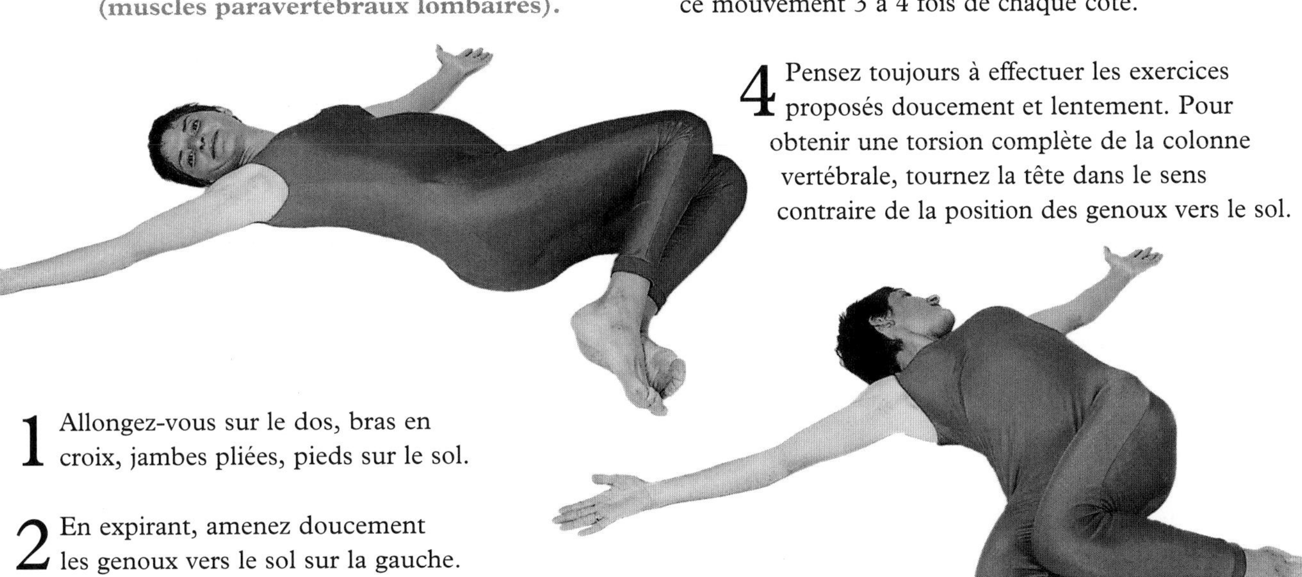

1 Allongez-vous sur le dos, bras en croix, jambes pliées, pieds sur le sol.

2 En expirant, amenez doucement les genoux vers le sol sur la gauche.

3 Repassez par la position de départ en inspirant et amenez les genoux vers le sol à droite. Réalisez ce mouvement 3 à 4 fois de chaque côté.

4 Pensez toujours à effectuer les exercices proposés doucement et lentement. Pour obtenir une torsion complète de la colonne vertébrale, tournez la tête dans le sens contraire de la position des genoux vers le sol.

POUR UNE GROSSESSE SANS STRESS

Outre ces exercices de gymnastique prénatale, des conseils très simples peuvent être prodigués et des postures de détente conseillées, afin que la future maman trouve, grâce à un minimum de discipline, l'harmonie et l'équilibre. Le développement de cette force positive ne peut qu'avoir une influence bénéfique sur l'enfant à naître.

« L'arbrisseau »

Cette posture pourra être adoptée pendant toute la période de grossesse sans problème.

1 Debout, tout le poids du corps repose sur un seul pied. Fixez votre regard sur un point (au sol ou au mur).

2 Placez le pied demeuré libre sur le tibia ou au niveau du genou. Pour faciliter la concentration, joignez les paumes et placez-les au niveau de la poitrine.

3 Conservez cette position d'équilibre pendant une dizaine de respirations sur un pied, puis sur l'autre.

Posture de méditation

Fixer son attention n'est pas toujours aisé. Non seulement cette posture nous y aide, mais, de plus, elle permet l'intériorisation ; vous êtes ainsi davantage en contact avec vous-même et avec votre enfant.

1 Asseyez-vous en tailleur sur un coussin ou sur une couverture.

2 Placez les avant-bras ou le dos des mains sur les genoux. Votre dos est étiré.

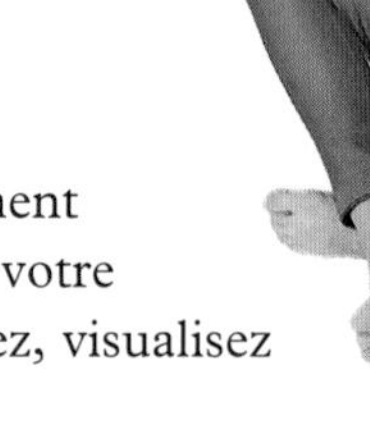

3 Suivez mentalement le va-et-vient de votre respiration puis sentez, visualisez votre abdomen.

Contraction - Décontraction

Les ennuis, les soucis ont des répercussions au niveau corporel et créent des tensions, des contractures. Soulagez-les grâce à cet exercice.

1 Debout ou en position assise (sur une chaise, ou au sol, les fesses sur les talons), serrez les poings puis, en inspirant, montez les épaules vers les oreilles, bras tendus de chaque côté des flancs.

2 En expirant, laissez se décontracter, se détendre toute la région des épaules et relâchez la contraction des doigts. Effectuez de 3 à 5 répétitions en fonction de vos besoins.

Positions de relaxation et d'écoute de votre enfant

Allongez-vous sur le dos, les jambes pliées pour bien décontracter le bas du dos.

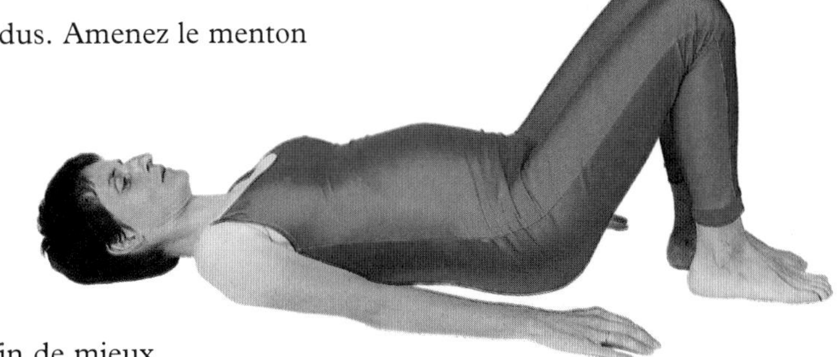

1 Les bras sont placés de chaque côté du tronc, détendus. Amenez le menton vers la gorge pour diminuer la courbure cervicale.

2 Dans cette position, respirez calmement, tranquillement. En inspirant, suivez mentalement le souffle, du nez jusqu'au ventre. Refaites le chemin inverse en inspirant.

3 Vous pouvez ajouter à ces expirations des soupirs afin de mieux détendre encore votre dos, que vous laissez « s'étaler sur le sol ».

Position de relaxation dite du « dormeur »

Cette position favorise l'intériorisation, ce qui entraîne automatiquement un plus grand calme mental.

1 Allongée sur le côté, en « chien de fusil », les genoux rapprochés des coudes, respirez lentement.

2 Installez-vous sur le flanc gauche, afin de ne pas entraver le retour veineux par la veine cave, vers le sixième mois.

3 Laissez-vous aller et relâchez-vous, en laissant s'apaiser vos tensions.

Recherche du calme intérieur

Cette position de relaxation, de calme intérieur, peut être vécue tant que le ventre ne gêne pas.

1 Les bras sont détendus de chaque côté des flancs, épaules basses. Les fesses sont amenées lentement vers les talons. En cas de gêne, prendre la même position mais sur un flanc (position du « dormeur » très repliée). La respiration est calme et tranquille.

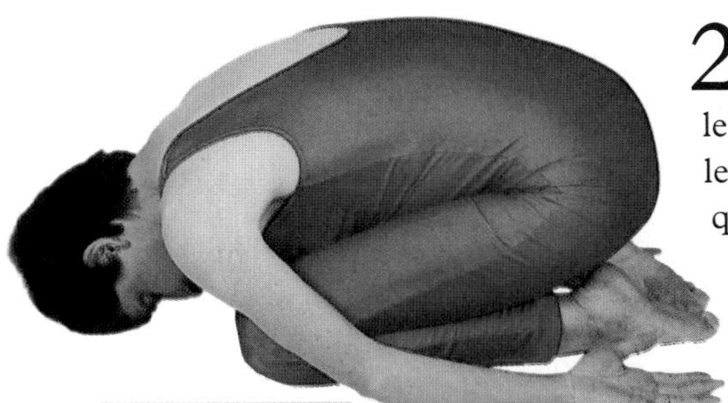

2 Pensez à redresser le buste lentement quand vous quittez la position.

Détente et intériorisation sur une chaise

1 Posez le dos des mains sur les cuisses, les bras détendus, légèrement pliés. Le dos droit, bien étiré, suivez le va-et-vient de la respiration (de 6 à 10 respirations).

2 Effectuez alors une sorte de voyage intérieur de la tête aux pieds et des pieds à la tête, en repérant les éventuelles tensions ou les contractures.

3 Une fois localisées, il ne vous reste plus qu'à les dissoudre en relâchant la zone musculaire correspondante.

CONSEILS APRÈS L'ACCOUCHEMENT

Il est nécessaire de retrouver la forme après la grossesse et l'accouchement, moments importants et merveilleux qui ont entraîné de formidables changements tant sur les plans physiologique que psychologique. S'il est conseillé d'attendre de un à deux mois avant d'entreprendre un programme de remise en forme complet, on peut, dès la sortie de la maternité, pratiquer des exercices de respiration et de relaxation pour se défatiguer et créer un climat de sérénité entre la mère et l'enfant.

Mais la priorité sera donnée à la rééducation du périnée. Sorte de plancher du petit bassin (traversé par l'urètre, le vagin et le rectum), le périnée est une sangle musculaire très extensible qui commande les organes sexuels et les organes d'excrétion, tout en exerçant un travail de soutien des organes abdominaux.

LA TONIFICATION DU PÉRINÉE

La rééducation du périnée est destinée à éviter les descentes d'organes ainsi que les incontinences urinaires (déclenchées par un effort, le port d'une charge ou une simple toux). Le « stop-pipi » consiste à interrompre le jet d'urine (4 ou 5 fois), une fois la miction commencée. Veillez ensuite à bien vider votre vessie pour éviter tout risque d'infection urinaire.

Faites cet exercice une fois par jour puis, au bout d'un mois, une fois par semaine.

Le verrouillage périnéal

Faites cet exercice une dizaine de fois chaque jour pendant 6 semaines au moins avant de commencer une tonification abdominale et la reprise de vos activités corporelles, surtout sans forcer.

1 Allongez-vous sur le dos. N'hésitez pas à plier les jambes pour décambrer si c'est nécessaire.

2 Contractez les muscles comme si vous vouliez retenir une envie d'uriner. Faites durer cette contraction 5 sec, puis relâchez pendant 10 sec. Recommencez 10 fois, en prenant conscience de la contraction du vagin.

3 Enfin, sur une expiration, serrez tous les muscles du plancher pelvin-périnéal en même temps. Conservez cette contraction pendant 5 sec, puis relâchez pendant 10 sec.

4 Contractez ensuite les muscles du périnée postérieur et releveurs de l'anus comme si vous vouliez retenir des gaz. Répétez une dizaine de fois également.

Tonification musculaire

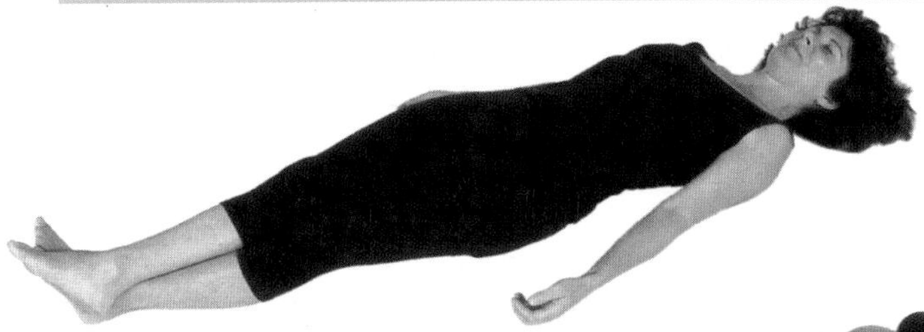

1 Allongez-vous sur le dos, jambes croisées. En expirant, serrez les genoux, les cuisses et les fessiers. Conservez cette contraction immobile (isométrique) pendant 5 à 8 sec, puis relâchez pendant 10 sec environ.

2 Répétez 5 fois cet exercice, puis de nouveau 5 fois en ayant inversé le croisement des jambes.

1 Toujours sur le dos, jambes pliées, pieds à plat sur le sol, un ballon placé entre les genoux.
1er temps : contractez la région du périnée ;
2e temps : décollez les fesses du sol en les serrant ;
3e temps : pressez le ballon en serrant les genoux (vous contractez ainsi les adducteurs, muscles internes des cuisses). Ces 3 temps, réalisés en expirant, durent de 6 à 8 sec ;
4e temps : relâchez les contractions.

2 Reposez votre dos sur le sol, faites une pause de 10 sec, puis recommencez ce cycle 5 fois.

ÉTIREMENT ET RENFORCEMENT MUSCULAIRE EN DOUCEUR

Contraction statique

1 Allongée sur le dos, pliez les jambes, cuisses perpendiculaires au sol. Placez les mains sur les genoux.

2 En expirant, repoussez les genoux, mais ceux-ci résistent (8 sec environ). Relâchez la pression en inspirant. Faites une pause de 10 sec si c'est nécessaire. Exécutez 3 séries de 8 poussées.

3 Pour bien plaquer votre dos sur le sol, basculez le bassin (pubis vers le visage) et amenez le menton dans la gorge (pour diminuer la courbure cervicale). Lors de ce travail, ni les jambes ni le tronc ne se déplacent.

Les ciseaux

1 Allongée sur le dos, tendez les jambes vers le plafond, orteils vers le visage, bassin basculé, menton rentré.

2 Croisez et décroisez les jambes. Effectuez ces mouvements de ciseaux croisés de 10 à 20 fois en fonction de vos possibilités, en 3 séries.

Le pédalage

Cet exercice, qui sollicite également les abdominaux, vous permet d'entretenir la circulation sanguine des membres inférieurs et la mobilité des articulations des genoux.

Allongée sur le dos, effectuez un mouvement de pédalage : tandis qu'une jambe reste tendue vers l'avant et vers le sol (pas trop près de celui-ci pour ne pas cambrer), pliez l'autre jambe, cuisse vers le ventre, 15 à 25 fois dans un sens, puis dans l'autre. Pour un plus grand confort du dos, vous pouvez croiser les doigts sous la tête.

La bielle

Outre que cet exercice permet d'étirer le dos et de muscler les bras (triceps), il vous redonne également le goût du mouvement.

1 À genoux, poussez les fesses vers les talons et les doigts loin devant vous. Restez durant quelques respirations dans cette position et profitez-en pour étirer votre dos.

2 Cet étirement réalisé, immobilisez les mains sur le sol. Pliez les bras en amenant la poitrine et le menton vers le sol, vos fesses décollent alors des talons. N'accentuez pas le creux lombaire. Ne bloquez pas la respiration.

3 Puis tendez les bras, épaules basses. Gardez le dos tonique pour ne pas cambrer. Repassez ensuite par la position quadripédique, bras pliés pour retrouver le premier temps de l'exercice, c'est-à-dire fesses vers les talons, bras et doigts étirés devant.

4 Réalisez ces 3 séries de 10 à 15 fois, selon vos possibilités, avec un temps de pause de 30 sec entre chaque série.

Renforcement des pectoraux

Cet exercice a pour effet de raffermir la poitrine.

1 Pressez les paumes l'une contre l'autre, ou serrez fortement un ballon entre les mains, sur une expiration.

2 Relâchez la pression en inspirant, au cours de 3 séries de 10 répétitions.

3 Pour varier l'intensité de la contraction, selon vos possibilités, il vous suffit de lever les coudes. En effet, plus vous les approchez de l'horizontale, plus la contraction est intense.

L'escrimeuse

Vos membres inférieurs ont aussi besoin de se fortifier. Cet exercice est idéal puisque vous pouvez l'effectuer à tout moment plusieurs fois par jour.

1 Placez un pied devant l'autre, et écartez-les de 50 cm environ. En expirant, pliez les deux jambes : la jambe avant est en fente, pied à plat sur le sol ; le talon arrière est soulevé, le genou fléchi, en direction du sol.

2 En inspirant, ramenez la jambe et revenez à la position initiale.

3 Effectuez 2 séries de 3 flexions-extensions, puis 2 nouvelles séries après avoir inversé la position des pieds.

« Le chat qui s'étire »

Pour le raffermissement des cuisses et des fesses, musclez-les grâce à cet exercice dynamique.

1 Position de départ en position quadripédique. En expirant, pliez la jambe droite et amenez le genou vers le front, cou fléchi. Rentrez le ventre et poussez fermement sur les paumes pour accentuer la rondeur du dos.

2 En inspirant, tendez la jambe droite en poussant loin le talon, pied flexe. Conservez le dos plat, le cou est dans son prolongement, le regard perpendiculaire au sol.
Répétez 8 fois ce mouvement, puis inversez la position des jambes, et, de nouveau, réalisez 8 répétitions.

MOBILITÉ DES HANCHES

La région de la hanche, qui correspond à la jonction des membres inférieurs avec le tronc, doit faire l'objet d'un entretien particulier, car elle conditionne la locomotion. Pour améliorer sa souplesse et sa tonicité, il existe des exercices spécifiques qui font jouer les articulations.

Sollicitation de la hanche

Le mouvement s'effectue lentement, sans bloquer la respiration.

1 Pliez la jambe droite et amenez le genou vers la poitrine, en conservant le dos étiré et droit.

2 Écartez ce genou droit au maximum vers la droite, sans déplacer le tronc.

3 Ensuite, installez-vous en fente, pied droit sur le sol, jambe gauche pliée.

4 Répétez 10 fois ce mouvement avec la jambe droite, puis 10 fois avec la jambe gauche.

DES ENFANTS EN FORME

L'activité corporelle destinée aux enfants s'appuie aujourd'hui sur des connaissances précises concernant à la fois leur développement physique, psychomoteur, affectif, cognitif ou social. On ne les considère plus comme des adultes inachevés ou en réduction, mais comme des individus à part entière, évoluant avec leurs propres lois de développement. Il s'agit, le plus tôt possible, de pouvoir faire émerger puis de faire croître toutes leurs potentialités et de canaliser leur énergie, sans pour autant diminuer leur liberté de mouvement ou leur créativité.

LE JEU COMME OUTIL ÉDUCATIF

Le jeu est un puissant levier éducatif qui contient les germes de nombreux apprentissages, de bonnes habitudes en matière de prévention-santé. Les enfants aiment à participer à ce type d'activités.

Il faut expliquer d'une façon ludique tout l'intérêt d'être en très bonne santé, et cela grâce à l'exercice physique, à l'entretien de son corps et au respect de règles d'hygiène très simples.

Étirement de tout le corps

1 **« Le réveil du chien » :** le départ se fait à quatre pattes, orteils en extension.

2 Tends les jambes et pousse les talons dans le sol. Pousse également les fesses vers le plafond, le ventre vers les cuisses et la poitrine vers les genoux. Ton cou est détendu. Fais 4 ou 5 répétitions, ou reste dans cette position pendant 5 ou 6 respirations.

Sollicitation du dos

1 **« Le chat qui fait le gros dos » :** à quatre pattes, le menton dans la gorge, rentre le ventre en expirant. Pousse bien sur les mains. En inspirant, reviens en position initiale : dos légèrement creusé, menton dirigé vers le plafond. Fais 5 ou 6 répétitions.

2 **« Le chat qui s'étire » :** position de départ à quatre pattes. Tends la jambe gauche loin derrière toi, en expirant, puis reviens en position de départ. Fais ce mouvement d'étirement quatre fois pour chaque jambe.

Force et souplesse des cuisses

1 **« Le crabe » :** une jambe pliée, l'autre étirée, déplace-toi latéralement tout en gardant les fesses le plus près possible du sol. Cette marche en crabe peut être faite en traversant une salle de gymnastique, ou simplement dans le couloir de la maison.

2 **« La grenouille » :** en position de départ debout, pieds largement écartés, plie les jambes et installe-toi dans la position que prend la grenouille, c'est-à-dire le tronc entre les genoux. Fais ensuite des bonds sur place ou sur une distance plus ou moins longue.

Travail du tronc et des jambes

1 **« L'araignée » :** en position assise, tes jambes sont pliées et écartées l'une de l'autre. Tes mains sont devant, sur le sol. Elles avancent doucement comme le ferait une araignée de façon à amener le ventre vers le sol.

2 **« Le coquillage se referme » :** installe-toi en position assise, jambes allongées légèrement pliées. Incline doucement le tronc sur les cuisses. Reste dans cette position de 6 à 10 respirations.

Force et souplesse des bras

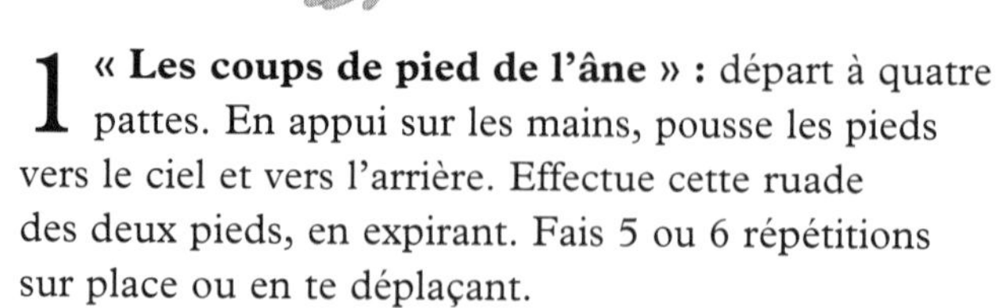

1 **« Les coups de pied de l'âne » :** départ à quatre pattes. En appui sur les mains, pousse les pieds vers le ciel et vers l'arrière. Effectue cette ruade des deux pieds, en expirant. Fais 5 ou 6 répétitions sur place ou en te déplaçant.

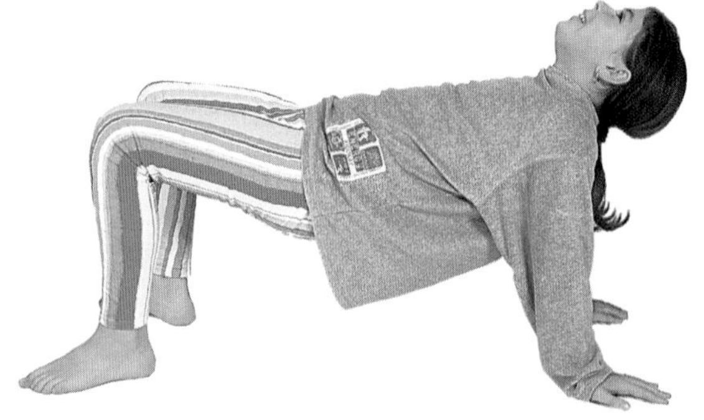

2 **« La table de camping » :** départ en position assise, jambes pliées, bras en arrière, paumes sur le sol. Imagine que tu es une table de camping pliée, qu'il faut déplier en poussant ton ventre vers le ciel. Reste 5 ou 6 respirations dans la position.

Initiation aux « abdominaux »

1 **« Je fais de la bicyclette » :** assis, en appui sur les avant-bras, pédale dans un sens puis dans l'autre. Ton dos est ferme et bien étiré. Effectue 2 séries de 8 à 15 mouvements de jambes.

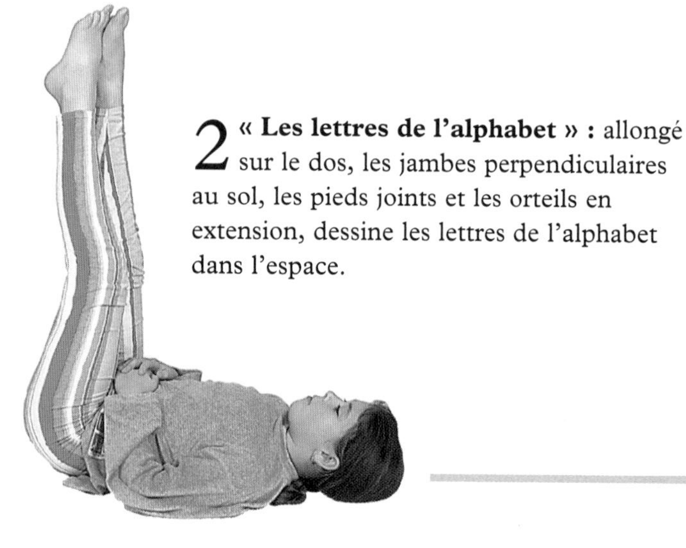

2 **« Les lettres de l'alphabet » :** allongé sur le dos, les jambes perpendiculaires au sol, les pieds joints et les orteils en extension, dessine les lettres de l'alphabet dans l'espace.

Raffermissement des fessiers

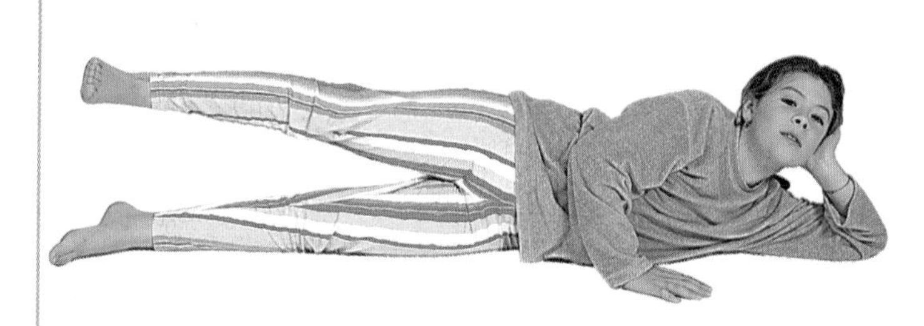

1 **« Les ciseaux » :** allongé sur un flanc, en appui sur un coude, bras plié, tête reposant sur la main, effectue de petits battements verticaux avec la jambe du dessus. La jambe du dessous peut être légèrement pliée pour mieux maintenir l'équilibre.
Fais de 10 à 15 battements pour chaque jambe.

2 **« Je lève la patte » :** départ à quatre pattes, genoux serrés, lève la cuisse et ramène-la rapidement. Effectue ce mouvement de 8 à 15 fois de chaque côté.

Équilibre et concentration

Ces deux qualités sont indissociables : le développement du sens de l'équilibre entraîne automatiquement plus de concentration, et inversement. Ainsi les enfants prendront conscience, dès le plus jeune âge, de l'importance de ces facultés essentielles : être capable de se concentrer, être attentif, être à l'écoute, avoir de l'équilibre et... être équilibré !

1 **« L'arbre » :** debout, plie une jambe et pose le pied sur la cuisse de la jambe d'appui. Les bras représentent les branches de l'arbre. Prends le temps de bien fixer le pied de la jambe d'appui. Pour améliorer l'équilibre, regarde un point précis loin devant toi.

2 **« Le corbeau » :** départ en position accroupie, pose les tibias sur les bras pliés, en appui sur les mains. Déplace la tête et les épaules vers l'avant afin que les orteils décollent du sol. Dans cette position d'équilibre, le corps ne repose plus que sur les mains.

3 **« Le pirate à la jambe de bois » :** départ debout, plie une jambe de façon à amener le talon près du fessier. Une main sur le dessus du pied permet de maintenir la position. Plie légèrement la jambe d'appui pour éviter de cambrer. Reste dans cette position pendant 5 ou 6 respirations en fixant le regard devant toi.
Effectue le même exercice avec l'autre jambe.

4 **« L'avion » :** départ debout, penche-toi, une jambe à l'avant, la jambe arrière tendue, bras perpendiculaires au tronc. Reste dans cet équilibre sur un pied, le regard fixé sur un point. Effectue le même exercice sur l'autre jambe.

La mobilité articulaire

La mobilité articulaire est essentielle durant toute notre existence : marcher, se coiffer, tourner un volant, une clé dans une serrure... Il convient donc de donner aux enfants de bonnes habitudes d'entretien, à la fois simples et ludiques.

1 **« Le cerceau » :** imagine que ta taille est enserrée dans un cerceau. Les mains sur les hanches, tourne ce cerceau imaginaire une dizaine de fois dans un sens puis dans l'autre. Les mouvements, de grande amplitude, sont réalisés lentement.

2 **« J'écris avec mon nez » :** afin de solliciter les articulations cou-tête et cou-haut du tronc, écris dans l'espace des chiffres, des lettres ou des mots avec le bout de ton nez. Donne beaucoup d'amplitude aux mouvements.

3 **« La moulinette » :** en position assise, une jambe allongée, l'autre jambe pliée par-dessus la première, saisis à pleines mains tes orteils de façon à imprimer des mouvements de rotation à ton pied. Afin de solliciter l'articulation pied-cheville, réalise une dizaine de tours dans un sens puis dans l'autre pour chaque pied.

4 **« La locomotive » :** effectue des mouvements différents avec les épaules : monte les épaules vers les oreilles puis laisse-les s'abaisser, fais des rotations dans un sens puis dans l'autre (comme les bielles et les roues des locomotives à vapeur).

Les exercices de maintien

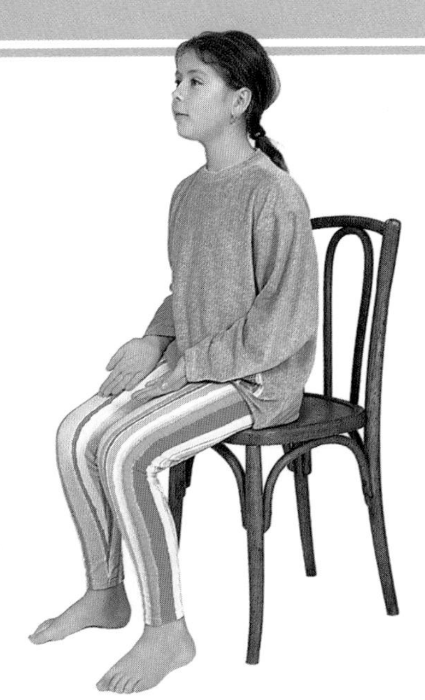

Les déformations du corps, en particulier au niveau de la colonne vertébrale, s'installent très tôt, dès le début de la scolarité. Le mauvais positionnement du dos peut entraîner une cyphose exagérée (dos voûté), un début de scoliose (colonne en S) et, éventuellement, des problèmes de vision, car les enfants sont obligés de se pencher sur leur cahier.

1 **« Le pharaon » :** tel le pharaon sur son trône, installe-toi dos droit, mains ouvertes sur les genoux, paumes vers le ciel, bras légèrement pliés. Place la tête dans l'axe de la colonne vertébrale et pousse légèrement le sommet du crâne vers le haut. Les yeux fermés, le visage détendu, respire calmement.

2 **« Le porte-manteau » :** pour favoriser le bon placement du dos, assis sur une chaise, plie les bras et croise les doigts derrière (ou sur) la tête. Maintiens cette position, à la fois de détente, d'étirement et de renforcement musculaire, l'espace d'une dizaine de respirations.

3 **« Le chandelier aux dix bougies » :** assis sur une chaise, forme un chandelier avec les bras : avant-bras perpendiculaires aux bras, eux-mêmes parallèles au sol. Ouvre les doigts, symbolisant ainsi dix bougies, paumes tournées vers l'avant. Reste une dizaine de respirations dans cette position.

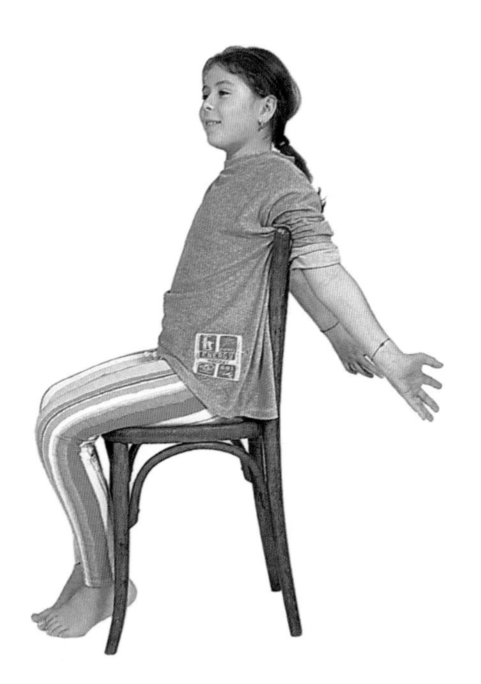

4 **« L'hirondelle assise » :** en position assise, croise les doigts, bras tendus derrière le dossier (évoquant les ailes des hirondelles). En inspirant, écarte les bras du dossier. En expirant, reviens en position initiale, épaules détendues. Effectue 5 ou 6 répétitions.

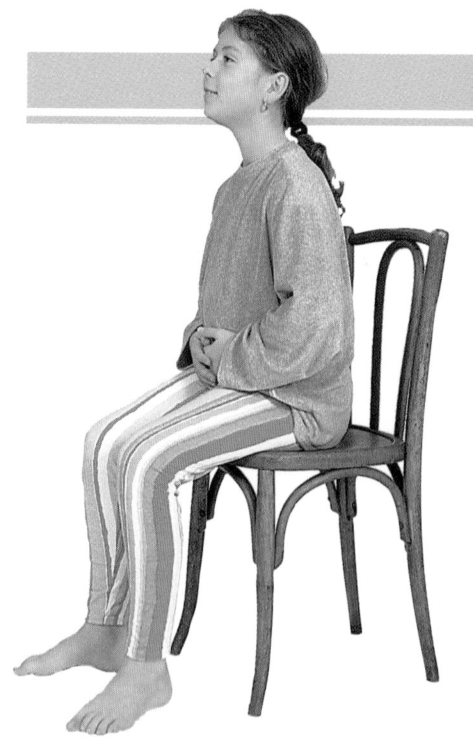

Outre qu'une bonne respiration fournit à l'organisme l'oxygène dont il a besoin, l'apprentissage de quelques techniques simples permet aux enfants de diminuer leur anxiété, de mieux gérer leur stress et de développer leur concentration. On devra particulièrement insister sur l'expiration qui, à mesure de l'entraînement, deviendra longue et lente.

1 **« Le gros ballon » :** debout, assis ou allongé sur le dos, place les mains sur le nombril. En inspirant, gonfle le ventre comme pour le transformer en un gros ballon. En expirant, laisse-le se dégonfler.
Fais 10 fois l'exercice.

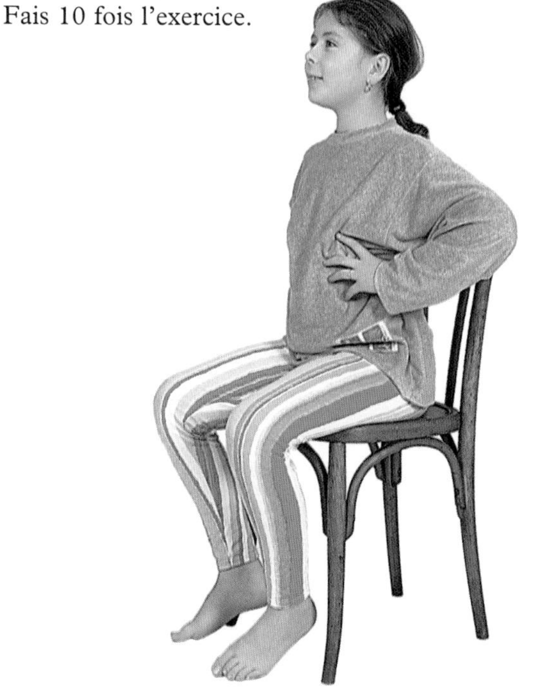

2 **« Le parapluie » :** debout, assis ou allongé sur le dos, place les mains de chaque côté du tronc. En inspirant, imagine que ta cage thoracique est devenue un parapluie qui s'ouvre. En expirant, laisse-le se replier. Répète 10 fois l'exercice.

3 **« Le jeu de la paume » :** place une paume devant la bouche, à quelques centimètres. La bouche légèrement entrouverte, souffle dans la paume. Place-la de plus en plus loin et note jusqu'à quelle distance tu peux sentir le contact de l'air.

4 **« Le petit lapin » :** plisse ton nez comme celui des lapins. Bouche fermée, expire rapidement et brusquement par le nez. Toutes les 5 ou 6 expirations nasales, inspire longuement et doucement, toujours par le nez. Effectue 3 ou 4 répétitions.

Initiation à la relaxation

Les enfants peuvent être initiés à cette notion de relaxation extrêmement facilement car les jeux proposés ne nécessitent aucun matériel particulier et peuvent être proposés à tout moment : entre deux cours, après une séance d'éducation physique, le matin, en arrivant en classe, ou le soir à la maison avant de s'endormir.

1 **« La petite graine » :** départ en position assise, les fesses sur les talons, le front vers le sol, les bras détendus le long du tronc. Au moment des expirations, relâche les épaules, détends les mâchoires, les paupières et les doigts. Cette position induit automatiquement une respiration calme et une détente mentale.

2 **« La position du dormeur » :** cette position tout à fait naturelle est adoptée avant l'endormissement, d'où son nom. Un bras est allongé le long du tronc alors que le bras et la jambe du côté opposé sont pliés. La respiration devient automatiquement diaphragmatique.

3 **« Le pantin désarticulé » :** place-toi debout, bras et doigts tendus vers le ciel. Laisse alors tomber une main, l'avant-bras, le bras... Pour lâcher chaque partie du corps, laisse agir la pesanteur.

4 **« La pâte à modeler » :** cet exercice se réalise à deux. Un enfant allongé sur le sol imagine qu'il est fait de pâte à modeler. L'autre enfant le transforme à volonté. Celui qui est transformé doit se laisser faire (c'est-à-dire qu'il s'initie à la détente, à la décontraction). Les rôles sont ensuite inversés.

À LA RECHERCHE DU BIEN-ÊTRE PSYCHIQUE

La vie moderne malmène parfois les corps, mais aussi les âmes ! Pourtant, le stress, la nervosité, le manque d'assurance ou la mauvaise image de soi ne sont pas des fatalités. Petit à petit, grâce aux techniques de relaxation et de méditation associées à des exercices appropriés, vous ressentirez un bien-être certain, à conquérir et à entretenir.

STRESS

Selon le docteur Hans Selye, le stress n'est ni l'équivalent de la tension nerveuse ni le résultat d'une lésion. Et il est, en quelque sorte, nécessaire : « Le stress va de pair avec l'expression de toutes nos impulsions intérieures. Il résulte de toute demande qui s'exerce sur une partie de l'organisme*. »

Le stress est la combinaison d'une agression sur un organisme vivant, de la pression de l'environnement (les contraintes) et de la réaction de celui-ci à cette pression. Cette réponse de l'organisme varie en fonction de l'intensité et de la nature du facteur déterminant, mais aussi en fonction de la nature de l'individu.

C'est grâce au syndrome général d'adaptation (SGA) que les divers organes internes, glandes endocrines et système nerveux, aident l'individu à faire face aux modifications constantes, internes ou externes.

Connaissance de l'environnement, du groupe et de soi

Le stress, s'il présente des phases pénibles, peut devenir une expérience enrichissante. Il pousse l'individu à réviser ses attitudes, à nouer de meilleures relations avec l'environnement, à s'efforcer de mieux communiquer avec le groupe et à se mieux connaître.

Dans cette dernière optique, le repos mais aussi les pratiques sportives harmonieuses aident à retrouver la santé. Des exercices simples de relaxation et d'étirement, dont certains sont évoqués dans le chapitre « Mal de dos » (voir p. 30) sont vivement conseillés.

Pour tonifier votre dos

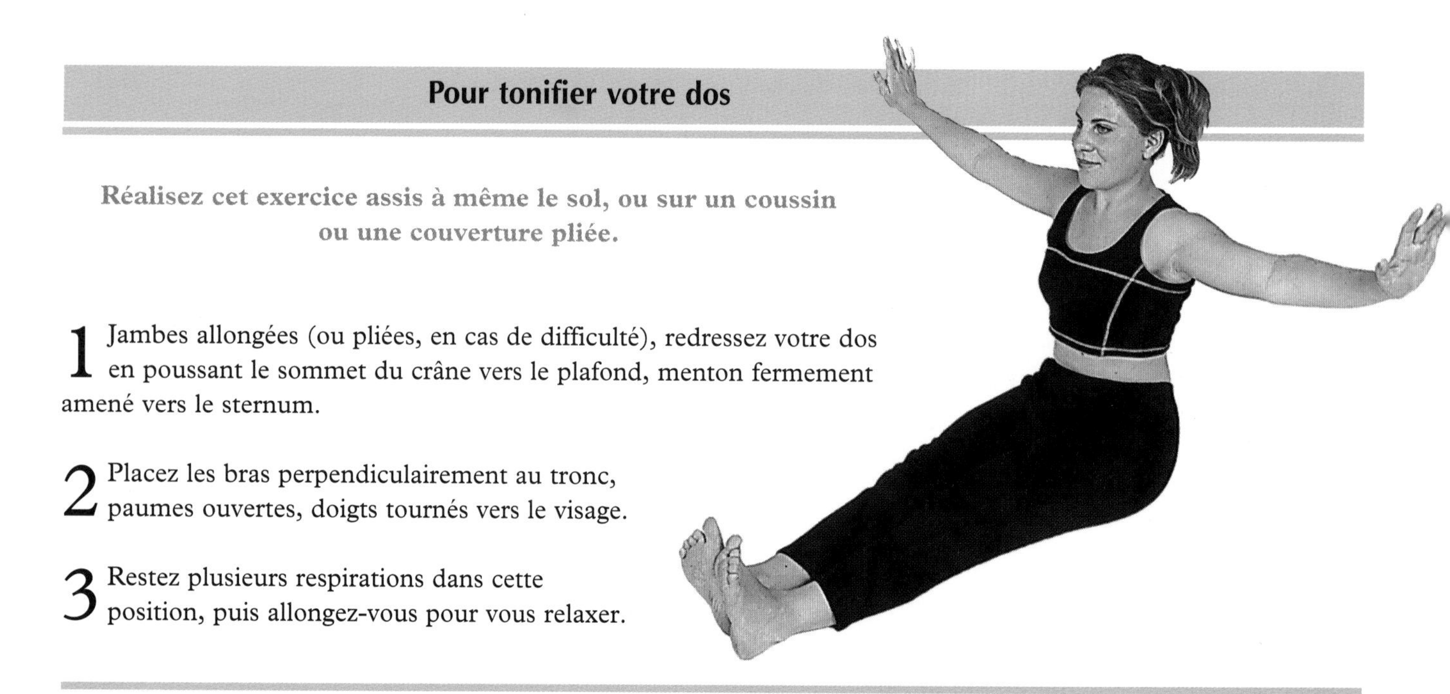

Réalisez cet exercice assis à même le sol, ou sur un coussin ou une couverture pliée.

1 Jambes allongées (ou pliées, en cas de difficulté), redressez votre dos en poussant le sommet du crâne vers le plafond, menton fermement amené vers le sternum.

2 Placez les bras perpendiculairement au tronc, paumes ouvertes, doigts tournés vers le visage.

3 Restez plusieurs respirations dans cette position, puis allongez-vous pour vous relaxer.

* Revue *Le Courrier de l'Unesco*, octobre 1975, pp. 3-11.

CHANGEZ VOTRE ATTITUDE

Vous concevez aisément que le mental peut avoir des répercussions sur le physique : il suffit d'apprendre une mauvaise nouvelle et vous avez tendance à voûter le dos, à vous replier sur vous-même. Rien de plus naturel que cette attitude à la fois de défense et de résistance, face aux épreuves. Mais l'attitude inverse est également tout à fait possible : donnez à votre corps les moyens de s'ouvrir !

S'ouvrir en s'étirant

Les pieds écartés de 50 cm environ sur une ligne imaginaire, placez un pied devant l'autre de façon à être en position d'équilibre.

1 Poussez les doigts vers le plafond, mains jointes, bras étirés de chaque côté des oreilles en expirant.

2 En inspirant, ramenez les bras le long du tronc. À chaque mouvement (au moins 10), expirez longuement par la bouche.

3 Gardez le regard fixé droit devant vous, parallèle au sol.

Étirement de la face postérieure du corps

Cette position étire et tonifie toute la face postérieure du corps.

1 En expirant, tendez les jambes, poussez les talons dans le sol et les fesses vers le plafond, ainsi que le ventre et les cuisses.

2 Pour relâcher davantage le cou, inspirez en pointant le menton vers le plafond, expirez en relâchant le cou (action de pesanteur).

3 Restez 8 à 10 respirations dans la position, puis relaxez-vous, fesses sur les talons, bras le long du tronc.

Étirement et flexion

Essayez d'inclure cette posture dans vos exercices corporels matinaux.

1 Écartez largement les pieds, bras perpendiculaires au tronc.

2 Fléchissez le tronc, puis posez la paume droite sur le sol, tout en étirant les doigts de la main gauche vers le plafond.

3 Restez de 6 à 10 respirations dans cette posture, qui ouvre, étire et tonifie.

Détente des épaules

Des tensions peuvent s'accumuler dans certaines zones, en particulier les épaules. Ces nœuds entravent la mobilité de la ceinture scapulaire, diminuant l'amplitude de la respiration.

1 Allongé sur le ventre, croisez les doigts dans le dos, bras étirés.

2 En inspirant, poussez loin en arrière le dos des mains ; rapprochez les omoplates, écartez les bras du tronc, puis, en fin d'inspiration, soutenez la tête, menton dirigé vers le plafond.

3 En expirant, reposez la tête sur le sol (en appui sur une joue), relâchez les épaules, détendez les bras. Répétez l'exercice 4 ou 5 fois.

LA RESPIRATION, CLÉ DU PROBLÈME

La respiration influence toutes nos fonctions vitales, mais elle s'associe, en permanence, à nos différentes émotions. Or, c'est l'une des seules fonctions physiologiques sur laquelle nous pouvons avoir une action directe. Ce sujet est, bien entendu, traité plus largement dans le chapitre « Troubles de la respiration » (voir p. 48).

Se concentrer sur la respiration diaphragmatique

Quel que soit le lieu et votre position, prenez le temps de respirer (2 à 3 min suffisent).

Concentrez-vous sur votre respiration diaphragmatique, ce qui aura pour effet de vous « recentrer » immédiatement et de vous resourcer. Cette respiration calme, lente, profonde, est un moyen sûr, simple et efficace, pour domestiquer une perturbation émotionnelle.

Expiration et détente

Dans un moment d'exaspération, on tente tout naturellement d'expulser les tensions par une expiration sonore, bouche entrouverte. Le résultat est une détente des épaules.

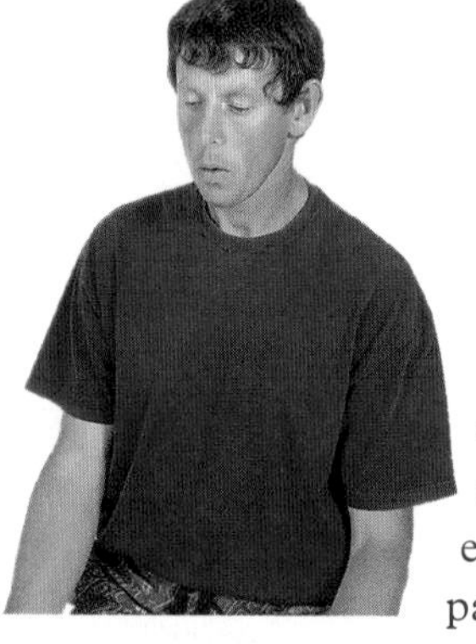

1 On peut adapter cette technique consciemment en inspirant par le nez, puis en expirant longuement, comme si l'on voulait chasser l'air de ses poumons.

2 Pendant cette expiration, laissez se détendre les épaules, en plaçant les bras ballants de chaque côté des flancs.

Respiration et automassage

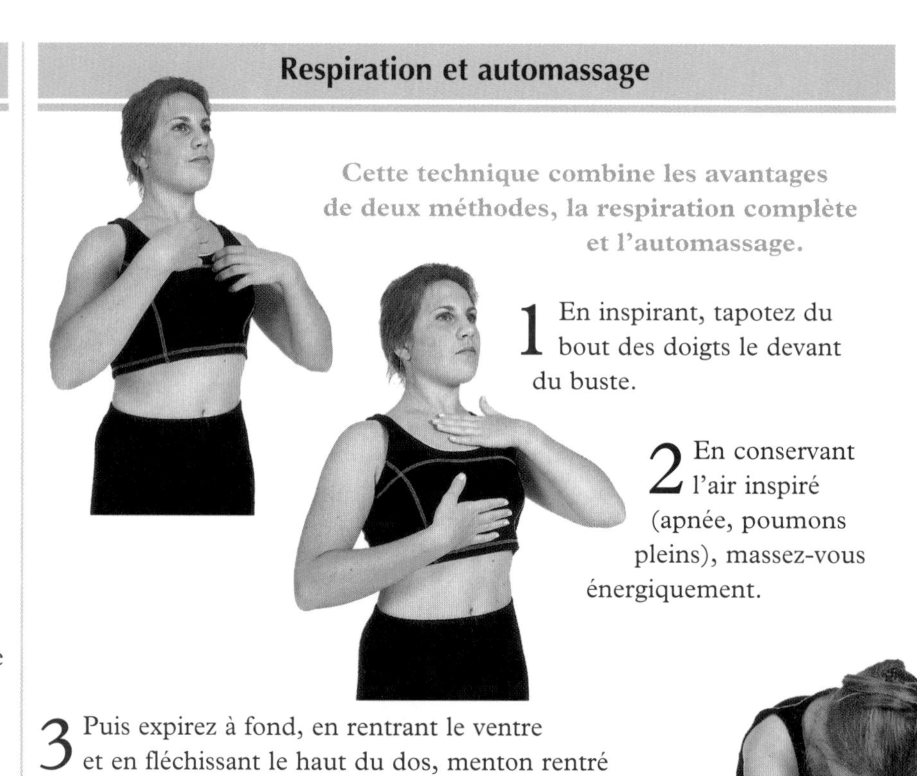

Cette technique combine les avantages de deux méthodes, la respiration complète et l'automassage.

1 En inspirant, tapotez du bout des doigts le devant du buste.

2 En conservant l'air inspiré (apnée, poumons pleins), massez-vous énergiquement.

3 Puis expirez à fond, en rentrant le ventre et en fléchissant le haut du dos, menton rentré dans la gorge, bras croisés.

4 Puis, de nouveau, réalisez une longue inspiration (ventre, côtes, poitrine), massez-vous... et ainsi de suite 3 ou 4 fois.

5 Asseyez-vous, ou allongez-vous pour vous relaxer.

À LA CONQUÊTE DE VOTRE ÉQUILIBRE INTÉRIEUR

Les stress négatifs s'installent beaucoup plus facilement chez les personnes qui ne prennent pas de recul vis-à-vis d'elles-mêmes, ou face à un événement, quel qu'il soit. Il faut être capable de se situer dans une démarche globale de vie, de percevoir le véritable sens du puzzle de la vie. Pour parvenir à cet état de « conscience témoin », de nombreuses méthodes (yoga, zen, entre autres) nous proposent des exercices qui, pratiqués régulièrement, apporteront de multiples bienfaits.

Un état d'équilibre intérieur

1 Placez une jambe de façon à poser le talon à l'intérieur de la cuisse opposée.

2 Joignez les paumes devant la poitrine (ou au-dessus de la tête), bras pliés.

3 Dos étiré, cage thoracique ouverte, fixez un point imaginaire devant vous.

4 Restez dans cette posture pendant 8 à 10 respirations, puis changez la position des pieds.

L'expression spontanée du corps

Retrouvez le plaisir, chaque matin, de vous laisser aller à des étirements accompagnés de bâillements.

Vous acquérez ainsi consciemment une meilleure sensation de votre corps, qui se révèle dans toutes ses possibilités.

Une connaissance des nœuds de tension

Nous sommes stressés, énervés, et les tensions se multiplient dans notre corps : épaules, mâchoires, dos, région du plexus solaire...

1 Placez votre poing fermé dans cette zone (sous le sternum) et, en expirant, poussez-le doucement contre le thorax en vous aidant de l'autre main, paume ouverte. Expirez à fond.

2 Lors de l'inspiration, la respiration ouvre automatiquement cette région, entraînant une impression de libération, de dilatation, tant physique que psychique.

3 Effectuez 5 ou 6 répétitions en fonction de la nécessité du moment.

Un changement d'état de conscience

La qualité d'être se développe, s'affirme, à l'image de ce qu'est devenu le souffle : ouvert, dilaté, comme la joie, calme et tranquille comme la paix intérieure, ténu et fin en relation avec les désirs contrôlés.

Plus la technique utilisée pour parvenir au calme et à la paix intérieure est simple, plus le changement d'état de conscience se réalise rapidement : ce sera, par exemple, l'observation du va et vient de la respiration ou l'écoute des battements du cœur.

LE STRESS

Nuisibles pour soi-même, difficilement supportables pour l'entourage, l'instabilité, l'irritabilité, la nervosité sont des états qui trahissent d'une façon bien visible une surdose de stress.

C'est au docteur Hans Selye que nous devons des recherches rigoureuses concernant le stress. Pour ce médecin, le stress est un phénomène spécifique qui peut être confondu avec la tension nerveuse. Il n'est pas non plus le résultat d'une lésion. Et, surtout, le stress ne doit pas être évité à tout prix : « Le stress va de pair avec l'expression de toutes nos impulsions intérieures. Il résulte de toute demande qui s'exerce sur une partie de l'organisme. En fait, l'absence de stress, c'est la mort [1] », a-t-il déclaré en 1975.

Histoire d'une découverte

Dès 1925, alors qu'il étudie la médecine à l'université de Prague, Selye a l'intuition de ce qu'il appellera par la suite le stress ou syndrome général d'adaptation (SGA). Mais ce n'est que dix ans plus tard, en essayant de découvrir une nouvelle hormone dans les extraits d'ovaires de vaches, qu'il transforme son intuition, d'abord vague notion spéculative, en une élaboration rigoureuse et systématique du concept de stress.

En 1956, il publie *Stress de la vie* [2], dans lequel il donne une vue d'ensemble non seulement de ses découvertes de laboratoire, mais aussi de ses réflexions concernant la relation étroite entre le stress et la maladie et entre le stress et les événements de la vie quotidienne.

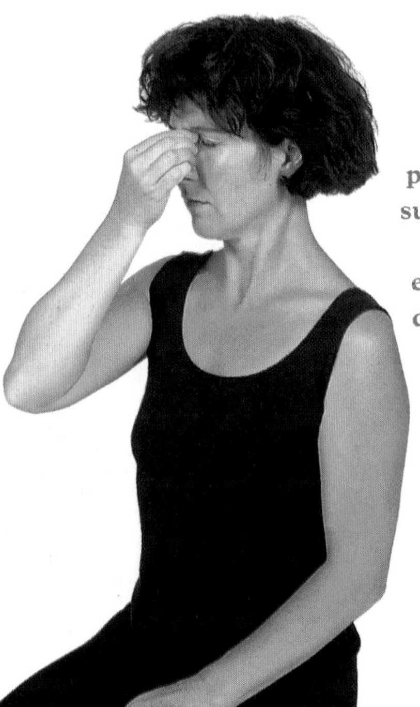

Très nuisible sur le plan physique comme sur le plan moral, la fatigue est le symptôme du stress le plus fréquent.

Agression et réponse de l'organisme

Le stress est présenté, dans cet ouvrage majeur, comme la combinaison d'une agression sur un organisme vivant et la réaction de ce dernier à cette agression. Chez tout être vivant, il exprime, en situation dans un milieu donné, à la fois la pression de l'environnement (les contraintes) et la réaction de l'être à cette pression.

La réponse de l'organisme varie en fonction de la nature de l'individu : un stress identique peut être, pour l'un, cause de maladie, pour l'autre, expérience vivfiante. Or, c'est grâce au syndrome général d'adaptation (SGA) que les divers organes internes, spécialement les glandes endocrines et le système nerveux, aident l'individu à s'adapter aux modifications constantes qui se produisent aussi bien à l'intérieur qu'à l'extérieur de son corps. Ce SGA évolue selon trois phases successives : alarme, résistance, épuisement.

Les trois phases du stress

– **La phase d'alarme.** Elle se caractérise par une manifestation de symptômes différents selon le tempérament de chacun, l'effet de surprise, et donc l'éducation reçue qui aura favorisé ou non l'habitude de gérer avec plus ou moins de maîtrise un événement : face à un danger, à une menace, l'organisme répond aussitôt par une mise en alerte. Cet état d'alerte prépare l'organisme à réagir, à l'image d'une nation préparant ses troupes pour répondre à l'agression d'une armée ennemie.

– **La phase de la résistance.** Le corps mobilise toute son énergie. Les troupes sont prêtes, bien organisées pour une défense efficace. L'équilibre peut être maintenu grâce à la mise en route des mécanismes d'autorégulation. Tant que persiste

l'agression, l'organisme est stimulé et résiste grâce à diverses modifications sanguines, hormonales, et à une production d'adrénaline.
Mais, si cette phase se prolonge, « il en va de même pour l'organisme que pour une nation mobilisée en permanence dont l'économie s'épuise à entretenir une armée trop nombreuse : le pays finit par se ruiner, même sans guerre [3]. » Pendant cette phase, l'organisme ne peut répondre en même temps et d'une façon efficace à plusieurs stress. Si donc ces derniers s'accumulent, l'organisme ne pourra pas combattre sur tous les fronts et il se fatiguera très vite, n'ayant pas le temps de « recharger ses accus ». Apparaissent alors tous les maux dont souffrent la plupart de nos contemporains : digestion difficile, maux de tête, insomnie, sensation d'oppression, boule dans la gorge, bouche sèche, estomac noué, transpiration abondante, muscles tendus.

– **La phase d'épuisement.** L'individu, de plus en plus fragilisé, laisse la porte ouverte aux maladies dites psychosomatiques : ulcères gastriques, tachycardie, spasmophilie, pour ne citer que les plus fréquentes, sans compter les troubles psychologiques plus ou moins graves. Puis vient le moment où tout s'effondre ; il « craque », car il n'a plus de forces ni psychologiques ni biologiques pour faire face. C'est la phase d'épuisement, la phase d'usure, quand toutes les réserves ont été consommées.

LE SYNDROME LOCAL D'ADAPTATION (SLA)

Cependant, le stress n'évolue que très rarement jusqu'à cette phase car ce qui est vécu quotidiennement est plutôt une répétition, une succession de phases d'alarme et de petites phases de résistance bien localisées qui induisent ce que le professeur Selye appelle le syndrome local d'adaptation.
Le syndrome local d'adaptation (SLA) est un stress localisé, pénible sur le moment, qui ne laissera pas de trace si l'on sait prendre certaines précautions, par exemple, tout simplement, bien se reposer, « se refaire une bonne santé » ou « recharger ses batteries », comme le dit si justement le langage populaire, toujours riche de bon sens et d'enseignement.

L'ADAPTATION PSYCHOLOGIQUE

La survenue de facteurs de stress déclenche chez l'individu exposé des processus physiologiques (production d'adrénaline par exemple) mais aussi psychologiques. En effet, les mécanismes de défense qui se mettent en place ont pour but de protéger et de maintenir l'équilibre psychique. Or, ces processus adaptatifs peuvent s'acquérir grâce à un apprentissage, un entraînement. Les mécanismes mentaux qui se mettent en place permettent alors à la personne de se défendre, de s'épanouir, de résoudre des conflits, d'apaiser des tensions. Par contre une réponse inadaptée peut entraîner une augmentation du sentiment de stress, une incapacité de fonctionner d'une façon normale et organisée et une création d'émotions négatives, désagréables. La conséquence de cette inadaptation est malheureusement le maintien de la personne dans un état de tension ne lui permettant pas d'être disponible pour autrui, puisque toute son énergie sera mobilisée pour essayer de maintenir son propre équilibre.

Un stress localisé, même pénible sur le moment, ne laissera pas de trace (tensions par exemple) si l'on sait prendre certaines précautions :
– bien se reposer (l'importance d'un excellent sommeil réparateur) ;
– bien se nourrir ;
– apprendre à bien respirer ;
– choisir, pour se « recharger », des endroits calmes et non agressifs (bruits, fumée, lumière vive sont à éviter).

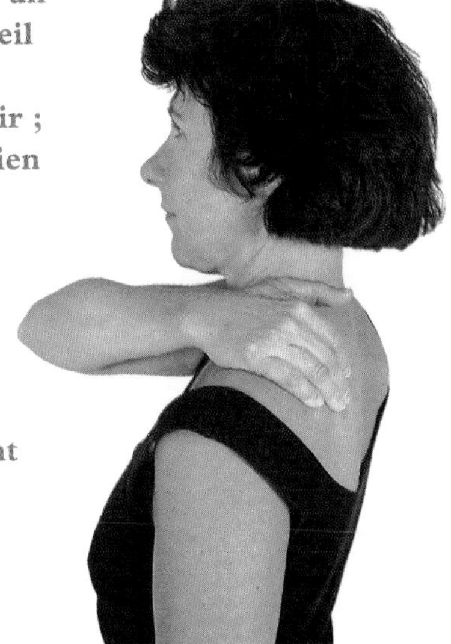

BIBLIOGRAPHIE

1. Revue *Le Courrier de l'Unesco,* octobre 1975, pp. 3-11.
2. *Le Stress de la vie,* Hans Selye, Gallimard, 1956.
3. André Van Lysebeth, revue *Yoga,* n° 193, p. 40 : « Comment réussir son infarctus ».

Connaître et comprendre...

LE STRESS NÉGATIF ET L'ÉCOLOGIE INTÉRIEURE

Afin de rendre le stress positif, il faut pouvoir adapter son comportement à la situation. Cette adaptation ne pourra qu'être facilitée si nous avons une bonne connaissance de nous, une lucidité quant aux relations au sein d'un groupe, et si nous avons pris conscience que notre environnement change, que la société évolue, que les mentalités se transforment.

APPRENDRE À COMMUNIQUER

L'être humain n'est jamais un individu isolé. Il fait partie d'un groupe ou d'une équipe qui a un certain mode de fonctionnement générant des réseaux par lesquels circulent des informations et des sentiments. Dans ce groupe ainsi constitué, communiquer est une nécessité. Cette communication peut être, soit une source de conflits, de malentendus, une cause principale de stress, ou, au contraire, elle peut devenir un facteur de progrès, d'efficacité, de cohésion.
La communication a pris, dans l'entreprise et dans la société en général, une très grande importance, elle est devenue une véritable science. À ce titre, elle passe par le filtre de l'analyse, elle est théorisée, évaluée, grâce à des instruments de mesure. Elle est enseignée, expérimentée ; elle peut donc être améliorée. Mais, plus modestement, tout un chacun peut essayer de mieux communiquer, en s'efforçant :
– d'être clair, précis ;
– d'éviter les malentendus ;
– de savoir écouter et laisser parler les interlocuteurs ;
– de prendre le temps de réfléchir ;
– de ne pas chercher à avoir toujours raison, car le dialogue est avant tout un échange (ce qui suppose que l'on soit capable de reconnaître ses erreurs, d'admettre la contradiction, de demander des avis) ;
– d'éviter les justifications longues et inutiles ;
– d'exprimer ouvertement ses désaccords.
Mais, par-dessus tout, il faut garder à l'esprit qu'une communication vraie, authentique, passe d'abord par un accord avec soi-même.

SE « BOUGER LA SANTÉ »

« Sportez-vous bien » a été un slogan lancé par le ministère de la Jeunesse et des Sports. Il visait ceux et celles qui ne pratiquent aucune discipline sportive, mais aussi les 20 000 000 d'adeptes qui, en France, ont une pratique régulière.

Car faire du sport, c'est sain, mais encore faut-il choisir une activité en fonction de ses capacités, respecter une progression et savoir déceler les signes d'alerte. Il faut avant tout que la pratique choisie, loisirs ou compétition, corresponde à ses goûts et soit source de plaisir. Effectuée avec précaution elle est recommandée à tous car, en plus de la détente, on trouve la convivialité, le plaisir de l'effort, la sensation d'être bien dans sa peau.
On sait que la sédentarité peut entraîner des effets néfastes sur la santé : atrophie des muscles, prise de poids, risques cardiaques, diminution de la capacité respiratoire... Une pratique physique ou sportive régulière aide à limiter ces risques et améliore la qualité de vie. C'est, de plus, une bonne occasion

COMMENT MIEUX SE CONNAÎTRE ?

Le début du cheminement vers une meilleure connaissance de soi peut être d'une grande simplicité ; par exemple, comment fonctionne ce corps que j'habite ? Quels sont mes besoins réels en nourriture, en sommeil, en exercice physique ? Quelles sont les contraintes dont je suis véritablement tributaire ?
De quoi ou de qui suis-je dépendant ? Si j'aspire à un meilleur équilibre de vie, quelles sont les habitudes que j'estime mauvaises ?

Se poser ces questions n'est pas du tout une attitude « nombriliste ». Au contraire, cette sorte de bilan permet des rapports beaucoup plus harmonieux avec l'entourage. En effet, l'amélioration des relations entre collègues par exemple, ou au sein d'une équipe, ne peut se réaliser que si chaque membre fait un effort. Comment vivre des rapports harmonieux avec l'autre si chacun n'est pas d'abord en accord avec soi-même ?

de faire, avec l'aide de son médecin, un bilan de santé.

ÊTRE VIGILANT SUR LES POSITIONS DE SON CORPS

La vie quotidienne et surtout les contraintes de la vie professionnelle nous font rapidement oublier les positions dites « naturelles », c'est-à-dire celles qui respectent l'amplitude physiologique du jeu articulaire, la verticalité de l'axe vertébral et le verrouillage lombaire. Les mauvais placements créent, à long terme, des tensions, une fatigue musculaire, une usure articulaire anormale, qui entraîne des stress inutiles.

Pour éviter ces risques, il est nécessaire de prendre de bonnes habitudes, de bons réflexes. Pour cela, l'observation des enfants est très enrichissante : faites ramasser un paquet à un enfant de cinq ans, il ne fera jamais d'erreur. La bonne position est pour lui « naturelle », car il n'est pas encore trop marqué par les mauvaises habitudes. Il est donc néssaire de faire de brèves pauses pendant lesquelles on observe la position de son propre corps, qu'on corrige aussitôt si besoin : mon dos est-il voûté ? Mon tronc est-il avachi ? Mes épaules, mes hanches sont-elles bancales ?

Quand on veut ne rien faire on trouve toujours un prétexte, quand on veut agir on trouve toujours un moyen... Agissez donc au plus vite pour maîtriser votre stress.

Un certain nombre d'exercices simples peuvent être pratiqués à n'importe quel moment de la journée sans aucun instrument ou à l'aide d'une simple chaise. Vous pouvez, par exemple, placer une chaise devant vous,de façon à pouvoir poser les paumes sur le dossier. En gardant le dos plat et le cou dans le prolongement du tronc, poussez, tout en expirant, le bout des doigts vers l'avant et les fesses vers l'arrière.

Détendez-vous, étirez-vous, libérez-vous ! Que ce soit le matin au réveil, mais aussi le plus souvent possible dans la journée, étirez-vous ! On apprendra à se libérer de ses tensions grâce à des étirements, issus de différentes méthodes (yoga, stretching), ou en prenant le temps de se relaxer.

AGRESSIVITÉ, IRRITABILITÉ, NERVOSITÉ

L'agressivité, l'irritabilité et la nervosité sont des états qui traduisent une surdose de stress. On ne supporte plus la moindre difficulté ni la moindre contrariété. L'agressivité, qui peut aller jusqu'à la violence, est alors la seule façon de se libérer ou de se protéger des tensions engendrées par le stress. Nos colères surviennent au moindre prétexte ; nos gestes et nos paroles sont durs, coupants. La vie nous paraît invivable, ce qui augmente le stress et entretient un véritable cercle vicieux.

Avant d'en arriver à cette extrémité et afin de redonner à l'organisme la vitalité nécessaire pour faire face au stress, il convient donc d'éviter l'accumulation des tensions, en agissant sur différentes fonctions : respiratoire, musculaire ou nerveuse.

ACTION SUR LES FONCTIONS MUSCULAIRE ET RESPIRATOIRE

Afin d'équilibrer le tonus, il est nécessaire à la fois de s'assouplir et de se muscler. En effet, l'entraînement permet aux muscles de s'adapter à différents types d'efforts ; il corrige les effets néfastes de certains gestes ou attitudes professionnelles et diminue l'emprise du stress.

Enfin, apprendre à domestiquer sa respiration permet de mieux contrôler ses émotions.

Redressez-vous

Le dos voûté, la tête penchée en avant et les épaules tombantes caractérisent l'attitude d'une personne soucieuse.

1 Assis sur le sol, jambe droite pliée, talon contre le périnée, saisissez les orteils du pied gauche, jambe gauche plus ou moins étirée selon vos possibilités.

2 Tout en rentrant légèrement le menton dans la gorge, étirez le dos : le cou se trouve dans le prolongement du dos, le sommet du crâne tend vers le plafond.

3 Restez dans cette posture pendant 10 respirations amples et lentes, puis recommencez, après un temps de pause de 30 sec, avec, cette fois, la jambe gauche pliée et la jambe droite étirée.

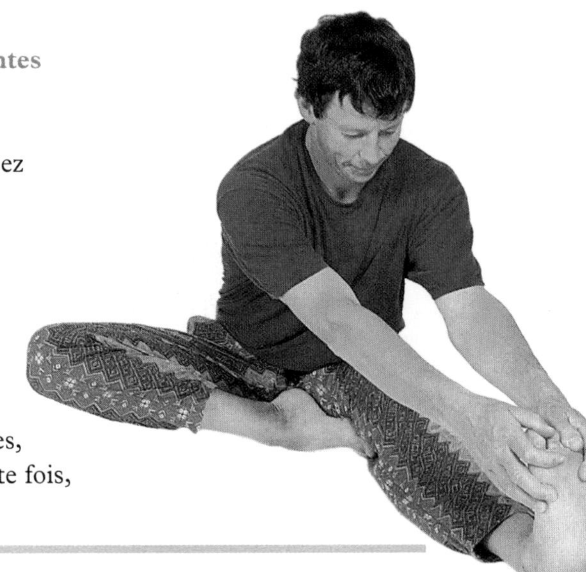

Ouvrez-vous

En raison du stress, vous adoptez une position recroquevillée. Pour vous ouvrir et faire face à vos problèmes, faites cet exercice une fois par jour au moins.

1 Placez-vous debout, bras en croix, pieds largement écartés.

2 Pliez la jambe droite et installez-vous en fente. Penchez-vous vers la droite de façon à pouvoir poser la paume droite sur le sol près du pied droit.

3 Respirez amplement dans cette position tout en poussant le bras et la paume gauches vers le plafond.

4 Après une dizaine de respirations, revenez en position initiale et installez-vous dans la même posture mais inversée.

Tonifiez-vous

Lorsque l'on est stressé, il faut d'abord reprendre confiance en soi. La tonification musculaire va développer un certain maintien, une esthétique générale qui, en entraînant plus d'assurance, favoriseront la résolution de certains problèmes et la vie relationnelle.

1 Asseyez-vous sur le sol, jambes allongées, mains à plat posées derrière le dos, bras tendus.

2 Transformez-vous en « bâton », en poussant le ventre vers le plafond, orteils vers le haut, menton rentré dans la gorge, cou dans le prolongement du dos.

3 Restez de 6 à 10 respirations dans cette position puis relaxez-vous.

Enracinez-vous

Cette posture symbolise l'attitude psychosomatique qu'il faut prendre non seulement pour gérer le stress, mais tout simplement pour appréhender au mieux toutes les situations de la vie.

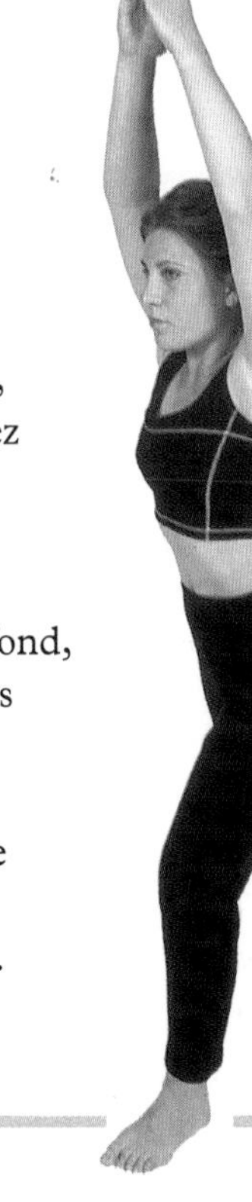

1 Placez-vous en fente avant, les pieds ancrés solidement dans le sol.

2 À partir de cet enracinement, redressez le dos et positionnez le cou dans son prolongement, le regard dirigé devant vous.

3 Pointez les doigts vers le plafond, bras étirés de chaque côté des oreilles, paumes jointes.

4 Une respiration ample, calme et régulière aide à maintenir cette position volontaire et ferme.

Dites oui à la vie !

Ce n'est pas en baissant les bras que les problèmes dûs aux situations stressantes vont disparaître.
Au contraire, il faut trouver en vous les ressources nécessaires.

1 Écartez largement les pieds, puis baissez-vous en pliant les jambes – dos maintenu droit, comme si vous vouliez prendre de l'eau dans le creux des paumes.

2 En expirant, projetez vivement et fortement vos mains ouvertes vers le plafond, jambes tendues, bras largement écartés.

3 Puis, de nouveau, en inspirant replacez vous dans la première position et ainsi de suite au moins 10 fois.

Libérez-vous de vos tensions

Les tensions, les contractions, tels des parasites, « s'incrustrent », en particulier sur la musculature postérieure du corps.
Pour les évacuer, réalisez cet exercice qui vous défatiguera.

1 En partant de la position à quatre pattes, formez un V renversé avec votre corps.

2 Étirez les mollets, poussez les talons dans le sol. Puis étirez le dos, poussez le ventre vers les cuisses et la poitrine vers les genoux.

3 Restez 5 ou 6 respirations dans cette position avant de vous relaxer (fesses sur les talons, front sur le sol, bras le long du corps).

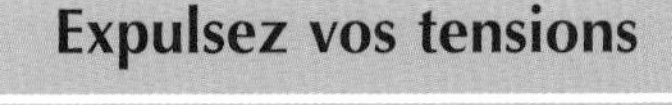

Expulsez vos tensions

Une autre possibilité pour vous libérer de vos tensions consiste à serrer fortement les poings contre la poitrine, les bras pliés.

1 Effectuez ce mouvement de repli sur une inspiration, puis, en apnée, poumons pleins, contractez tout le haut du corps (poings, bras, épaules, mâchoires).

2 En expirant, bouche grande ouverte, lancez les bras en avant, paumes ouvertes, comme si, par ce geste, vous expulsiez toutes vos tensions.

3 Recommencez cet exercice 5 ou 6 fois (en fonction du lieu où vous vous trouvez, l'expiration peut être plus ou moins sonorisée).

Défaites-vous du poids du stress

Autre méthode encore, qui s'offre à vous pour libérer les tensions accumulées, la plupart du temps au niveau des épaules. Recommencez 5 ou 6 fois cet exercice pour bien vous décontracter.

1 En inspirant, bras tendus le long du corps, serrez les poings et montez les épaules vers les oreilles. En apnée, poumons pleins, contractez fortement les épaules, les bras et les poings.

2 En expirant, décontractez lentement les membres supérieurs, et imaginez que, par ce simple geste, vous vous débarrassez d'un énorme poids qui pèse depuis des années sur vos épaules. Vous pouvez même ajouter un sourire !

La balle antistress

Au cours de la journée, n'hésitez pas à utiliser une « balle antistress ».

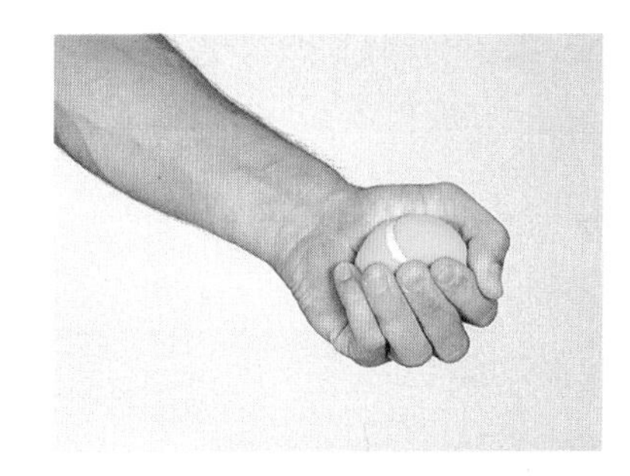

1 Pour réaliser ce mouvement, vous pouvez simplement utiliser une balle de tennis que vous serrez fortement en inspirant.

2 En expirant, décontractez très lentement vos doigts, un à un. Au bout de 7 à 10 pressions, vous sentirez s'amenuiser vos tensions.

Retrouvez votre vitalité

La colonne vertébrale et la respiration sont les deux axes autour desquels gravitent tous les procédés proposés par les gymnastiques douces pour conserver et développer la vitalité.

1 Allongé sur le ventre, prenez appui sur les avant-bras, coudes à la verticale des épaules, menton légèrement rentré dans la gorge, et poussez le sommet du crâne vers le plafond en expirant.

2 En inspirant, gonflez le ventre en vous concentrant sur le nombril, qui doit toujours rester en contact avec le sol. Restez pendant une dizaine de respiration dans cette posture.

1 Allongé sur le ventre, croisez les doigts, bras tendus derrière le dos, front au sol.

2 En inspirant, poussez le dos des mains vers l'arrière, tendez les bras, rapprochez les omoplates et dirigez le menton vers le plafond.

3 En expirant, reposez le front au sol et détendez les épaules. Exercice à réaliser 6 fois, suivies d'une relaxation.

DÉPENSEZ VOTRE ÉNERGIE !

Plutôt qu'une sensation de perte de vitalité ou de grande fatigue, l'accumulation de tensions due au stress peut vous amener à ressentir le besoin de dépenser votre énergie. Vous vous sentez, telle une « cocotte-minute », prêt(e) à exploser !

Enfilez votre survêtement et sortez ; c'est le moment de bouger, de courir, de vous oxygéner ! Le renforcement musculaire est également un excellent moyen pour induire un état de fatigue saine ; il est donc facteur de détente.

Renforcement musculaire

Vous pouvez solliciter vos bras (départ en position à quatre pattes, bras fléchis puis tendus de 8 à 15 fois), ou bien vos cuisses et vos fessiers (voir pp. 65-66 par exemple).

1 Enfin, vous pouvez faire travailler vos abdominaux : allongé sur le dos, jambes pliées, pieds à plat sur le sol, tendez les bras de chaque côté des oreilles, en inspirant

2 En expirant, soulevez la tête et les épaules et amenez les mains vers les genoux.

3 Effectuez 2 à 4 séries de 8 à 20 répétitions pour chaque étape.

Activités de plein air

Trottinez pour commencer, en vous appliquant à bien souffler, pendant 2 min. Puis faites des cercles avec les bras, les épaules, les hanches. Pour préparer vos jambes, écartez largement les pieds, puis pliez une jambe (genou à l'aplomb des orteils). L'autre jambe sera automatiquement étirée. Alternez 10 fois ce mouvement, jambe droite, jambe gauche.

ACTION SUR LA FONCTION NERVEUSE

C'est le système nerveux qui permet le fonctionnement de tout l'organisme en coordonnant et en réglant ses différentes activités. Les cellules nerveuses (les neurones) ont pour rôle principal de transmettre des excitations, qui, transformées en influx nerveux, se propagent dans le système nerveux grâce aux nerfs moteurs et sensitifs. Chacun d'eux, grâce aux différents exercices proposés, peut être stimulé, et cet entretien ne peut que favoriser une attitude positive face au stress.

Débloquez votre plexus solaire

L'un des symptômes les plus fréquents du stress est une sensation de serrement au niveau du plexus solaire. Là, en effet, se croisent et s'enchevêtrent quantité de filets nerveux.

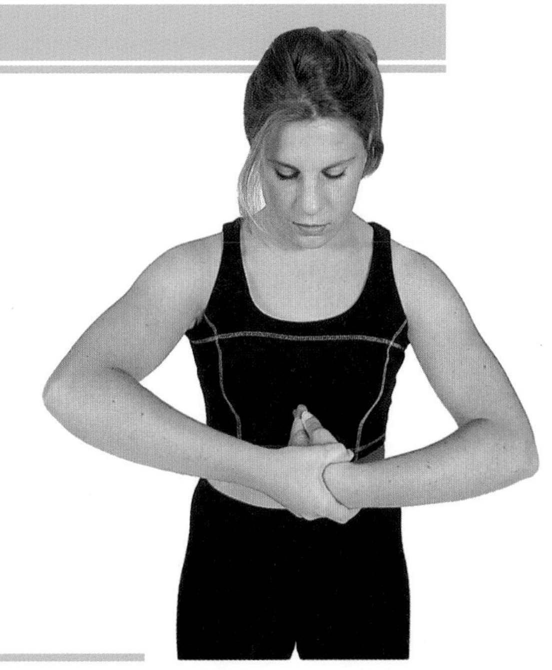

1 Placez le bout des doigts de la main gauche tendus dans cette région (sous le sternum et au-dessus de l'estomac).

2 Enfoncez-les doucement en vous aidant de la poussée de l'autre main placée contre le poignet gauche fléchi.

3 Réalisez ainsi 5 ou 6 poussées, en expirant. À chaque inspiration, poussez le sternum vers l'avant pour ouvrir davantage cette zone.

Supprimez l'oppression thoracique

Vous pouvez avoir la sensation que votre cage thoracique est enserrée dans un étau. Pour vous libérer de cette emprise, imaginez que votre poitrine est un parapluie. Installez-vous à terre ou asseyez-vous sur une chaise.

1 À genoux, par terre en appui sur les paumes placées derrière le dos, ou assis sur une chaise, ouvrez votre parapluie costal en dirigeant le menton vers le haut et vers l'arrière.

2 Tout en inspirant amplement, dégagez les épaules, rapprochez les omoplates. Expirez la bouche ouverte et soupirez. Restez pendant 3 ou 4 respirations dans cette position.

3 Puis relaxez-vous, front posé au sol, si vous étiez à genoux ; ventre sur les cuisses, cou fléchi, bras ballants si vous étiez sur une chaise.

Décontractez-vous rapidement

Mâchoires trop serrées, épaules tendues, gestes brusques sont le lot quotidien des stressés. Apprenez à « lâcher prise ».

1 Allongé sur le dos, imaginez que vous mâchez un énorme chewing-gum. Ouvrez grand la bouche pour détendre les mâchoires. Décontractez également le front et les arcades sourcilières.

2 Dessinez des cercles avec les orteils en effectutant des rotations des chevilles, ainsi que des cercles avec les doigts par des rotations des poignets.

3 Après avoir réalisé une dizaine de cercles, cessez de mastiquer et laissez tout tomber : les avant-bras et les mains sur le sol, les pieds à l'extérieur des jambes.

4 Laissez s'étaler, en position de relaxation, toute la face postérieure du corps, et recommencez 3 fois cette relaxation active.

Apprenez à vous recentrer

Le stress peut vous amener à être « hors de vous ». Dans cet état, vous ne vous contrôlez plus et vous perdez une précieuse énergie.

1 Assis en tailleur (ou sur une chaise), placez les mains le plus haut possible dans le dos.

2 Grâce à ce contact des mains et à la position particulière des coudes que vous écartez vers l'arrière, sentez combien vous pouvez mieux habiter votre corps ; combien, grâce à une respiration que vous rendez calme, régulière, vous pouvez mieux contrôler votre mental.

3 Pendant 1 ou 2 min, les yeux fermés, appréciez cet état de sérénité.

Faites-vous du bien !

Pendant quelques minutes, afin de vous ressourcer, de vous recentrer, coupez-vous de tous les stimulis extérieurs.

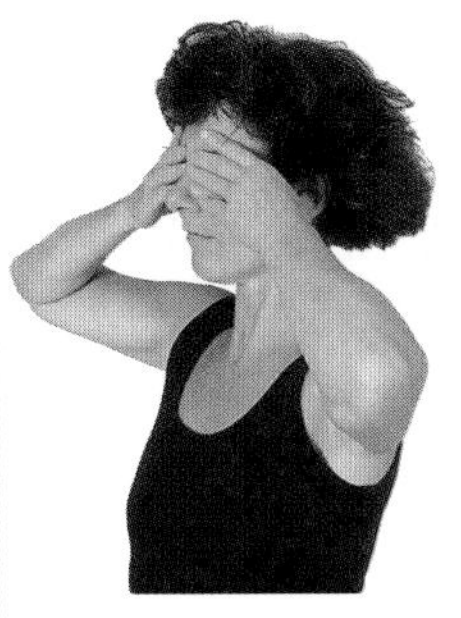

1 Bouchez-vous les oreilles avec les pouces et placez les autres doigts sur les paupières. Respirez tranquillement dans cette position. Lorsque vous la quittez, massez-vous doucement les paupières, le front, l'ensemble du visage.

2 Vous pouvez enchaîner avec un massage du cou, de la nuque et des épaules. En effet, des tensions, des contractures se localisent souvent dans ces régions et l'automassage est alors un outil extrêmement efficace pour éliminer ces contractions musculaires involontaires.

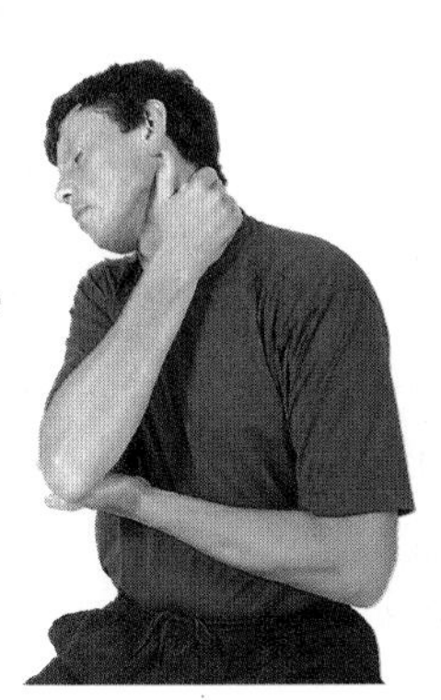

Initiez-vous à la méditation

La méditation est une méthode efficace qui permet à chacun de devenir le spectateur de son propre mental. Ainsi il est plus facile de transformer la relation entre soi et la situation ou l'événement et d'échapper à la spirale du stress.

1 Assis en tailleur ou sur une chaise, placez le dos des mains sur les genoux, bras pliés, épaules détendues.

2 Le dos bien étiré, portez votre attention sur le va-et-vient de la respiration, en particulier dans la région abdominale. Ne la forcez pas, contentez-vous simplement de l'observer.

3 Restez dans cette position le temps nécessaire (de 5 à 10 min) pour vous détendre et vous calmer.

Dédramatisez !

L'intérêt de lier l'autosuggestion à un geste (ou une attitude) réside dans le fait qu'il vous suffira ensuite de vous installer dans cette position d'ouverture, d'accueil, pour automatiquement réactiver la formule positive que vous avez mémorisée. Au bout d'une dizaine de répétitions, cette formule positive sera non seulement imprimée dans votre cerveau, mais liée également à votre geste d'ouverture.

1 Apprenez à conditionner votre mental de façon à préparer votre système nerveux à vivre positivement la situation nouvelle. En inspirant, le dos bien étiré, employez cette formule : « je résous sans problème… ».

2 En expirant par la bouche et en ouvrant les bras, continuez à formuler mentalement « cette nouvelle situation ».

INSOMNIE

Comme pour beaucoup de maux, la première cause des troubles du sommeil est une mauvaise hygiène de vie.
Pour avoir un bon sommeil, il faut respecter le rythme veille-sommeil, en évaluant ses besoins spécifiques, qui varient d'une personne à l'autre, mais également revoir son alimentation, supprimer ou diminuer tabac et alcool, et retrouver les joies de l'activité physique et motrice, marcher, respirer.
Mais quelles activités choisir ? Celles qui maintiennent et développent nos capacités biologiques essentielles de base : l'adaptation cardio-respiratoire à l'effort grâce, par exemple, au footing ou au circuit cardio-fitness ; la souplesse et le renforcement musculaire, grâce au stretching, au yoga, à la gymnastique douce d'entretien.

SÉANCE DE RENFORCEMENT MUSCULAIRE GÉNÉRAL

Elle comprendra un travail des abdominaux, une sollicitation du haut du dos, des pectoraux et des biceps et un renforcement musculaire des cuisses. Dans la mesure de vos possibilités, essayez de réaliser ces exercices avant le repas du soir, au moins 2 fois par semaine. L'idéal, bien entendu, serait de les pratiquer chaque jour entre 25 et 45 min selon le temps dont vous disposez.

Travail des abdominaux

1 Allongez-vous sur le dos, jambes pliées, pieds sur le sol, doigts croisés derrière la tête.

2 En expirant, soulevez la tête et les épaules, pliez la jambe gauche (cuisse vers le ventre) et amenez le coude droit vers le genou gauche.

3 Reposez la tête, les épaules et les coudes sur le sol en inspirant puis de nouveau, en expirant, amenez le coude gauche vers le genou droit.
Les doigts croisés derrière la tête permettent de soulager le cou, et non pas de le tirer. Faites 3 séries de 8 répétitions chacune.

Sollicitation du haut du dos, des pectoraux et des biceps

Cet exercice peut se pratiquer debout ou assis.

1 Vos poings serrés (pour plus d'effet, vous pouvez utiliser des altères légers : 500 g), vos bras pliés et parallèles au sol, vos poings au niveau de la poitrine.

2 En inspirant, tirez les coudes vers l'arrière. Gardez les coudes au niveau des épaules.

3 En expirant, revenez en position initiale. Faites 3 à 5 séries de 10 à 15 répétitions chacune. Récupérez, détendez les bras et le haut du dos entre chaque série pendant 15 à 30 sec.

Renforcement musculaire des cuisses

1 Effectuez des flexions-extensions des genoux (pliez et tendez les jambes).

2 Contrôlez la bonne position du bassin, afin de garder le dos droit. Les genoux doivent rester dans l'alignement des orteils.
Faites 5 à 6 séries de 10 à 15 répétitions chacune.

Pour compléter cette séance, musclez également les épaules et le dos (voir pp. 32-33), les fessiers (voir p. 66), puis étirez-vous et relaxez-vous.

L'AIDE DES MASSAGES

Massage à deux et automassage sont des méthodes naturelles qui procurent incontestablement les conditions nécessaires pour une bonne nuit de sommeil. Il convient de s'installer sur un lit de manière à pouvoir s'endormir pendant ou juste après la séance de massage. Certaines personnes ont du mal à se relaxer. Ne renoncez pas pour autant si, la première fois, vous n'obtenez pas les effets escomptés et persévérez.

Massage du corps

L'idéal est bien sûr de réaliser un massage de tout le corps. Cependant, si vous ne disposez pas d'une heure au minimum, concentrez-vous alors sur les régions des épaules, du dos, du visage et des pieds.

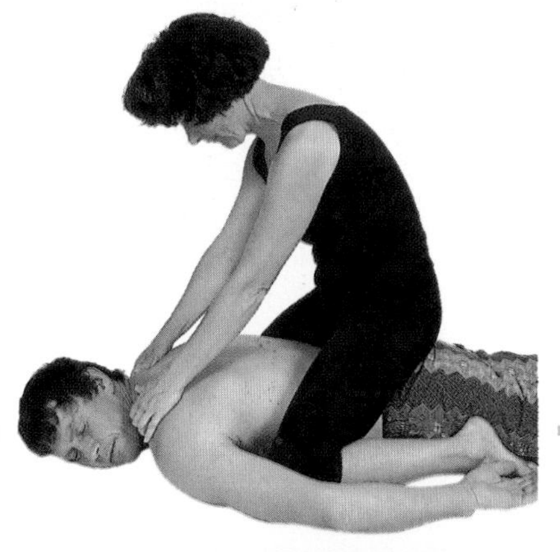

Commencez par un pétrissage ferme puis, à mesure de la détente du partenaire, procédez de plus en plus doucement, en terminant par des effleurages. Vos gestes doivent être fluides, réguliers, et suivre le rythme de la respiration du partenaire, qui devient de plus en plus calme et profonde, accompagnée de fréquents soupirs.

Massage facial

Continuez par un massage du visage de votre partenaire. Vous pouvez aussi le faire sur vous-même.

1 Les doigts placés au niveau du front, glissez-les vers les tempes (au moins 4 ou 5 passages). Continuez par un massage des sourcils, puis occupez-vous des joues et des pommettes, grâce à un mouvement circulaire du bout des doigts.

2 Passez ensuite aux tempes en massant circulairement du bout des doigts (dans le sens des aiguilles d'une montre). Continuez ensuite le massage des parois nasales en effectuant un mouvement vertical avec les index tendus.

3 Terminez ce massage du visage en saisissant délicatement les lèvres entre les pouces et les index, puis, à l'aide des pouces, détendez le dessous de la mâchoire inférieure de derrière les oreilles jusqu'au milieu du menton.

Massage de la plante de pied

En massant profondément la plante de pied avec les pouces, vous agissez comme le ferait une séance d'acupuncture.

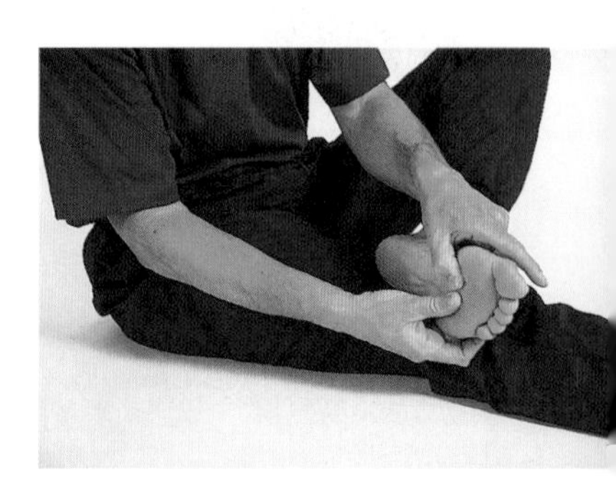

Grâce à des pressions fermes et rythmées, vous harmonisez la circulation de l'énergie dans les méridiens avec, pour conséquences, une diminution des tensions musculaires et nerveuses et une diminution de la trop grande activité cérébrale, qui est l'une des causes principales de l'insomnie. Cela se traduit par une amplification de la respiration avec, en particulier, des expirations accompagnées de soupirs de détente.

L'AIDE DU YOGA

Le yoga ne traite pas directement l'insomnie, mais il a une action incontestable sur les causes de cette gêne. En effet, grâce à cette méthode millénaire, on peut réguler les énergies, exercer un contrôle du mental, et donc améliorer la qualité et la profondeur du sommeil. Le calme mental se fait tout naturellement, automatiquement et le sommeil n'est pas agité. La récupération est totale.

Apprendre à domestiquer sa respiration

Il existe un lien étroit, direct, entre le rythme respiratoire et l'activité mentale.
Pour apprendre à domestiquer l'un et l'autre, pratiquez régulièrement la respiration alternée.

1 Bouchez la narine droite avec le pouce droit et inspirez de la narine gauche. Bouchez cette narine gauche avec l'annulaire droit et expirez donc de la narine droite. Puis inspirez de la narine droite, bouchez-la, expirez de la gauche ; respirez narine gauche, expirez droite, etc.

2 Effectuez ainsi un cycle de 10 respirations. À mesure de votre perfectionnement dans cet exercice, restez quelques instants en apnée, poumons vides. En effet, si l'on observe le rythme respiratoire du sommeil, on s'aperçoit qu'il se compose d'une courte inspiration, d'une pause expiratoire (apnée, poumons vides) spontanée après une longue expiration. Il s'agit donc, en agissant sur la respiration, de provoquer le sommeil à volonté.

Effets miraculeux des postures inversées

Le mot miraculeux n'est pas trop fort car ces postures yogiques, en particulier la « chandelle », constituent une véritable panacée pour la plupart des maux courants.

1 Pour vous installer dans cette posture, placez-vous sur le dos, jambes pliées. Amenez lentement les genoux vers le front, puis, tout en maintenant le dos avec les mains, étirez les jambes vers le plafond. Si vous avez des difficultés pour soulever les fesses, placez une couverture pliée au niveau du bas du dos, ou diminuez l'angle formé par le dos et le sol. Restez pendant plusieurs respirations dans cette position et concentrez votre attention sur le ventre (respiration diaphragmatique).

2 Suivez les mêmes indications pour vous installer dans la posture dite de la « charrue ». Cependant, au lieu d'amener les pieds vers le haut, dirigez-les vers l'arrière de votre tête. Selon vos possibilités, les jambes sont plus ou moins tendues et les orteils ne touchent pas forcément le sol. Vous pouvez vous aider des mains placées dans le dos.

3 Pour quitter ces deux postures, placez les paumes sur le sol, de façon à contrôler le replacement du dos. Ne bloquez pas la respiration pendant le retour, qui doit être lent, tranquille. Pour éviter tout problème digestif, installez-vous dans ces postures avant le repas du soir.

Voyage intérieur et visualisation positive

Il existe une technique yogique particulièrement recommandée pour s'endormir facilement et obtenir un sommeil plus profond : le *yoga nidra* (yoga du sommeil éveillé). Il se pratique dans la position de relaxation allongée sur le dos, le soir, au coucher.

1 Les yeux fermés, prenez conscience de votre respiration ; laissez cheminer votre mental dans les différentes parties du corps. Sentez-les comme si vous vous promeniez à l'intérieur des muscles, des ligaments, des vaisseaux sanguins. Commencez par prendre conscience des pieds, des chevilles, des mollets, des genoux... jusqu'au visage, dont vous parcourez chaque zone lentement.

2 Apprenez à gérer le vagabondage mental en « alimentant » le cerveau de « nourritures » choisies, grâce à l'autosuggestion et à la visualisation positive. Installé comme pour le « voyage intérieur » en position allongé sur le dos, dans votre lit, prêt(e) à vous endormir, répétez mentalement : « j'ai sommeil » (en inspirant) ; « je m'endors facilement et profondément » (en expirant). Vous créez ainsi une sorte d'autohypnose. À ces formulations, vous pouvez ajouter la visualisation d'un paysage reposant, d'un endroit où vous vous sentez particulièrement bien.

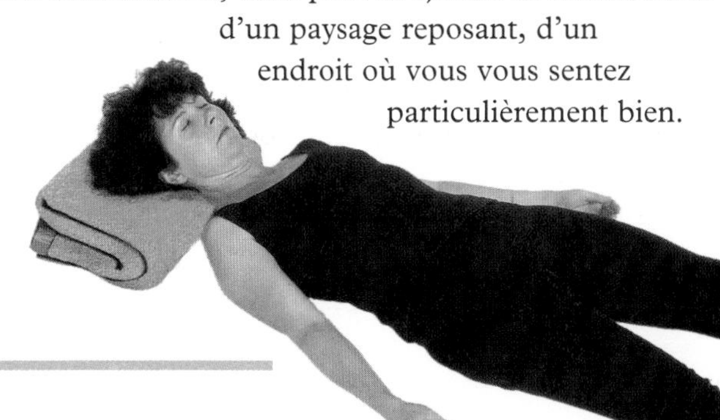

CONSEILS POUR AMÉLIORER LA QUALITÉ DE VOTRE SOMMEIL

Plutôt que d'employer le mot insomnie, il aurait été plus juste de parler de « dysomnies », c'est-à-dire de troubles du sommeil, de difficultés à le trouver ou à le faire perdurer.

En effet, ce dysfonctionnement peut se présenter sous trois formes :
– un endormissement difficile : on se tourne et on se retourne dans le lit, l'esprit vagabonde, on est préoccupé. Certaines personnes ont même peur de s'endormir. Les causes sont multiples, et il faut s'y attaquer le plus rapidement possible ;
– des réveils nocturnes spontanés, sans causes extérieurs (bruit, lumière...). Le rendormissement est difficile, et ces réveils brutaux interrompent le sommeil profond. Ce sommeil, qui est un état de repos obligatoire, doit absolument être de qualité car il est indispensable au bon fonctionnement de l'organisme et conditionne la santé en général ;
– un réveil précoce : l'organisme s'est régénéré, ressourcé, mais on trouve qu'il est trop tôt pour se lever ! Il s'agit alors de bien respecter ses rythmes internes, chacun de nous possédant une sorte d'horloge biologique.

Quel que soit le scénario, il faut très rapidement remédier à ce trouble, car il peut être, soit un signal d'alarme, soit le propre générateur d'un problème psychologique ou d'une maladie somatique.

DÉTERMINER LA CAUSE DE L'INSOMNIE POUR MIEUX LA VAINCRE

Pour lutter efficacement contre les problèmes d'insomnie, il faut tout d'abord déterminer les causes de tels troubles puis y remédier par un traitement adéquat. Voici une liste non exhaustive de ces causes et les remèdes que vous pouvez appliquer :

– Comme pour beaucoup de maux, la première cause est une **mauvaise hygiène de vie**. Non seulement les conditions de vie imposées par nos sociétés modernes occidentales créent du stress, de la pollution, des peurs (chômage, conflits...), mais viennent se greffer là-dessus des comportements individuels, apparaissant malheureusement comme des compensations : les méfaits du tabac et de l'alcool ne sont plus à démontrer, et pourtant des millions de personnes continuent à miner leur organisme. Ce dernier, affaibli, ne peut plus faire face aux nouveaux rythmes de vie et l'engrenage se met en place : problèmes, incapacité à les résoudre, stress, insomnie, fatigue, compensations...
Il faut donc revoir son alimentation, supprimer (ou tout au moins diminuer fortement) les drogues (tabac, alcool) et retrouver les joies de l'activité physique.

– Cette hygiène de vie va de pair avec le **respect du rythme veille-sommeil** qui constitue un de nos rythmes biologiques fondamentaux. Il faut savoir que la quantité de sommeil dont l'organisme a besoin ne peut être stockée. Plus les nuits blanches ou les soirées prolongées s'accumulent, plus la récupération sera difficile.

– La qualité du sommeil est favorisé par le fait de **se coucher à des heures régulières** en évitant la somnolence tardive devant la télévision. Sauf, bien sûr, si vous êtes un(e) couche-tard. Choisissez cette formule, en attendant de transformer petit à petit vos habitudes, car il vaut mieux se coucher tard que d'avoir un sommeil entrecoupé de périodes d'insomnie. Le « truc » est alors de vous lever très tôt : vers 4 ou 5 heures du matin, vous pouvez travailler très bien et beaucoup, et surtout vous serez fatigué(e) le soir suivant, et petit à petit (sauf obligations professionnelles impératives comme les contraintes inhérentes aux travailleurs de nuit), vous retrouverez l'équilibre grâce au respect du grand rythme de la nature jour-nuit.

– Il est nécessaire de **doser votre sommeil** : en effet, vous pouvez être aussi fatigué (e) d'avoir trop ou pas assez dormi. Essayez donc de bien connaître vos besoins, les quantités d'heures de sommeil nécessaires variant en fonction de chaque personne, de son âge, de son activité professionnelle, de fatigues ponctuelles plus importantes...

FAVORISER L'ENDORMISSEMENT GRÂCE À QUELQUES MÉTHODES SIMPLES

– Le sommeil est une période, un état, qui se prépare dès le... réveil ! **Relaxez-vous,** même quelques instants seulement pendant la journée. Faites les choses avec calme. La relaxation n'est nullement synonyme de mollesse ; au contraire, elle favorise l'efficacité, l'organisation.

– De nouvelles habitudes peuvent préparer cette période capitale qu'est le sommeil : essayez par exemple le **bain à remous** (ou « jacuzi »), la **douche tiède** et, si c'est possible, le **sauna.** Peu développée en France, cette pratique, largement utilisée en Scandinavie, entraîne un formidable relâchement musculaire, un apaisement de l'esprit et l'abondante sudation permet une rapide et efficace élimination des toxines, des cellules mortes.

– **Évitez, si c'est possible, la sur-médication**. Les hypnotiques, les barbituriques et autres somnifères peuvent non seulement créer à long terme des effets secondaires mais, de plus, ils n'agissent absolument pas sur les causes des troubles du sommeil. Essayez plutôt les infusions sédatives qui ont fait leurs preuves : camomille, verveine, fleur d'oranger sauvage, basilic et laitue, pour ne citer que les plus connues.

– Un soin particulier doit être aussi apporté à la **chambre** : elle devra être **bien aérée**, pas trop chauffée ; éventuellement, vous pouvez utiliser un humidificateur d'air, ou tout simplement laisser la fenêtre entrouverte, toute la nuit et en toutes saisons. Choisissez bien votre literie. C'est dans les pays industrialisés que l'insomnie bat tous les records. Les matelas, généralement trop mous, entraînent des tensions dans la colonne vertébrale qui peuvent être une cause de réveils nocturnes. Vous pouvez tout simplement installer une planche sous votre matelas. Essayez également de changer l'orientation de votre lit. Faites plusieurs essais pour trouver ce qui vous convient le mieux.

– **Si vous vous réveillez en pleine nuit,** n'hésitez pas à manger quelque chose, car la digestion favorise le sommeil. Mais attention à ne pas en faire une habitude car vous risqueriez alors de vous réveiller pour manger !

– Vous n'êtes pas assez fatigué physiquement ? Alors pratiquez une **activité physique et sportive,** et pensez à marcher davantage, à respirer.

– **Apprenez la fatigue saine !** En effet, il existe deux sortes de fatigue : une fatigue involontaire liée à des conditions de travail difficiles, aux contraintes de la vie familiale. Elle est souvent la cause de stress, de déprime. L'autre fatigue est celle choisie volontairement, généralement résultant d'une activité physique et sportive. Elle permet littéralement de plonger dans un sommeil réparateur. Le sport est alors un moyen efficace pour lutter contre l'insomnie.

Au regard de la diversité des activités physiques et sportives, vous vous posez sûrement cette question : Pour lutter contre mes problèmes de sommeil, on me conseille de pratiquer une activité corporelle, mais laquelle choisir ? Vous ne risquez pas de vous tromper en choisissant celles qui maintiennent et développent vos capacités biologiques essentielles de base.

1. **L'adaptation cardio-respiratoire à l'effort**. Grâce au footing par exemple, ou au circuit cardio-fitness : l'entraînement progressif s'effectue sur des appareils réglables permettant de choisir la position la plus adéquate et l'intensité de l'effort : tapis roulant, simulateur de ski de fond, escalier mobile, ergorameur (simulations des mouvements d'aviron), ainsi que l'ergocycle. Ce vélo immobile permet un échauffement général simple, rapide et efficace, et surtout il favorise le travail cardio-respiratoire sans danger, car adapté aux possibilités de chacun.

2. **La souplesse et le renforcement musculaire** grâce au stretching, au yoga, à la gym douce d'entretien, méthodes présentées dans cet ouvrage.

MAÎTRISER SA TIMIDITÉ ET SON ÉMOTIVITÉ

L'être humain est la seule créature vivante à rougir. Est-ce parce qu'il est le seul être vivant conscient de ses sentiments ? Sous le coup d'une émotion, les minuscules vaisseaux qui alimentent la peau du visage se dilatent et créent cette coloration rouge. Mais la conscience de cette rougeur plus ou moins intense augmente davantage la gêne de la personne qui l'éprouve !
Pourtant, il est possible d'influencer positivement l'esprit grâce à un travail corporel adéquat. C'est, pour des milliers de personnes, une révélation que de découvrir combien il est facile de domestiquer son organisme, grâce à un contrôle des mécanismes qui le font fonctionner, à l'aide d'exercices appropriés.

MIEUX HABITER ET MIEUX CONNAÎTRE SON CORPS

Nos pensées et nos émotions ont une influence directe sur notre corps. Bien connaître ce dernier, c'est pouvoir agir sur les mécanismes qui le font fonctionner et gérer très rapidement des états émotionnels négatifs qui perturbent notre vie, nos projets.

Sans prétendre atteindre les états de conscience des yogis, il est possible, grâce à un entraînement régulier, simple et accessible, de réguler son état intérieur afin de vivre plus librement, de créer des relations affectives et sociales plus riches.

Détendre les instruments d'élocution

Une plus grande aisance verbale passe par un bon fonctionnement des instruments de l'élocution.

1 Massez doucement, du bout des index, la région située derrière chaque oreille, au niveau de l'articulation des mâchoires.

2 En même temps, imaginez que vous mâchez un gros chewing-gum et émettez, en expirant, le son A, prolongé. Continuez pendant 2 ou 3 min.

Domestiquer son trac

Vous devez prendre la parole en public pour exprimer une idée, vous présenter, ou exposer un projet. Votre gorge se noue, votre cœur bat plus vite. Que faire ?

Respirez !
Insistez surtout sur l'expiration longue, lente, silencieuse. L'inspiration, quant à elle, doit être complète (c'est-à-dire abdominale, costale et haute).
Réalisez ainsi, avant toute mise en situation, 8 ou 10 respirations (en y associant des exercices d'autosuggestion).

Réapprendre à marcher

La marche est l'activité humaine la plus naturelle qui soit. Et vous pouvez améliorer votre attitude, avoir plus de prestance, grâce à cet exercice.

1 Après avoir placé un objet sur le sommet de votre crâne, vous devez marcher à allure normale sans le faire tomber. Cela vous oblige donc à vous redresser, à placer le cou correctement, c'est-à-dire dans l'axe du tronc, et à bien positionner la tête, le regard est alors parallèle au sol.

2 Avancez ensuite en plaçant un pied devant l'autre comme si vous marchiez sur une ligne tracée au sol. Cela vous oblige à bien décomposer le mouvement de la marche et à vous concentrer.

3 Sentez combien, à chaque pas, cet exercice simple et facile à réaliser de positionnement général peut avoir une influence positive sur votre naturel, votre façon d'être, et vous situer par rapport au monde.

S'équilibrer

En travaillant différentes positions d'équilibre, vous allez automatiquement développer votre assurance.

1 Par exemple, en prenant appui sur la jambe droite, inclinez le buste, bras en croix, jambe gauche vers l'arrière. Pour favoriser votre équilibre, le regard est fixé sur un point du sol.

2 Gardez cette position pendant 8 à 10 respirations, puis, après un temps de pause, installez-vous en appui sur la jambe gauche (voir également les positions d'équilibre, p. 76).

S'enraciner

« Avoir les pieds sur terre » est une expression qui concerne à la fois le domaine physique et le domaine mental. Ce principe de réalité est important pour toutes les personnes désirant se réaliser pleinement, concrétiser leurs aspirations.

1 Installez-vous en fente (jambe avant pliée, jambe arrière plus ou moins tendue en appui sur les orteils en flexion).

2 À partir de cette position d'enracinement, solide, stable, étirez les bras, paumes jointes vers l'avant et vers le haut.

3 Respirez amplement dans cette position et, sur les expirations, augmentez le contact des pieds et des orteils avec la terre tout en poussant le bout des doigts vers le ciel. Restez dans cette position pendant 8 à 10 respirations.

Se grandir

Les fondations des églises sont bien ancrées dans la terre pour que le clocher puisse pointer sa flèche vers le ciel, symbole des aspirations spirituelles. Il en va de même pour votre corps, véritable édifice sacré, vivant, et porteur de vie. Grâce à la conscience du souffle, grandir prend donc ici un sens à la fois physique et spirituel (tout au moins dans le sens de la réalisation de soi).

1 Afin de retrouver cette sensation d'unité entre le corps, l'esprit et la spiritualité, placez-vous pieds joints. À partir des voûtes plantaires, prenez conscience de votre verticalité.

2 Puis, les paumes sous le nombril, réalisez une inspiration ventrale comme si vous vouliez recueillir votre souffle dans vos mains.

3 En écartant les avant-bras, coudes près des flancs, continuez d'inspirer avec la région thoracique.

4 Enfin, joignez les paumes, bras tendus de chaque côté de la tête. En expirant, ramenez, d'un mouvement ample, large, les bras par les côtés puis, de nouveau, inspirez, les mains replacées en position initiale.

Se tonifier

Pour retrouver son assurance, le renforcement musculaire est une pratique idéale. Elle donne plus d'aisance à la fois dans le maintien, l'allure générale, les déplacements. Ce nouvel état favorise alors la vie relationnelle.

1 Jambes pliées, allongé sur le dos, inspirez ; vos bras, bien étirés, sont placés de chaque côté de la tête.

2 En expirant, soulevez la tête et le haut du tronc en dirigeant les mains vers les genoux. Effectuez 3 séries de 8 à 15 répétitions.

3 Reportez-vous également à tous les exercices de renforcement musculaire proposés dans ce guide pratique (bras, dos, fessiers, cuisses).

OSER S'OUVRIR

Le repli sur soi, la fermeture au monde entraînent la personne souffrant de timidité excessive ou d'une trop grande émotivité dans une spirale négative : « je suis timide, je me ferme, je me coupe des autres, je renforce ma solitude, je pers l'habitude des contacts humains, je me sens rejeté, je deviens de plus en plus timide… ».

Les remèdes, qui ne sont pas des remèdes miracles, peuvent être rassemblés en quelques préceptes simples : élargir son espace corporel, oser sourire, dire oui à la vie,… bref, changer le négatif en positif. Les exercices proposés vous y aideront.

Élargir son espace corporel

Élargir son espace corporel, c'est pouvoir développer ses possibilités d'expression, et donc augmenter la confiance en soi.

1 Pieds largement écartés, pliez les jambes et amenez les mains vers le sol comme si vous aviez l'intention de prendre de l'eau à pleines mains.

2 Redressez le tronc, puis, en expirant, lancez cette eau imaginaire vers l'avant et vers le haut. Écartez largement les mains.
Effectuez cet exercice 8 à 10 fois.

Dire oui à la vie !

Vous pouvez agir sur votre attitude corporelle à tout moment. En marchant dans la rue, redressez-vous ; chez vous, entraînez-vous à rechercher cette ouverture.

1 En position assise, jambes allongées ou assis en tailleur, placez les mains sur le sol, derrière vous. Étirez le dos, puis relevez le menton.

2 Une fois installé dans cette position d'ouverture, respirez pleinement : en inspirant, prenez conscience du passage de l'air du nez jusqu'au ventre, puis continuez d'inspirer dans la région thoracique et sous-claviculaire.

3 Expirez à fond en rentrant le ventre. Effectuez 8 à 10 respirations, puis détendez les poignets et les épaules.

PERTES DE MÉMOIRE

La mémoire est intimement liée aux activités cognitives du cerveau (l'intelligence et les cinq sens), mais aussi à l'affectivité (les émotions et les sentiments). La fonction mnésique (relative à la mémoire) est un élément important qui participe de notre bien-être et, comme les autres fonctions, elle a besoin de stimulation et d'entraînement. Or l'être humain possède une mémoire du mouvement, c'est-à-dire la capacité de conserver la trace d'une action corporelle et de la reproduire à volonté. Plus il sera habitué à stocker des informations, plus les systèmes et les supports de la mémoire seront stimulés. Mais avant de pouvoir s'exercer et développer ses capacités de mémorisation, il est nécessaire d'apprendre tout d'abord à se concentrer, c'est-à-dire fixer son attention sur un objet d'étude précis.

FAVORISER LA CONCENTRATION

Nos sens sont constamment tournés vers l'extérieur, accaparés par des stimulations multiples et variées ; qu'elles soient auditives, visuelles ou olfactives, elles empêchent parfois le mental de se fixer sur un objectif unique. Pour vous concentrer, vous allez donc devoir, grâce à une légère tension vigilante, diriger votre attention sur un point ou sur un objet précis.

Concentration et équilibre

L'un des objectifs de cet exercice est de vous amener à la concentration indispensable pour conserver l'équilibre.

1 En position debout, pliez une jambe de façon à poser la plante du pied sur le genou ou sur la cuisse opposée.

2 Placez ensuite les paumes jointes au-dessus de la tête, bras pliés. Fixez un point devant vous, sur le sol ou sur le mur. Restez ainsi pendant 5 à 10 respirations (calmes et amples).

3 Détendez ensuite les épaules et les bras et, de nouveau, reprenez cette posture d'équilibre (en pliant l'autre jambe).

Fixer le mental à l'aide d'un objet

Assis confortablement, fixez l'aiguille des secondes d'une montre posée devant vous.

Choisissez, au début, un temps court, de l'ordre de 1 min, puis augmentez quotidiennement la durée de concentration (pouvant aller jusqu'à 5 min). Vous vous habituerez vite ainsi à domestiquer votre mental en l'obligeant à fixer quelque chose de précis lorsque vous lui en donnerez l'ordre.

Concentration, coordination et dextérité

En position confortable, assis ou debout, amusez-vous à cet exercice à la fois de concentration, de coordination et de dextérité.

1 Les bras sont légèrement pliés, souples et détendus. La paume de la main droite est dirigée vers le haut, l'index et le pouce droits forment un zéro. La paume gauche est tournée vers le bas, tous les doigts sont repliés, excepté l'index, qui est pointé vers l'avant.

2 À votre rythme, vous allez inverser les positions : ce sont l'index et le pouce gauche qui forment un zéro, paume gauche tournée vers le haut ; c'est l'index droit qui est pointé, les autres doigts étant repliés, paume droite tournée vers le sol.

3 Puis, de nouveau, inversez les positions, et ainsi de suite une dizaine de fois.

EXERCER SA MÉMOIRE ET SA CONCENTRATION

Après avoir appris à fixer votre attention, vous pourrez travailler votre mémorisation, grâce à des séries d'exercices simples faisant appel aux souvenirs, à la visualisation, à la perception visuelle (dessins) et à la perception auditive (bruits, musiques...).
Pour favoriser la réussite des exercices proposés, vous pouvez vous installer, soit en position de relaxation, allongé sur le dos, soit confortablement assis sur une chaise. Fermez les yeux pour mieux vous concentrer lorsque l'exercice le permet.
1. Remémorez-vous ce que vous avez fait hier depuis votre réveil jusqu'au coucher. Concentrez-vous sur un moment précis de cette journée (de 14 heures à 16 heures par exemple) et prenez le temps de vous rappeler les gestes effectués, les personnes vues, les détails de l'environnement.
2. Rappelez-vous une personne précise rencontrée hier : son nom et son prénom (éventuellement). Comment était-elle habillée ? Forme du visage ? Couleur des cheveux, des yeux ? De quoi avez-vous parlé ?
3. Réactivez le souvenir d'un événement précis de votre vie (le dernier Noël ou le jour de l'an). Qu'avez-vous fait ? Qui était avec vous ? Qu'avez-vous mangé, bu ? Comment étiez-vous habillé ?
4. Qu'avez-vous entendu ce matin en tout premier lieu ? Quelle est la dernière information entendue à la radio ou à la télévision ? Ou lue dans un journal ?
5. Écrivez sur une feuille de papier les cinq premiers noms (bateau, montre, cheval, immeuble, nuage) qui vous viennent à l'esprit. Sans regarder votre feuille (ou les yeux fermés), répétez-les mentalement (d'abord dans le désordre puis dans l'ordre). À mesure de vos progrès, augmentez le nombre de mots.
6. Un matin, au réveil, décidez que, pendant toute la journée, vous porterez votre attention sur une couleur précise. Par exemple, vous observerez tous les objets rouges pendant 2 ou 3 sec chacun.
7. Pour vous concentrer, mais aussi affiner votre sens de l'observation, choisissez une personne au hasard dans la rue et observez-la le plus longtemps possible jusqu'à ce qu'elle disparaisse. Procédez de même en observant les chiffres inscrits sur la plaque minéralogique d'une voiture.
8. Apprenez un poème par cœur puis, le lendemain, déclamez-le sans l'avoir relu.
9. Lisez un texte (article de journal par exemple), puis, à la fin de la lecture, répétez une phrase (puis deux, trois... à mesure de vos progrès).

L'INTÉRÊT DES ENCHAÎNEMENTS

Apprendre des enchaînements de mouvements présente un double avantage : ils vous font travailler corporellement (étirement, renforcement musculaire, respiration et coordination) et ils obligent à une concentration d'une durée plus ou moins longue (à moduler selon vos progrès). Simples ou complexes, ils peuvent s'adapter à vos capacités de mémorisation du moment.

La marche du pharaon

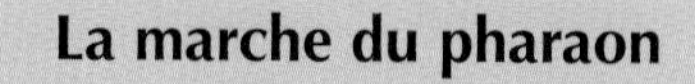

Durant tout l'enchaînement, vous allez devoir coordonner la respiration et le mouvement des membres supérieurs et des membres inférieurs. Le dos restera bien droit, cou dans son prolongement, regard parallèle au sol.

1 Départ en position debout, pied droit devant le pied gauche, bras étirés le long des flancs, paumes tournées vers l'avant.

2 En inspirant, fermez les poings et pliez la jambe droite (cuisse perpendiculaire au tronc). En fait, durant tout l'enchaînement, vous plierez une jambe à l'inspiration et, à l'expiration, vous placerez le pied de cette jambe devant l'autre.

3 En expirant, replacez le pied droit devant le pied gauche tout en amenant les poings vers le haut de la poitrine, coudes fléchis collés aux flanc, épaule basses et détendues.

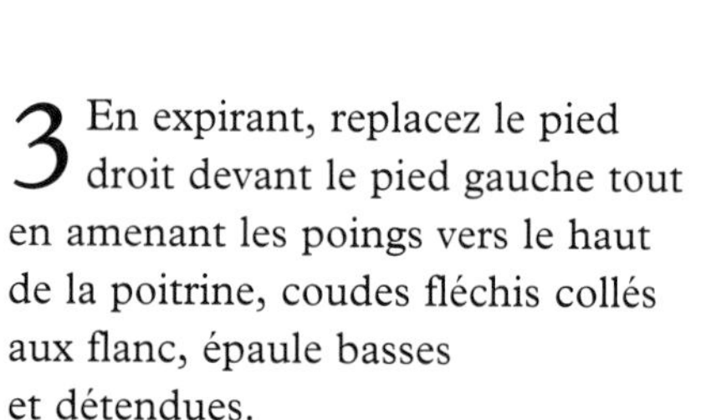

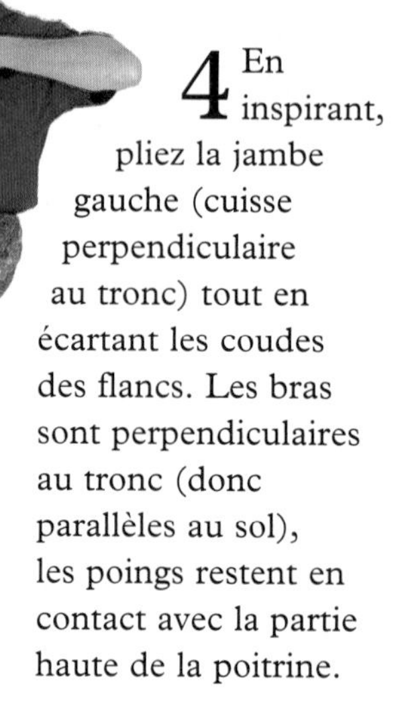

4 En inspirant, pliez la jambe gauche (cuisse perpendiculaire au tronc) tout en écartant les coudes des flancs. Les bras sont perpendiculaires au tronc (donc parallèles au sol), les poings restent en contact avec la partie haute de la poitrine.

5 En expirant, amenez le pied gauche au sol, devant le pied droit. Tirez les coudes vers l'arrière. Les bras sont perpendiculaires au tronc, les avant-bras perpendiculaires aux bras et parallèles au sol. Ne contractez pas les épaules plus qu'il n'est nécessaire.

6 En inspirant, pliez la jambe droite. Dirigez les poings vers le plafond. Les avant-bras restent perpendiculaires aux bras et au sol.

7 En inspirant, continuez, comme à chaque fois, de placer un pied devant l'autre. Ouvrez les mains et tendez les doigts vers le plafond. Les paumes se font face.

8 En inspirant, pliez la jambe gauche. Tout en conservant la position des membres supérieurs en « chandelier », effectuez une rotation du tronc vers la gauche (en expirant), la tête suit également le mouvement, le regard est dirigé vers l'arrière, le plus loin possible. Puis revenez dans la position précédente (en inspirant), bras en chandelier, pieds joints. En expirant, réalisez la rotation du tronc vers la droite, en pliant la jambe droite, regard dirigé loin derrière vous. Puis, en inspirant, posez le pied droit près du pied gauche.

9 Expirez lentement, dans la position pieds joints, bras en chandelier. Puis, en inspirant, pliez la jambe gauche et fermez les poings en gardant toujours la position du chandelier.

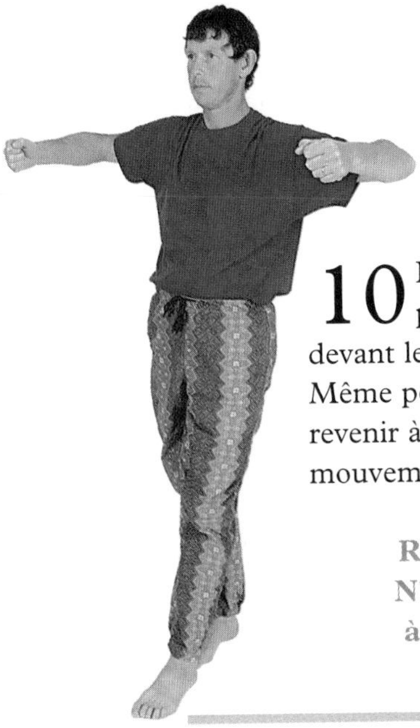

10 En expirant, posez le pied gauche devant le pied droit. Tirez les coudes vers l'arrière. Même position qu'au point 5. car, en fait, vous allez revenir à la position de départ en décomposant les mouvements des membres supérieurs dans le sens contraire.

Répétez cet enchaînement au moins 3 fois. N'hésitez pas, si cela crée un état favorable à votre détente, à utiliser, en fond sonore, une musique douce et relaxante.

11 En inspirant, pliez la jambe droite et reprenez la même position qu'au point 4.

12 Expiration, pied droit devant le pied gauche. Même position qu'au point 3.

13 Inspiration, jambe gauche pliée, même position qu'au point 2.

14 Expiration, vous vous retrouvez comme au début de l'enchaînement, mais, cette fois, le pied gauche est devant.

La salutation

1 Départ debout, pieds et paumes joints, bras parallèles au sol. Placez correctement votre bassin pour ne pas cambrer. Rentrez légèrement le menton dans la gorge tout en poussant le sommet du crâne vers le plafond afin de diminuer la courbure cervicale. Inspirez longuement en suivant mentalement le cheminement de la respiration du nez jusqu'au ventre, puis sous les côtes et dans le haut des poumons, sous les clavicules.

Dans la tradition yogique, la salutation au soleil se pratique tourné vers l'astre, à son lever. Sans avoir cette exigence, vous pouvez pratiquer chaque matin, au réveil, cet enchaînement de postures.

3 En inspirant, étirez la colonne vertébrale vers le haut, les bras dans le prolongement du tronc, paumes jointes. Après cette extension du dos, serrez les muscles fessiers afin de protéger le bas du dos et de pouvoir continuer l'extension de la colonne vertébrale vers l'arrière, menton dirigé vers le plafond.

2 Vous expirez à fond en fléchissant le cou, menton dans la gorge, en rentrant le ventre et en poussant le dos des mains contre les fesses.

4 Jambes étirées, dos plat, inclinez le buste vers l'avant, en expirant, de façon à venir placer les cuisses sur le ventre. N'hésitez pas à plier les jambes pour faciliter ce contact. En fonction de vos possibilités actuelles d'étirement et de la longueur de vos bras, les mains sont plus ou moins proches du sol. Détendez le cou.

au soleil

Il vous fera travailler à la fois des étirements et un renforcement musculaire de l'ensemble du corps.

5 Placez le pied droit loin derrière vous pour vous installer en fente : la jambe droite est plus ou moins tendue, la jambe gauche est pliée, genou à l'aplomb des orteils. En inspirant, étirez les bras vers le haut, paumes jointes. En cas de difficulté, n'hésitez pas à poser le genou droit au sol.

6 Après avoir posé les mains sur le sol, placez le pied gauche près du pied droit. En expirant, poussez doucement les talons vers le sol pour étirer davantage les mollets. Pour solliciter le haut du dos et les épaules, amenez le ventre vers les cuisses et la poitrine vers les genoux. Restez dans cette posture le temps d'une inspiration et d'une expiration.

7 En inspirant, posez les genoux au sol pour vous retrouver à quatre pattes. Puis, en expirant, amenez les fesses vers ou sur les talons. Étirez-vous dans cette position en poussant le bout des doigts loin devant vous et les fesses loin vers l'arrière.

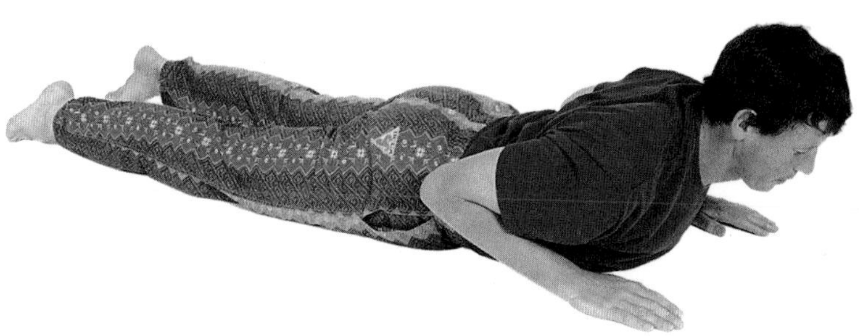

8 En inspirant, installez-vous sur le ventre : les mains sur le sol n'ont pas bougé ; pliez les bras et glissez le menton et la poitrine à ras du sol. Une fois dans cette position allongée, soulevez la tête et dégagez la poitrine. Serrez les fessiers pour protéger les lombaires et exercez une légère pression des mains sur le sol ; les épaules sont basses et détendues.

9 En expirant, placez-vous de nouveau dans la position quatre appuis. Le temps d'une respiration, prenez conscience du bon placement de votre dos (dos plat), cou dans son prolongement, regard perpendiculaire au sol.

10 En inspirant, replacez-vous dans la position du V renversé. En expirant, suivez à nouveau les consignes formulées au point 6.

11 Suivez les mêmes consignes qu'au point 5 en ayant eu soin d'inverser la position des jambes : jambe gauche vers l'arrière, orteils en flexion sur le sol ; jambe droite pliée devant, genou à l'aplomb des orteils.

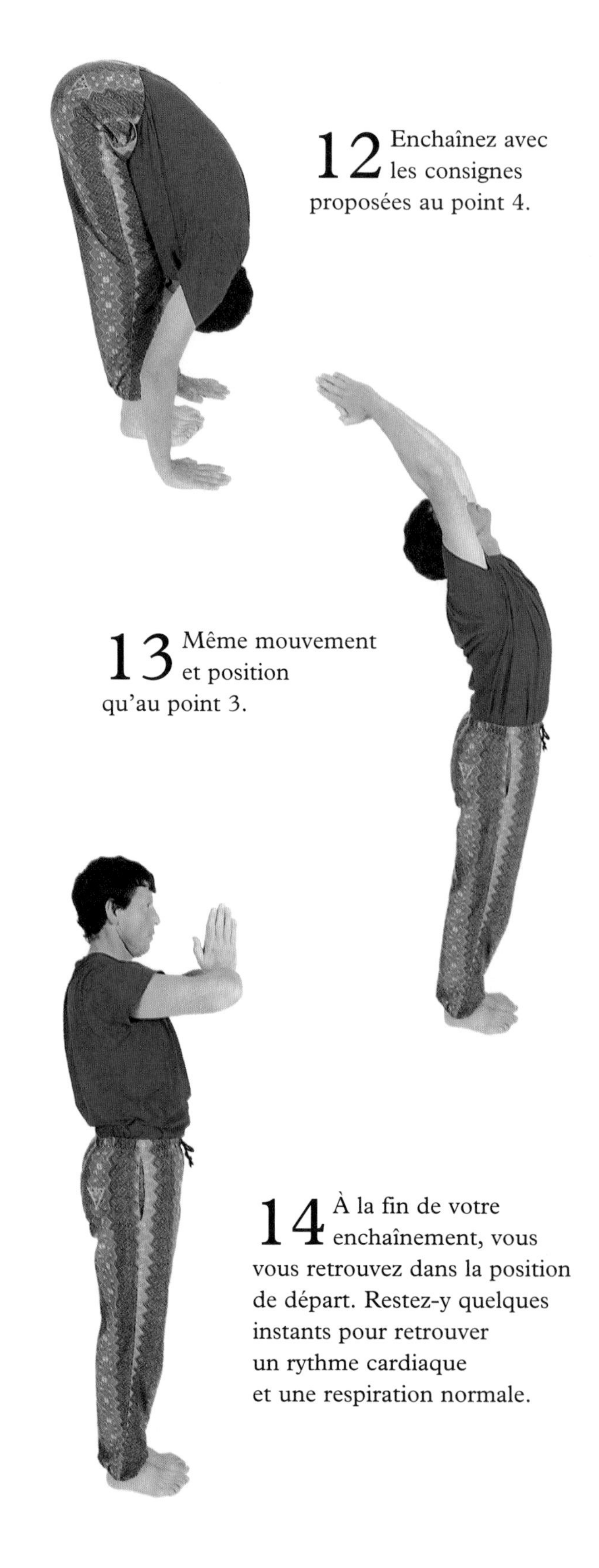

12 Enchaînez avec les consignes proposées au point 4.

13 Même mouvement et position qu'au point 3.

14 À la fin de votre enchaînement, vous vous retrouvez dans la position de départ. Restez-y quelques instants pour retrouver un rythme cardiaque et une respiration normale.

Répétez cet enchaînement de 3 à 6 fois, puis détendez-vous dans la posture de relaxation de votre choix.

PRINCIPE DE BASE DES ENCHAÎNEMENTS

Vous pouvez maintenant créer vos propres enchaînements en partant toujours du plus simple pour évoluer doucement vers des enchaînements de plus en plus complexes (forme et nombre de gestes) et en répétant l'enchaînement jusqu'à ce qu'il soit bien mémorisé avant d'en étudier un autre.

Pour mieux vous concentrer, vous pouvez vous aider de la respiration : inspirez en effectuant le mouvement, expirez en ramenant le segment corporel sollicité en position initiale.
Vous pouvez également vous aider d'un rythme musical.

Exemple d'enchaînement simple

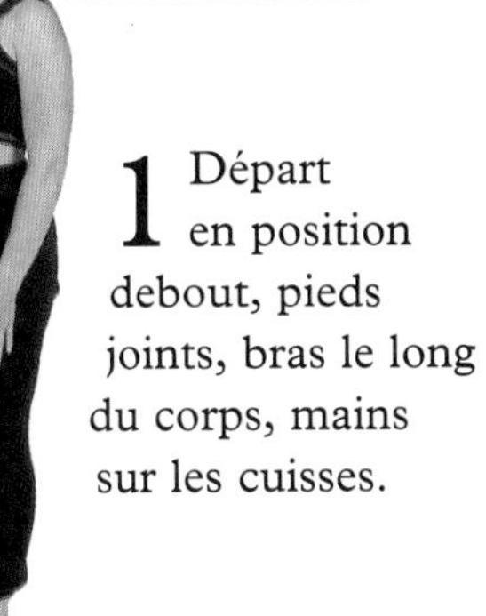

1 Départ en position debout, pieds joints, bras le long du corps, mains sur les cuisses.

Si vous choisissez de vous aider d'un rythme musical, vous pouvez réaliser cet enchaînement en quatre temps, c'est-à-dire un temps par mouvement. Une fois les mouvements bien mémorisés, augmentez la cadence des gestes.

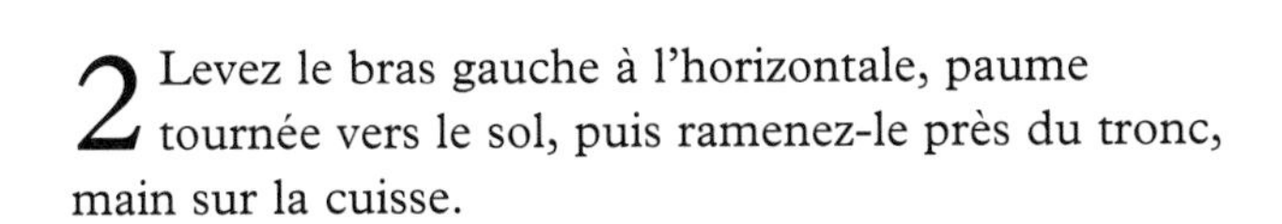

2 Levez le bras gauche à l'horizontale, paume tournée vers le sol, puis ramenez-le près du tronc, main sur la cuisse.

3 Levez le bras droit devant vous, perpendiculaire au tronc, paume tournée vers le plafond, puis ramenez-le en position initiale.

4 Écartez la jambe gauche, tendue, sur le côté, les pieds restent parallèles, puis replacez les jambes l'une près de l'autre.

5 Pliez la jambe droite, cuisse perpendiculaire au corps, puis ramenez-la en position initiale.

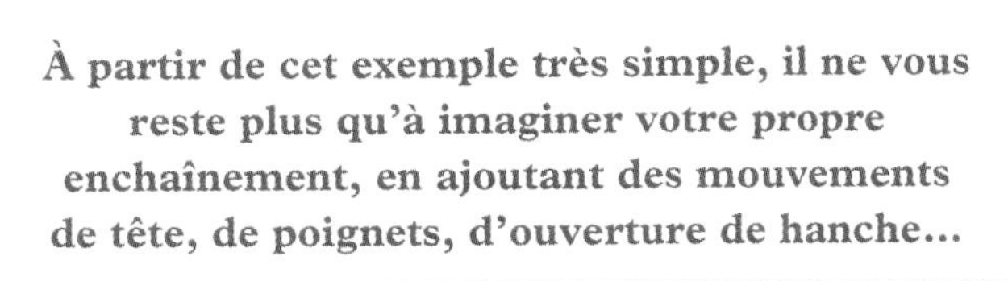

À partir de cet exemple très simple, il ne vous reste plus qu'à imaginer votre propre enchaînement, en ajoutant des mouvements de tête, de poignets, d'ouverture de hanche...

EN FORME À SON POSTE DE TRAVAIL

En raison de leur activité, des millions de personnes restent aujourd'hui assises plusieurs heures par jour. La chaise* est pratiquement devenue un outil de travail, mais son utilisation prolongée peut avoir, si l'on n'y prend garde, des conséquences désastreuses sur notre santé. En effet, notre corps est organisé pour fonctionner dans la position verticale et se mouvoir grâce à une activité essentielle et naturelle : la marche. En position assise, au bureau, notre corps est plié en trois (cou fléchi, hanches, genoux) entraînant au long des années : une mauvaise circulation sanguine (voir « Ne croisez pas les jambes ! », p. 61), une cyphose exagérée et, éventuellement, une scoliose ; des problèmes de vision ; une respiration limitée (thorax fermé). Cependant, rien ne nous contraint à subir cette situation…

LES TEMPS DE PAUSE ÉCLAIR

La pause café-cigarette est-elle vraiment le meilleur moyen pour se défatiguer ? Ne vaudrait-il pas mieux, quand c'est possible, prendre l'air, quelques instants, boire un grand verre d'eau, faire quelques pas, ou réaliser certains exercices qui ne demandent chacun qu'une minute à peine ?

La pause vision

1 Après avoir frotté les paumes des mains l'une contre l'autre, posez-les sur les paupières. Déplacez doucement les paumes du nez vers les tempes. Réalisez 5 ou 6 glissers (appelés palmings).

2 Puis, avec les index, massez les orbites, délicatement, 5 à 6 fois également.

* À lire absolument : *Des jambes en forme,* Céline Robert, Marc Peyre, Ellébore.

La gymnastique oculaire

Pour solliciter les muscles oculaires, réalisez des figures géométriques avec le regard : une croix, un cercle dans un sens puis dans l'autre, un 8 couché.

1 Pendant 6 ou 8 sec, contractez fortement les paupières. Puis ouvrez grands les yeux. Effectuez 5 ou 6 répétitions.

2 Les yeux sont alors humidifiés ; faites à nouveau l'exercice de palming décrit précédemment.

La pause dos

1 En position assise, penchez le tronc vers l'avant. Les mains se rapprochent des pieds, la tête est relâchée. Ce mouvement se réalise sur une expiration. En inspirant, redressez le tronc. Effectuez 5 ou 6 répétitions.

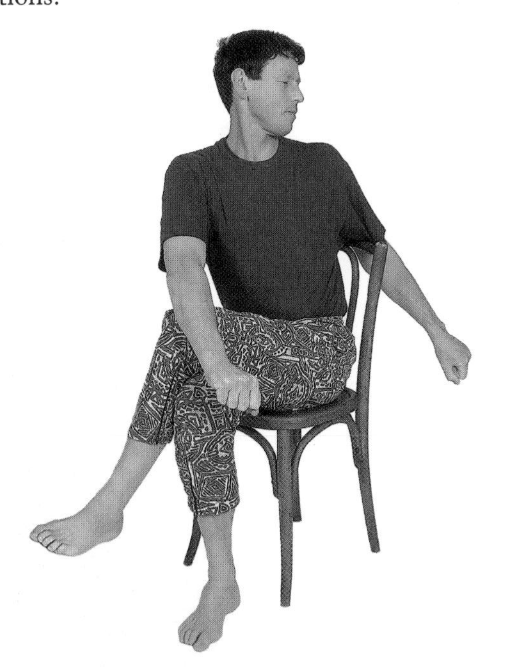

2 En position assise, croisez la jambe gauche par-dessus la droite. Regardez loin derrière vous en tournant la tête vers la gauche, ainsi que les épaules (en expirant). En inspirant, revenez en position assise normale.

La pause épaules et cou

1 Croisez les doigts puis poussez les paumes vers l'avant, bras tendus. La tête ainsi relâchée, sur l'expiration, courbez le haut du dos. En inspirant, redressez le tronc, bras détendus le long du tronc. Effectuez 5 ou 6 répétitions.

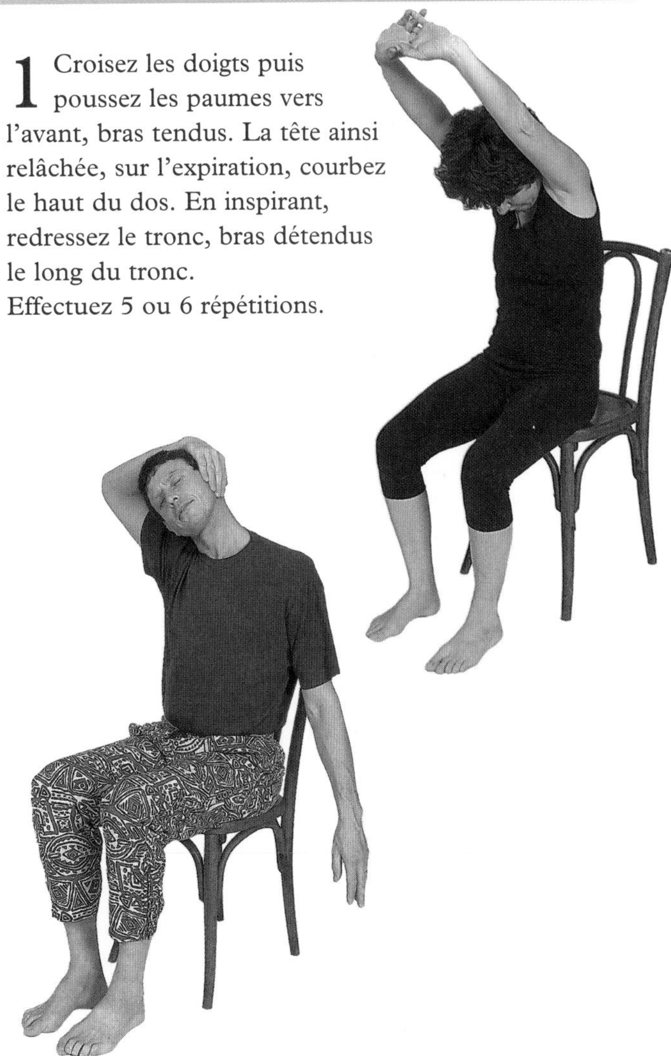

2 Main droite sur l'oreille gauche, amenez doucement la tête sur la droite en expirant. L'épaule gauche est fixe, les doigts gauches sont pointés vers le sol. Gardez cette position pendant 5 ou 6 respirations, puis faites l'exercice de l'autre côté.

La pause bras et mains

1 Croisez les poignets puis les doigts. En inspirant, amenez les doigts vers la poitrine. En expirant, allongez les bras. Réalisez ce mouvement 5 ou 6 fois.

2 Bras tendus, étirez les doigts vers le coude en expirant. En inspirant, relâchez l'étirement et pliez légèrement le bras. Faites 5 ou 6 répétitions pour chaque bras.

La pause jambes et pieds

1 La face postérieure du corps étirée, réalisez des flexions et des extensions des orteils et de la cheville (orteils vers le visage, orteils vers le sol), 6 à 10 fois de chaque côté.

2 Debout derrière la chaise, installez-vous en fente, mains en appui sur le dossier. La jambe avant pliée, poussez doucement le talon de la jambe arrière vers le sol de façon à étirer le mollet. Effectuez 5 ou 6 étirements pour chaque jambe.

La pause hanches et cuisses

1 Pour mobiliser les hanches, pliez la cuisse gauche en levant le genou vers la poitrine.

2 En vous aidant de votre main gauche posée sur le genou, écartez la cuisse vers la gauche, puis revenez en position initiale.

3 Répétez l'exercice 6 à 10 fois de chaque côté.

1 Debout derrière la chaise, pliez la jambe.

2 En vous aidant de votre main, amenez doucement le talon vers la fesse de façon à étirer la cuisse.

3 Restez dans la position pendant 5 ou 6 respirations, puis faites de même avec l'autre cuisse.

La pause oxygène

1 En position assise, pliez les bras, poings fermés de chaque côté de la tête, en inspirant, bouche ouverte (principe du bâillement).

2 Pendant 2 à 4 sec, en apnée (poumons pleins), contractez les poings, les bras, les épaules et le haut du dos.

3 En expirant, ramenez doucement les bras détendus le long du tronc.
Effectuez 4 ou 6 répétitions.

1 Le dos bien « étiré », placez les mains sur le ventre au niveau du nombril. En inspirant, gonflez doucement le ventre.

2 En expirant, rentrez légèrement le ventre. Faites ainsi 6 à 10 respirations abdominales.

3 Pour cet exercice, l'inspiration comme l'expiration se font par le nez, bouche fermée.

La pause mentale

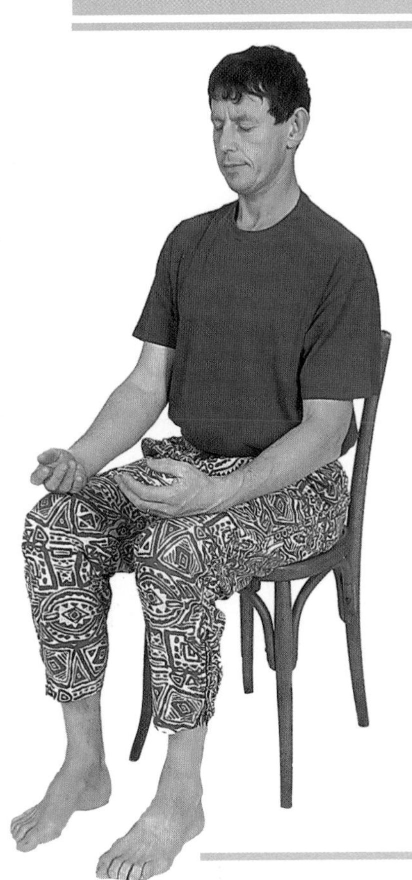

1 Installez-vous confortablement sur la chaise, dos étiré sans tension.

2 Les épaules sont basses, détendues, ainsi que le reste du corps. L'attention est portée sur le va-et-vient du souffle.

3 Détendez le visage, les mâchoires.
Restez dans cette position pendant une vingtaine de secondes.

1 Pour obtenir un silence intérieur complet, placez vos doigts sur vos paupières et vos pouces sur vos oreilles.

2 Respirez calmement tout en balayant du regard l'intérieur du front. Gardez cette position de 30 sec à 5 min, selon le temps dont vous disposez.

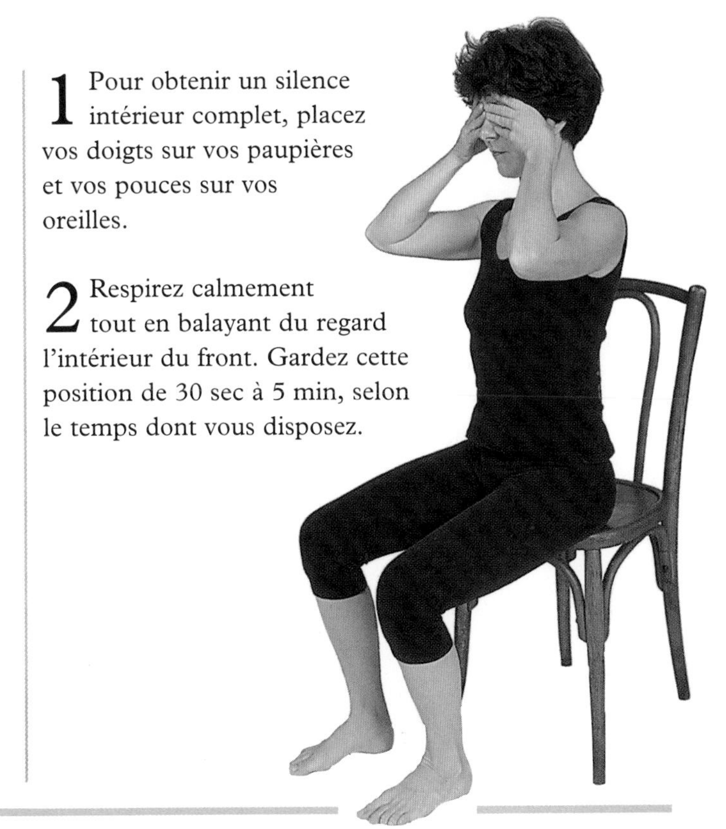

POUR UNE SEXUALITÉ ÉPANOUIE

La vie sexuelle est différente selon les individus. Elle varie en fonction de l'éducation reçue, de la culture environnante, mais aussi de mécanismes physiologiques et psychologiques. Afin de mener une vie sexuelle épanouie, il convient donc de bien connaître ces mécanismes qui, bien qu'intimes, ne doivent pas faire l'objet d'un tabou. L'énergie sexuelle s'exprime très tôt à travers les désirs, les fantasmes, le plaisir. L'information et l'éducation sexuelle favorisent l'émergence de relations fondées sur la douceur, la tendresse, la patience et la compréhension.

Nous n'avons pas la prétention, grâce aux quelques exercices proposés, de régler les différents troubles sexuels qui se manifestent par des symptômes tels que l'impuissance, la frigidité ou l'éjaculation précoce. À l'approche corporelle que nous proposons doivent s'associer des approches psychologiques et, si besoin est, médicales ou psychanalytiques. Nombre de ces maux sont causés par une mauvaise hygiène alimentaire, certains sont liés au stress (voir « Stress », p. 108).

UN ESPRIT SAIN DANS UN CORPS SAIN

L'attraction entre deux personnes amoureuses se concrétise par l'envie de s'exprimer corporellement. Dans le but de vivre pleinement les joies de l'amour et de libérer l'expression de la sexualité, chaque partenaire peut se donner les moyens d'entretenir son corps, afin de le conserver souple, tonique et attractif.

S'accepter tel que l'on est

Pour évoluer positivement, la toute première démarche est de s'accepter soi-même, puis de se donner les moyens de changer, si on le souhaite, tant physiquement que mentalement.

Placez-vous devant un miroir, mains ouvertes, bras de chaque côté des flancs. Redressez-vous et respirez calmement. Observez-vous des pieds à la tête en essayant d'être le plus objectif possible (mensurations, proportions...). Demandez-vous également ce que vous faites de votre vie... Puis fermez les yeux et imaginez comment vous souhaiteriez être et ce que vous souhaiteriez devenir. Le bonheur ne consiste-t-il pas à faire coïncider son désir avec la réalité du moment présent ?

Le « demi-pont »

1 Au départ, allongez-vous sur le dos, jambes pliées, bras reposant sur le sol, le long du corps.

2 En inspirant, levez les bras pour les amener de chaque côté des oreilles. En expirant, décollez les fesses et poussez le ventre vers le plafond.

3 En inspirant de nouveau, ramenez les bras le long du corps, puis, en expirant, reposez doucement le dos, vertèbre après vertèbre.

4 Répétez 6 à 8 fois cet exercice, qui vous permet de tonifier cuisses et fessiers.

Un ventre tonique

Des abdominaux fermes et solides, un ventre tonique : tel est l'objectif de cet exercice à réaliser de 8 à 15 fois en 3 séries, entrecoupées d'une pause de 30 sec entre chacune d'elles.

1 Position de départ, allongé sur le dos, jambes pliées, pieds au sol écartés à la largeur des hanches, mains derrière la tête.

2 En expirant, amenez un coude vers le genou opposé.

3 En inspirant, reposez le pied et les coudes au sol.

4 Alternez le mouvement d'un côté et de l'autre. Les doigts ne tirent pas la tête mais accompagnent seulement le mouvement.

Des muscles fermes

Souhaitez-vous raffermir vos fessiers ? Alors allongez-vous sur un flanc, tête posée sur le bras ou en appui sur la main.

1 Pour être bien stable dans la position, la jambe du dessous peut être légèrement pliée. La jambe du dessus est tendue, cuisse contractée, orteils pointés vers le genou.

2 Réalisez des petits battements avec la jambe supérieure en poussant le talon vers le haut et en le ramenant près de l'autre. Ne bloquez pas le souffle, expirez pendant la poussée.

3 Afin d'augmenter la contraction (des petits et des moyens fessiers), vous pouvez ajouter, à la cheville, une bande lestée. Effectuez 3 à 4 séries de 8 à 15 répétitions pour chaque jambe.

UN BASSIN LIBRE

La vie sexuelle ne se réduit pas à une vision mécanique du corps et ne peut pas être envisagée sous un angle purement technique. Il n'en reste pas moins que plus la liberté corporelle est grande, plus le plaisir pourra être intense. N'est-il pas dommage que des difficultés mécaniques puissent être à l'origine de la dégradation des rapports amoureux ?

Bascule du bassin à quatre pattes

1 Installez-vous à quatre pattes, mains écartées à la largeur des épaules, genoux écartés à la largeur des hanches.

2 Bras toujours tendus, en expirant, rentrez le ventre, et, le menton dans la gorge, faites le gros dos.

3 En inspirant, basculez le bassin, pubis vers le sol. Cambrez doucement le bas du dos en gardant la tête dans le prolongement du tronc.

4 Décontractez les fessiers et les sphincters. Réalisez 5 à 8 fois le mouvement, lentement et en harmonie avec le souffle.

Liberté du bassin en position debout

Réalisez le même mouvement de bascule du bassin en position debout.

1 En position de départ, les pieds sont bien ancrés dans le sol, écartés à la largeur des hanches.

2 Placez les mains sur les crêtes iliaques (les deux os saillants) de façon à bien sentir les mouvements d'antéversion et de rétroversion de l'os iliaque.

3 Effectuez 6 à 8 répétitions lentes et en harmonie avec le souffle.

Mouvement du bassin allongé sur le dos

Appliquez les mêmes consignes que pour les deux exercices précédents. Le mouvement est lent, doux, réalisé d'une façon continue, harmonisé avec le souffle.

1 Pour cet exercice, vous êtes allongé sur le dos, pieds sur le sol, parallèles et écartés à la largeur des hanches.

2 L'amplitude du mouvement de bassin peut être assez faible. Pensez, pendant le mouvement, à bien décontracter le visage, les épaules, les bras et les mains, ainsi que les fessiers et les sphincters.

Le toucher relationnel

Les relations sexuelles débutent le plus souvent par une stimulation des perceptions sensorielles. Le contact au niveau de la peau déclenche de nombreuses réactions perçues par la conscience grâce à la propagation du message sensoriel du point de contact jusqu'à la moelle épinière.

Vous observerez combien un simple contact manuel peut permettre un large éventail d'expressions : l'attention, l'amour, le respect... Ainsi peut s'établir entre deux êtres une communication vraie, directe, naturelle et spontanée.

La prise de contact

Le simple contact d'une main vaut des quantités de discours. Avec votre partenaire, prenez le temps d'établir une relation à la fois tactile et énergétique. Appréciez toute la sensualité qui peut se dégager de ce contact que vous prolongez ensuite avec les autres parties du corps.

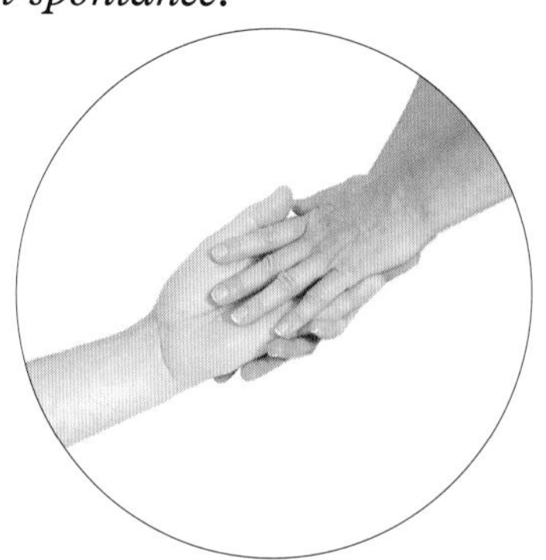

Développez la sensibilité de la peau

Continuez, par exemple, par un pétrissage des épaules à la fois pour diminuer les tensions et affiner la sensibilité.

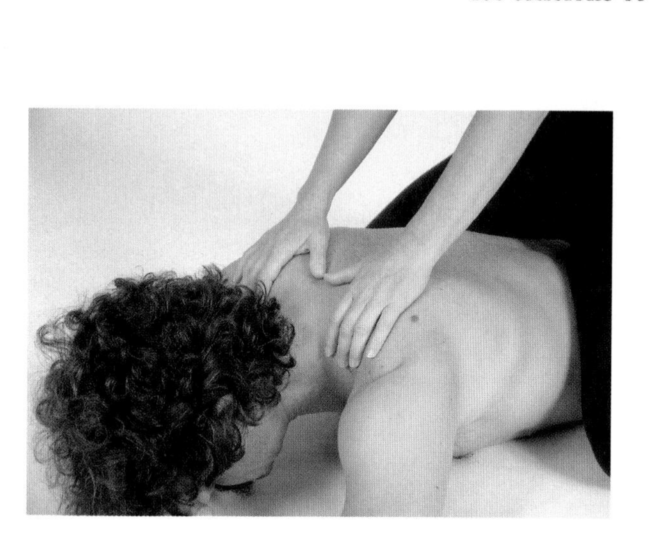

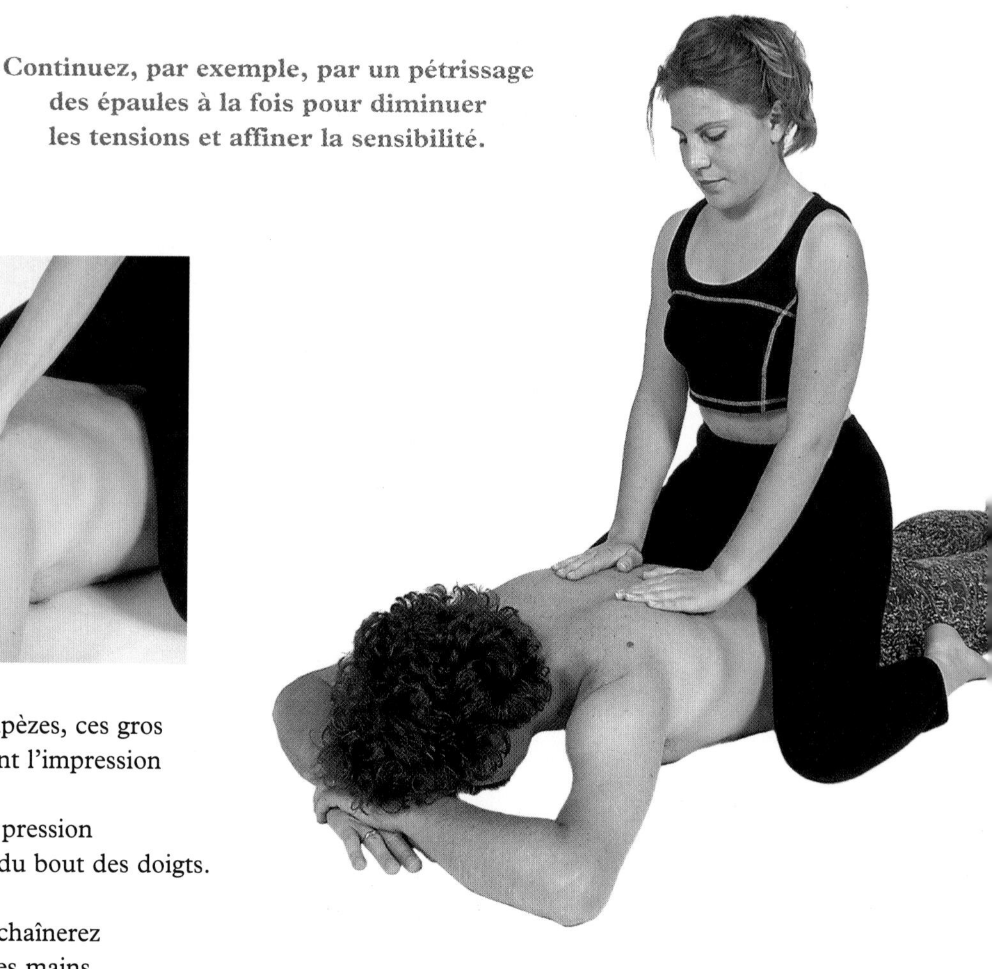

1 Saisissez à pleines mains les trapèzes, ces gros muscles des épaules qui donnent l'impression d'être parfois durs comme du bois.
À mesure du massage, diminuez la pression pour finir par un simple effleurage du bout des doigts.

2 Pour la région du dos, vous enchaînerez avec des mouvements glissés des mains du milieu du dos vers les flancs.

DÉVELOPPER SA VIE INTÉRIEURE

Il convient, pour construire une vie saine et heureuse, à la fois de bien vivre sa sexualité, mais aussi de se donner les moyens de diminuer les tensions qui nous habitent.

Or, si l'activité sexuelle, selon une croyance commune, peut certainement soulager l'angoisse et le stress, le stress nuit au bon déroulement des relations sexuelles.

Aplanir les tensions

Voici un exercice extrêmement simple qui permet de se décontracter.

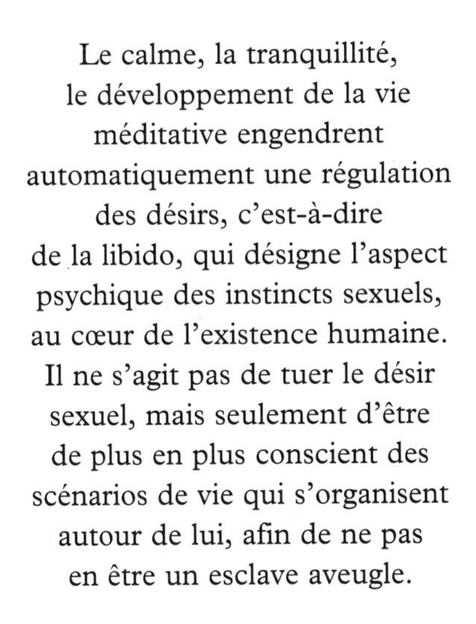

1 Contractez au maximum les poings, les bras et les muscles du visage comme si vous vous mettiez dans une colère noire (en inspirant).

2 Puis, doucement, en expirant, décontractez une à une les régions précédemment contractées.
Répétez 2 ou 3 fois cet exercice.

L'introspection

Le calme, la tranquillité, le développement de la vie méditative engendrent automatiquement une régulation des désirs, c'est-à-dire de la libido, qui désigne l'aspect psychique des instincts sexuels, au cœur de l'existence humaine. Il ne s'agit pas de tuer le désir sexuel, mais seulement d'être de plus en plus conscient des scénarios de vie qui s'organisent autour de lui, afin de ne pas en être un esclave aveugle.

La détente psychique et musculaire

C'est en étant détendu, relaxé, que vous pouvez accueillir l'autre, vous rendre disponible à ses désirs, ses demandes, ses souhaits. Prenez le temps, le plus souvent possible, de vous décontracter, de vous relaxer.

1 Allongé sur le dos, croisez les chevilles, les cuisses sur le ventre, les genoux sur la poitrine, les bras sont détendus sur le sol.

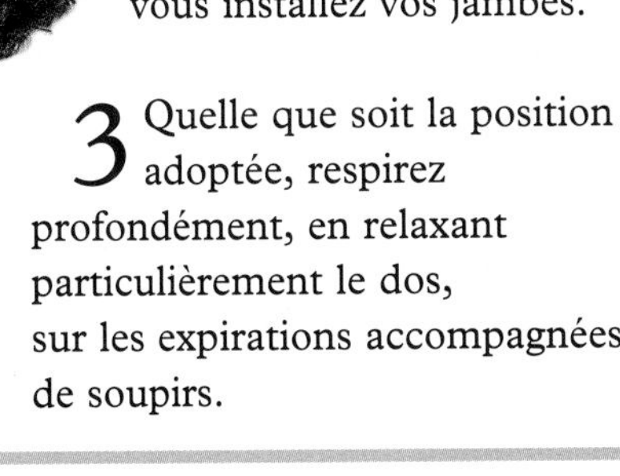

2 Vous pouvez aussi utiliser une chaise sur laquelle vous installez vos jambes.

3 Quelle que soit la position adoptée, respirez profondément, en relaxant particulièrement le dos, sur les expirations accompagnées de soupirs.

LA PRÉVENTION, C'EST AUSSI...

LA PRATIQUE D'ACTIVITÉS PHYSIQUES ET SPORTIVES

Pour maintenir ou améliorer sa condition physique, il n'est pas forcément nécessaire de subir un entraînement digne des athlètes de haut niveau ! Il suffit de pratiquer régulièrement, si possible deux fois par semaine, une des nombreuses activités enseignées à l'heure actuelle.

Les disciplines « traditionnelles » restent des valeurs sûres de la condition physique : le jogging, la marche, la natation, le cyclisme ont fait leurs preuves et continuent d'attirer de nombreux pratiquants.

D'autres disciplines, plus récentes, offrent des approches différentes, variées et attrayantes et concernent l'amélioration de la souplesse, du renforcement musculaire ou de la fonction cardio-vasculaire : on citera notamment l'élastogym, l'aérobic et ses dérivés (low ou high impact aerobic, cardio-funk...). Toutes ces techniques sont intéressantes et efficaces, dès lors que les règles de base sont respectées : placement du corps, méthodologie,... en particulier dans la structure de la séance dont chaque phase doit correspondre à un ou plusieurs objectifs précis.

Chaque personne peut donc ainsi choisir une ou plusieurs pratiques en fonction de ses besoins, de ses motivations et de ses possibilités matérielles, soit dans des salles de gymnastique, soit dans des centres de remise en forme, qui se multiplient à l'heure actuelle.

Lire : *Les Nouvelles Gyms*, Anne-Marie Filipi Charpin, Éd. Morisset, et *Les Métiers de la forme et de la santé*, Richard Belfer, L'Étudiant.

DES SOINS DU CORPS ATTENTIFS

Toutes les personnes qui veulent évoluer vers un certain idéal de vie ou se maintenir en parfaite santé respectent certaines règles indispensables dont l'hygiène fait partie. Aux activités corporelles variées, aux techniques spécifiques comme la relaxation ou les massages, à l'observation des actes de la vie quotidienne, peuvent s'ajouter un ensemble de pratiques, malheureusement encore trop peu répandues.

Le sauna

Cette pratique consiste à prendre un bain d'air chaud (40 à 100 °C) et sec, dont la vapeur provient de la rencontre d'un jet d'eau avec un foyer incandescent. La pièce, isothermique, dans laquelle s'installent confortablement les adeptes devient un véritable lieu de relaxation après quelques séances d'adaptation (encore une fois, c'est une question d'habitude). Le sauna se prend naturellement après l'activité physique car il est un moyen de récupération efficace après l'effort. Il provoque une abondante sudation (qui permet l'élimination des toxines), mais aussi une importante variation de la pression artérielle (c'est pourquoi ses effets sont très controversés). Le bon sens et la voie du juste milieu doivent prendre le pas sur ces querelles : le sauna sera pratiqué modérément (5 à 10 min par séance, 1 ou 2 fois par semaine), par des personnes en bonne santé (en dehors des jours de compétition pour les athlètes), et les pertes d'eau et de sels minéraux seront compensées par l'absorption de boissons. Enfin, il est conseillé, après le sauna, de respecter un temps de relaxation (10 à 30 min).

Le bain à remous

Un autre moyen de détente consiste à prendre un bain à remous. L'eau, à 39 °C, procure une sensation de grand bien-être, accentuée par le fait que de puissants jets d'eau chaude sont propulsés sur tout le corps. Ainsi est obtenue en 7 à 8 min une décontraction totale.

La douche

Cet élément est bien intégré dans l'hygiène de nombreuses personnes (mais peut être pas assez employée fréquemment, c'est-à-dire quotidiennement), surtout chez les sportifs.

• La douche chaude (35 à 45 °C) constitue, après l'entraînement ou le travail, un excellent moyen de récupération. Elle a une action de vasodilatation sur les vaisseaux sanguins périphériques ; elle permet un relâchement musculaire, quand elle est de longue durée (10 à 15 min) et elle facilite le sommeil.

• La douche froide a ses amateurs. Quant au fait de savoir si elle est bénéfique ou non, c'est une question individuelle ; certains la supportent très bien et d'autres pas, et si une personne éprouve un sentiment de rétraction (contraire au but recherché), elle utilisera la douche à la température qui lui convient le mieux.

• Elle pourra alors expérimenter la douche écossaise (eau tiède suivie d'eau froide) et la douche au jet (des pieds vers les membres supérieurs avec une pression du jet forte, sans jamais être douloureuse) ; ce dernier moyen peut être intégré à la séance de sauna (pendant ou après, selon les effets recherchés).

Une vigilance concernant l'alimentation

« Quand je songe à la responsabilité du gouvernement lorsqu'il doit réglementer les aliments et les médicaments, je suis parfois épouvanté. Si on excepte les grandes décisions qui conduisent à la paix ou à la guerre, il est difficile de penser à quelque chose qui ait autant de conséquences pour autant d'êtres vivants pour un aussi long avenir et de façon aussi importante. » Le président John Fitzgerald Kennedy (message au Congrès) avait bien compris toute l'importance d'une alimentation saine et équilibrée.

Longtemps avant lui et à un autre degré de responsabilité, le gastronome Brillat-Savarin avait déjà écrit : « La destinée des nations dépend de la manière dont elles se nourrissent », et Alexis Carrel : « Il est évident que le système nerveux, les organes et l'esprit d'enfants nourris de café et de pain blanc, de sucre et de confiture, et parfois d'alcool, ne peuvent qu'être défectueux ».

Cependant, il ne s'agit pas de changer du jour au lendemain la manière de s'alimenter. Il est tout d'abord nécessaire de s'interroger sur ses habitudes alimentaires puis, après avoir choisi le mode d'alimentation le mieux adapté à ses besoins et le plus équilibré, de s'y tenir, sans pour autant supprimer toute convivialité, ni avoir la sensation de suivre un régime astreignant, créateur de frustration, donc de stress !

La juste mesure

Les besoins en nourriture sont classés en fonction de la composition des aliments. Or ce n'est pas tant la composition exacte qui importe que les quantités digestibles et la dépense énergétique nécessaire à l'acte alimentaire. Cette fraction digestible varie d'un individu à l'autre et dépend surtout du bon fonctionnement des voies digestives, qui s'améliore grâce une alimentation saine et une activité physique régulière.
La nutrition est avant tout nécessaire pour répondre aux besoins du métabolisme de base.
On perçoit ainsi tout l'intérêt des techniques d'autorégulation et de relaxation qui diminuent une dépense d'énergie inutile en équilibrant le tonus musculaire et en ralentissant le rythme cardiaque et les mouvements respiratoires.

Surabondance et mythes nuisibles

En règle générale, société de surconsommation oblige, nous mangeons trop par rapport à nos activités, caractérisées par la sédentarité, et de plus, nous consommons certains produits (chocolat, viande, sucre...) en trop grande quantité, ce qui crée un déséquilibre.
Notre alimentation est trop raffinée et l'appréciation des aliments repose plus sur des mythes que sur une réalité : le mythe du « blanc », symbole de pureté, de propreté et de richesse, s'est progressivement introduit dans nos assiettes, surtout après les privations dues à la Seconde Guerre mondiale : riz, sucre, farine, pain blanc ; le mythe du « rouge » est associé à la force, au courage, à la vie (couleur du sang). L'absorption d'alcool en trop grandes quantités et le tabac sont deux véritables fléaux qui diminuent notre potentiel énergétique.

Évaluation du stress alimentaire

Seules une information et une formation rigoureuses en matière de diététique permettent une bonne prévention et évitent des erreurs, qui, en s'accumulant, peuvent devenir parfois catastrophiques.
Pour conclure ce chapitre, il nous semble intéressant de proposer cette « évaluation du stress alimentaire » selon le test des habitudes alimentaires de A. Passebecq (extrait de *Halte au stress*, William Bonnet, p. 23).
En faisant ce test, vous vous connaîtrez mieux et serez mieux à même d'estimer vos besoins et les modifications souhaitables de votre comportement alimentaire. Chaque fois que vous répondez oui, entourez d'un cercle le nombre correspondant à la question, dans la colonne de droite. ▶

Tableau d'évaluation

1.	Avez-vous tendance à grignoter tout au long de la journée ?	2
2.	Manquez-vous fréquemment d'appétit ?	1
3.	Sautez-vous régulièrement un ou deux repas chaque jour ?	1
4.	Vous sentez-vous faible ou défaillant si vous ne pouvez pas manger à la même heure ?	1
5.	Avez-vous l'impression de défaillir après un exercice physique même modéré ?	1
6.	Prenez-vous un dessert sucré chaque jour systématiquement ?	2
7.	Prenez-vous fréquemment des repas hypocaloriques avec produits sucrants artificiels ?	1
8.	Consommez-vous habituellement des boissons sucrées entre les repas ?	2
9.	Prenez-vous fréquemment une forte ration d'aliments farineux ?	2
10.	Êtes-vous très porté à prendre des aliments sucrés ?	3
11.	Ajoutez-vous systématiquement du sel de cuisine à votre nourriture ?	2
12.	Prenez-vous habituellement de la viande deux fois et plus par jour ?	2
13.	Prenez-vous moins d'un œuf en moyenne chaque jour ?	1
14.	Prenez-vous en abondance des aliments provenant du lait ou de ses dérivés ?	2
15.	Rejetez-vous les crudités (salades, légumes, fruits, etc.) ?	5
16.	Prenez-vous des végétaux jaunes ou verts moins de deux fois chaque jour ?	5
17.	Évitez-vous habituellement les citrus (citrons, oranges, pamplemousses) ?	5
18.	Fumez-vous ?	5
19.	Prenez-vous du café ou un excitant après le repas de midi plus de deux fois par semaine ?	2
20.	Consommez-vous des boissons alcoolisés au-delà d'un petit verre de vin biologique de temps à autre ?	2
21.	Prenez-vous régulièrement des médicaments allopathiques ?	10
22.	Prenez-vous en abondance des fruits acides avant ou après le repas ?	5
23.	Êtes-vous porté à manger vite ?	3
24.	Mangez-vous gloutonnement en vous suralimentant ?	5
25.	Lisez-vous, ou regardez-vous la télévision, ou écoutez-vous la radio au cours des repas ?	3
26.	Vos discussions à table au cours du repas sont-elles souvent orageuses ?	3
27.	Souffrez-vous de ballonnements après le repas ?	5
28.	Êtes-vous régulièrement constipé, ou souffrez-vous de diarrhées fréquentes ?	2
29.	Êtes-vous fatigué après le repas de midi ?	5
30.	En état de fatigue et de malaise, éprouvez-vous le besoin de vous alimenter, même si votre repas précédent a été normal ?	2

Votre total..

Si vous totalisez moins de 10 points, rectifiez les habitudes en cause ; vous y parviendrez aisément. Au-delà de 10 points, un effort plus important sera requis. Au-delà de 20 points, c'est toute une réforme de votre mode de vie et d'alimentation qu'il faut réaliser.

Dans toutes les hypothèses, la réflexion à propos de chacune des questions qui ont donné lieu à une réponse positive vous sera salutaire.

LEXIQUE

Aérobic : méthode de gymnastique rapide dont les mouvements enchaînés sur une musique rythmée, activent la respiration et l'oxygénation des tissus.

Aérobie : voie énergétique fonctionnant grâce à l'oxygène d'éléments porteurs d'énergie (par l'alimentation) et sans produire d'acide lactique. La réaction aérobie intervient lors d'efforts de longue durée et de faible intensité (endurance), à partir de la troisième minute du début de l'exercice.

Alvéoles : cavités microscopiques des poumons où se font les échanges gazeux entre l'air et le sang.

Ampoule (phlyctène) : soulèvement épidermique rempli de liquide, causé par un frottement. On portera une attention particulière aux chaussures, ainsi qu'aux chaussettes. De même, la protection des mains reste indispensable.

Apnée : arrêt plus ou moins prolongé de la respiration.

Artères : elles conduisent le sang du cœur vers les organes. Elles naissent de l'aorte et des artères pulmonaires et se divisent en artérioles et en capillaires pour pénétrer intimement dans les tissus.

Bradycardie : ralentissement de la fréquence cardiaque, ou de la fréquence du pouls (inférieur à 60 battements par min).

Capacité vitale : il s'agit de la plus grande quantité d'air qu'on puisse faire entrer dans les poumons en partant de l'état d'expiration forcée.

Capillaires : réseau très dense qui permet au sang d'irriguer complètement les tissus (augmentation des surfaces d'échanges). Elles assurent la continuité entre les artères et les veines. Au repos, une partie d'entre eux est collabée et ne s'ouvre que dans certaines conditions (exercice, température, massage...).

Circulation
Grande circulation ou circulation systémique : elle permet, depuis le ventricule gauche, la circulation du sang riche en oxygène par l'aorte et ses multiples arborisations jusqu'aux tissus. Le circuit se poursuit par les capillaires. Le réseau veineux ramène ensuite le sang appauvri en oxygène au niveau des veines caves, qui débouchent dans l'oreillette droite.

Petite circulation ou circulation pulmonaire : au départ du ventricule droit, l'artère pulmonaire et ses branches se divisent en capillaires pulmonaires par lesquels arrive le sang pauvre en oxygène au niveau des alvéoles. Le sang se débarrasse alors du gaz carbonique pour s'enrichir en oxygène. Le sang revient ensuite au cœur de l'oreillette gauche par les quatre veines pulmonaires.

Claquage (déchirure) : rupture d'une ou de plusieurs fibres musculaires s'accompagnant d'une hémorragie interne et se traduisant par une douleur immédiate, très violente. Le claquage survient à l'occasion d'un effort brusque et d'un étirement forcé, le plus souvent sur un muscle fatigué ou insuffisamment préparé par un échauffement préalable. Il touche essentiellement les muscles longs de la cuisse (quadriceps et ischio-jambiers) et des mollets (jumeaux).

Contusion : lésion d'origine traumatique d'un tissu sans qu'il y ait de plaie apparente. Sans gravité, il faut cependant la soigner aussitôt.

Courbature : douleur musculaire liée à un effort prolongé, les muscles étant souvent douloureux et durs. Cette réaction normale due à un travail excessif du muscle peut être fortement diminuée si l'entraînement est fait correctement et si les consignes de récupération sont respectées.

Crampe (contracture) : contraction prolongée, douloureuse et involontaire d'un muscle, qui rend tout mouvement actif impossible à effectuer. Elle n'implique pas de lésion anatomique et elle est due à la non-évacuation des toxines accumulées dans les cellules musculaires à la suite d'un exercice intense.
Les causes des crampes sont multiples : ce peut être un geste ou une position mal adaptés, ou bien la fatigue, le surmenage, le froid, mais aussi la chaleur, qui occasionnent une perte de sodium par sudation. Une alimentation déséquilibrée (manque de vitamines en particulier) prédispose également aux crampes.

Pour éviter les crampes aussi bien que les claquages, il convient d'effectuer un excellent échauffement, bien conduit et adapté.
Ces affections musculaires peuvent être prévenues également en effectuant un entraînement progressif, qui tient compte du niveau du sujet, tant par rapport à ses possibilités physiques qu'à ses connaissances techniques (gestes précis et positions adaptées).
Il faut aussi se couvrir pour lutter contre le froid ou pour protéger l'organisme après l'effort (veiller à ne pas se découvrir même si l'on a trop chaud).
On sera très attentif à la déshydratation : boire avant, pendant et après l'entraînement, de petites quantités de boissons contenant du sodium.
Et, bien sûr, l'alimentation devra être variée, riche et adaptée aux types d'effort.

Déshydratation : déficit en eau découlant d'une hyperthermie (élévation anormale de la température) due à une hypersudation. Il s'agit donc de boire souvent avant, pendant et après l'effort, même en petites quantités.

Diaphragme : muscle très large et mince qui sépare le thorax de l'abdomen dont la contraction provoque l'augmentation de volume de la cage thoracique et, par suite, l'inspiration. Le diaphragme intervient dans le rire, le hoquet, la toux, l'éternuement...

Dyspnée : difficultés à respirer, provenant, soit de l'appareil respiratoire, soit de l'appareil circulatoire, ou encore de la composition du sang (sensation pénible d'étouffement).

Ecchymose : accumulation de sang sous la peau consécutive à un traumatisme s'exprimant par une tache bleue (« bleu » en langage populaire) ou noirâtre. Mais un traumatisme (c'est-à-dire une action violente sur une partie de l'organisme) peut également provoquer un hématome, c'est-à-dire une accumulation de sang dans une poche fermée plus ou moins profonde. Celle-ci se résorbe spontanément lorsqu'elle est peu importante, ou, au contraire, doit être ponctionnée ou enlevée lorsqu'elle durcit ou s'infecte.

Entorse : distension ligamentaire consécutive à un mouvement forcé qui dépasse ses limites physiologiques, alors que l'articulation elle-même reste en place. L'entorse peut être plus ou moins grave, allant de la simple élongation à la déchirure et même jusqu'à la rupture. Les articulations les plus exposées sont celles du genou, de la cheville, du pouce et des doigts.

Exercice aérobique (ou exercice d'endurance) : exercice comme la bicyclette, la natation ou la course à pied, demandant un apport d'oxygène suffisant pour réaliser un effort prolongé d'intensité modérée. Conseillé pour entretenir le système cardio-respiratoire.

Expiration : rétraction naturelle (passive ou forcée) de la paroi élastique du thorax grâce à laquelle les poumons sont vidés, chassant ainsi l'air vicié.

Inspiration : action de faire pénétrer de l'air dans les poumons grâce à une expansion active de la cage thoracique.

Pouls : dilatation et resserrement rythmique des artères résultant de la contraction du cœur ; il peut être perçu à l'extérieur de l'organisme.

Récupération : ensemble de moyens permettant de ramener la fréquence cardiaque et respiratoire à la normale, ainsi que de décongestionner les muscles. Cette phase, aussi importante que l'échauffement, doit obligatoirement suivre tout entraînement.

Tachycardie : accélération de la fréquence cardiaque (au-dessus de 100 battements par min)

Tendinite : inflammation d'un tendon provoquant une douleur tenace et un gonflement, qui fait le plus souvent suite à un surmenage, conséquence d'efforts multiples et répétés. Non soignée, elle prédispose à la rupture totale ou partielle du tendon.
Les localisations les plus fréquentes sont le tendon d'Achille, le coude (« tennis elbow »), l'épaule et le genou.

Tension artérielle : pression du sang dans les artères dont la prise permet à elle seule de contrôler les fonctions cardiaques et circulatoires. Une pression artérielle élevée au repos, appelée hypertension artérielle, est le signe d'une maladie artérielle. Non soignée, elle accroît les risques d'affections cardiaques. Il est conseillé de faire prendre sa tension au moins tous les six mois.

CONCLUSION

**Vivre pleinement son corps, canaliser son énergie, domestiquer ses mouvements, modifier son comportement et sa relation aux autres : voilà résumés les bienfaits d'une pratique corporelle par l'intermédiaire des gymnastiques douces.
En développant votre sensibilité, ces méthodes vous permettront de prendre pleinement conscience de votre véhicule corporel, d'en faire un ami que vous apprendrez à connaître et à ne pas faire souffrir...
À vous maintenant d'entreprendre cette démarche, sachant que, comme le dit un proverbe chinois : « Un voyage de mille lieues a commencé par un pas ».**

À la lecture de ce guide pratique, vous avez pu constater que la prévention des problèmes de santé repose sur des règles simples, faciles à observer, axées autour de trois pôles :
– **des règles d'hygiène de vie de base,** telles que le respect du sommeil, tant sur le plan qualitatif que quantitatif, les soins du corps réguliers (douche, sauna, massages...), la mise à profit des éléments naturels au cours de marches en campagne, de bains de mer, d'oxygénation en altitude... ;
– **des règles d'hygiène alimentaire** en choisissant un mode d'alimentation adapté à ses besoins, un régime alimentaire le plus équilibré possible, sans pour autant supprimer toute convivialité ni suivre un régime frustrant (générateur de stress !) ;
– **la pratique régulière d'un minimum d'exercice.** Outre le plaisir de l'effort et la sensation d'être « bien dans sa peau », ce sont toutes les fonctions vitales du corps qui sont entretenues, permettant à l'organisme de lutter efficacement pour maintenir son équilibre énergétique.

De très nombreux exercices vous sont proposés.
Ils sont conçus pour être réalisés aisément, rapidement, sans préparation ni matériel décourageants à mettre en œuvre !
Il ne vous reste plus qu'à les mettre en pratique à votre rythme pour optimiser votre capital santé, améliorer votre bien-être et accroître votre dynamisme.

BIBLIOGRAPHIE

LIVRES

– *Guide pratique du massage,* Mario Paul Cassar, Sélection du Reader's Digest, 1995.
– *Le Livre du massage,* Clare Maxwell-Hudson, Solar, 1989.
– *Le Livre-guide de la vie quotidienne,* collectif, Laffont, 1978.
– *Merveilles et secrets du corps humain,* collectif, Sélection du Reader's Digest, 1989.
– *Le Corps vivant,* Karl Sabbagh, Carrère, 1985.
– *Atlas du corps humain,* collectif, Christophe Colomb, 1981.
– *Bougez !,* Pascale Miglierini, Ellebore, 1994.
– *Toute la culture physique,* Marcel Rouet, Amphora, 1973.
– *Les jambes lourdes, ça suffit !,* Jan Lepage, Mousset, 1992.
– *Des jambes en forme,* Céline Robert, Marc Peyre, Ellebore, 1992.
– *J'apprends le yoga,* André Van Lysebeth, Flammarion, 1969.
– *Je perfectionne mon yoga,* André Van Lysebeth, Flammarion, 1966.
– *Diététique du sportif,* J.-P. Blanc, Amphora, 1987.
– *Guide encyclopédique de la forme et du bien-être,* Éd. du Seuil, 1996.
– *Santé et activités physiques,* docteur A. Renault, Amphora, 1990.
– *Dictionnaire des termes techniques de médecine,* M. Garnier, V. Delamarre, Maloine, 1980.
– *Dictionnaire de l'infirmière,* collectif, Marketing, 1992.
– *Guide des techniques du mieux-être,* Coll. L'âge d'être, M. Borrel, R. Mary, Presse-Pocket, 1990.

REVUES

– *Yoga,* 72, rue de Goujons, 1070 Bruxelles, Belgique.
– *L'Animateur* (revue de la FFEPMM, Fédération française d'entraînement physique dans le monde moderne), 153, rue Saint-Martin, 75003 Paris.
– *Que savoir, bien-être et santé,* 29, rue du Faubourg Poissonnière, 75009 Paris.
– *Info-santé,* 20, boulevard du Parc, 92521 Neuilly-sur-Seine Cedex.

CRÉDIT DES ILLUSTRATIONS

Toutes les photos sont de l'**Association Corps et Communication** à l'exception des photos suivantes :
Corel Corporation : 41 (fond), 41 b (4 photos), 49 hg, 49 hd, 53 h (fond), 56 d, 57 hd, 57 mg, 57 md ; **Diamar :** 29, 107, 152 h (3 photos) ; **Goodshoot :** 121 h, 152 bg, 152 bd ; **Image Vault :** 56 g, 57 hg, 153 ; **Scorpius :** 4-5, 6, 7 h, 8 bg, 9 hd, 9 b, 10, 51 hg, 51 hm, 51 hd, 146.

Dessin : **Ludovic Dubois**, page 26.

Achevé d'imprimer : février 1998
Impression et reliure : Gráficas Estella, S.A. Navarra